本成果由四川大学中国俗文化研究所资助

宋代试策研究

廖建明 著

四川大学出版社
SICHUAN UNIVERSITY PRESS

图书在版编目（CIP）数据

宋代试策研究 / 廖建明著. -- 成都 ：四川大学出
版社，2024. 9. --（中国俗文化研究大系）. -- ISBN
978-7-5690-7335-5

Ⅰ. D691.3

中国国家版本馆 CIP 数据核字第 20243AT547 号

书　　　名：宋代试策研究
　　　　　　Songdai Shice Yanjiu
著　　　者：廖建明
丛 书　名：中国俗文化研究大系·俗文学与俗文献研究丛书

出 版 人：侯宏虹
总 策 划：张宏辉
丛书策划：张宏辉　　王　冰
选题策划：张伊伊
责任编辑：张伊伊
责任校对：毛张琳
装帧设计：墨创文化
责任印制：李金兰

出版发行：四川大学出版社有限责任公司
　　　　　地址：成都市一环路南一段 24 号（610065）
　　　　　电话：（028）85408311（发行部）、85400276（总编室）
　　　　　电子邮箱：scupress@vip.163.com
　　　　　网址：https://press.scu.edu.cn
印前制作：四川胜翔数码印务设计有限公司
印刷装订：成都金龙印务有限责任公司

成品尺寸：170 mm×240 mm
印　　张：14
字　　数：236 千字

扫码获取数字资源

版　　次：2024 年 10 月 第 1 版
印　　次：2024 年 10 月 第 1 次印刷
定　　价：68.00 元

四川大学出版社
微信公众号

本社图书如有印装质量问题，请联系发行部调换

总　序

项　楚

　　四川大学中国俗文化研究所，作为教育部人文社会科学重点研究基地，已经走过了二十年的历程。不忘初心，重新出发，是我们编辑这套丛书的目的。

　　俗文化是中国传统文化的重要部分，与雅文化共同形成中国文化的两翼。俗文化集中反映了中华民族独特的思维模式、风俗习惯、宗教信仰、语言风格、审美趣味等，在构建民族精神、塑造国民心理方面，曾经起过并正在起着重要的作用。因此，俗文化研究不仅在认知传统的中华民族文化方面具有重大的学术价值，而且在促进社会主义精神文明建设方面具有传统雅文化研究不可替代的意义。不过，俗文化和雅文化一样，都是极其广泛的概念，犹如大海一样，汪洋恣肆，浩渺无际，包罗万象，我们的研究只不过是在海边饮一瓢水，略知其味而已。在本所成立之初，我们确立了三个研究方向：俗语言研究、俗文学研究、俗信仰研究，后来又增加了民族和民俗的研究。同时，我们也开展了相关领域的研究，如敦煌文化研究、佛教文化研究等。在历史上，雅文化主要是士大夫阶级的意识形态，俗文化则更多地代表了下层民众的意识形态。它们是两个对立的范畴，有各自的研究领域和研究路数，不过在实践中，它们之间又是互相影响、互相渗透、互相转化的。当我们的研究越来越深入的时候，我们就会发现它们在对立中的同一性。虽然它们看起来是那样的不同，然而它们都是我们民族心理素质的深刻表现，都是我们民族性格的外化，都是我们民族的魂。

　　二十年来，本所的研究成果陆续问世，已经在学界产生了广泛的影响。本套丛书收入的只是本所最近五年来的部分研究成果，正如前面所说，是俗文化研究大海中的一瓢水的奉献。

目 录

绪 论 …………………………………………………… 1

第一章　试策总论 ………………………………………… 10
　第一节　试策源流述略 ………………………………… 10
　第二节　宋代试策的类型 ……………………………… 14
　第三节　试策的文体规定 ……………………………… 29

第二章　宋代进士科试策 ………………………………… 32
　第一节　试策在进士科考试中的地位变迁 …………… 32
　第二节　试策与时政 …………………………………… 35
　第三节　宋代殿试策问与对策的体制规定 …………… 46
　第四节　殿试对策中的政治品格 ……………………… 52
　第五节　登上神坛：南宋殿试对策中的仁宗崇拜 …… 64
　第六节　优秀殿试对策的书写策略 …………………… 69
　第七节　逞才使气：宋代殿试对策中的策士文风 …… 75
　第八节　骈散兼行：殿试策问与对策的句式 ………… 85

第三章　北宋制科试策 …………………………………… 92
　第一节　从经史到时务：北宋制科策问内容的演变 … 93
　第二节　政治斗争与制科试策 ………………………… 102
　第三节　典范的确立：苏轼制科对策 ………………… 106

第四章　宋代馆职试策 ································· 116

　第一节　馆职策问的命题模式 ······················· 118

　第二节　时政的投射：馆职策问的内容 ··············· 128

　第三节　馆职策问与政治斗争 ······················· 134

　第四节　宋代馆职对策的书写策略 ··················· 137

　第五节　馆职对策的文学化 ························· 149

　第六节　南宋馆职对策文风的变化 ··················· 161

第五章　宋代试策与学术思潮 ······················· 166

　第一节　疑经惑传：北宋试策与庆历学术思潮 ········· 166

　第二节　尊王攘夷：南渡时期的对策与《春秋》学 ······· 169

　第三节　正心诚意：南宋理学思潮与试策 ············· 172

结　语 ··· 183

附录　《全宋文》失收之宋代试策辑录 ··············· 185

参考文献 ······································· 203

后　记 ··· 214

绪　论

　　在宋代名目繁多的科举项目里，进士科和制科是影响最大的考试科目。在这两门科目的考试中，策问是考试过程中的重要形式，出题的主考官和作答的举子都极为重视。进士科考试中的殿试策问，以皇帝的名义，就国家政治生活中的重大问题发问，要求考生献出治国大计，在儒家君臣理想的意义上，被赋予了极高的期许。考生作答的殿试对策，原本只是考试答卷，却往往被考生或其亲友编入他的别集当中，以便传之后世，足见考生视殿试对策为其一生的荣光。

　　现存的宋代试策主要包括殿试策、制科策、馆职策以及士子为应制科考试准备的进策等，前三者都属于问答式，包括策问与对策，进策则由作者自拟题目，类似于单篇论文。现存其他类型的试策为数不少，包括发解试策问、省试策问、武举策问、太学策问、国学策问等。

　　现存的宋代对策文相当丰富，篇幅长短不一，既有陆佃（1042—1102）《御试策》这样一千余字的，也有如周南（1159—1213）《庚戌廷对策》、文天祥《御试策》这样洋洋洒洒近万字的。大体而言，宋代对策的篇幅随着时间的推移而逐步变长，这种变化首先是宋代策问的变化导致的，策问日益繁复细密，对策自然随之变为长篇大论；其次，举子在对策中逞才使气也是重要因素。

　　宋代试策文的内容包罗万象，政治、经济、军事、学术都有涉及。试策最为核心的功能是做政务咨询，所以它天然地就与政治有极为紧密的关联。试策与政治的关联表现在两个方面：第一，时政是策问的重要内容，王安石变法、绍兴和议等这些国家政治生活中的重大事项都会被纳入策问；第二，在政治斗争激烈的背景下，策问不再只是一种考试形式，而是异化为政治斗争的工具。宋代试策中的馆职对策，相较于殿试对策，讨论的主题更为集中，王迈的《乙未馆职策》专题讨论南宋末年滥发纸币导致的通货膨胀问题；周南的《丁卯召试馆职策》专题讨论开禧三年（1207）的江淮军事防务。宋代试策与学术思潮也有密切的关联，对宋代试策作扫描式观察就会发现，北宋制科对策中的疑经风气、南渡时期殿试对策中的依照《春秋》立论、南宋殿试对策中的理学因素、都是时代学术思潮的反映。

考生的个人发展千姿百态，既有苏轼、张孝祥、陈亮这类文学成就杰出之人，又有张九成、吕祖谦、陈傅良、魏了翁等学术名家，还有范宗尹、周必大、文天祥等官至宰辅的名臣。当然，以上所举数人都具备宋代士大夫文人、学者、官僚三种身份合一的特点，只是择其个人成就对后世影响最大者而言。考生的考试对策，是探究考生青年时期个人思想的一手资料①，不容忽视。如文天祥凭借青年时期的殿试对策获得状元头衔，他在殿试对策中反复强调"法天不息"的道理，劝勉皇帝励精图治，奋发有为，革除弊政。应该说，文天祥后来成为著名的忠臣楷模，跟他在殿试对策中表明的思想是不可分割的。

对宋代试策作系统研究是非常有必要的。试策是一种历史悠久的考试文体，自西汉晁错对策以来，一直绵延不衰，被广泛运用于各种考试当中，直到清代废除科举考试，试策才正式退出历史舞台。如今，试策这种古老的文章体式在现代社会获得重生，现代公务员考试中的"申论"可视为古代试策的变体。宋代作为中国考试史上极为重要的发展时期，留下了相当丰富的试策文献，对这批文化遗产的清理和研究，大致围绕两个方面展开。首先是对其作文体学和文章学的考察。从文体角度而言，汉代文帝的《策贤良文学诏》和晁错的对策已经具备策问与对策的基本要素，经过千年的发展，宋代的策问和对策已经形成相当完备的体制。通过对宋代试策文本的分析，我们既要归纳其作为一种文体的基本要素，又要从历史的角度考察其演变过程。从文章学角度而言，作为考生精心结撰的应试文章，宋代试策的篇章结构和遣词造句自然都有独到之处。其次，宋代试策与政治、经济、文化都有密切的关联，仔细研读宋代试策文本，能够从中

---

① 一般而言，考试对策都是作于考生青年时期，当然也有极少数特殊情况，如陈亮的殿试对策作于其暮年。

管窥宋代的政治和文化风向。

一、国内外研究现状述评

(一) 对试策的总体观照

吴承学先生的《策问与对策——对一种考试文体的文学与文化研究》（《新国学》，1999 年）讨论了策问与对策的源流演变、文体体制以及对中国文学和文化的影响。这是笔者目力所及以现代学术规范全面讨论试策的第一篇论文，具有重要的开创意义。张灿贤的《古代殿试策问艺术简论》（《管子学刊》，2003 年第 3 期）从考试学的角度分析了策问命题者把握应试者心理使之从容应对的策略。侯吉永的《古代殿试策问发论刍议》[《河南师范大学学报》（哲学社会科学版），2009 年第 7 期] 认为：殿试策问以儒家经典为发论依据，促使科举士子只能在体制下言说，但同时也让答题士子学会了偷懒和取巧，因为答案已经隐含其中。当然，侯文是对上述吴文观点的进一步阐发。

汪小洋、孔庆茂的《科举文体研究》（天津古籍出版社，2005 年）对汉代、唐代和宋代的策论都作了分析，其中第四章专题讨论了宋代的策论，涉及策论考试的范畴、宋代策论的特点、策论与政治斗争的关系、策论的流弊等多方面的内容，但其行文类似于研究纲要，缺乏严谨深入的学理性分析。蔺德生、赵萍的《策文：时评的鼻祖》（语文出版社，2013年），介绍了策文的发展史，概括了策文的种类、策文的基本结构、殿试对策文的基本要求，并对刘蕡、张九成、张之洞的对策名篇作了赏析。由于该书篇幅有限，涉及的内容较多，属于文化普及性质的读物，偏重于常识性的介绍，学理性不强。

(二) 先宋试策的研究

对策起源于汉代，汉代对策已获得相当多的学者的关注，胡凡的《西汉前期的策问与对策初探》[《哈尔滨工业大学学报》（社会科学版），2012年第 1 期] 重点分析了董仲舒的三道对策，其文本分析相当精练。韦春喜在《汉代对策文刍议》中指出："它既注重才学展示，也注重统治方略的探究和时政弊端的分析，具有很强的政治性，晁错、董仲舒、公孙弘等人的对策都对汉代的政治建设有很大影响。作为应试文体，对策文与统治者的策问密切相关，策问的重点、质量、形态、规定都影响着它的创作。"①这是对汉代的对策文作全面系统分析的一篇论文。

关于唐代试策的研究也较为系统充分，陈飞的《唐代试策考述》（中华书局，2002 年）通过对唐代史料的细致收集整理，从制度层面全面考察了唐代科举考试中的试策。而他的《唐代试策的形式体制——以制举策文为中心》（《文学遗产》，2006 年第 6 期）、《唐代试策的表达体式——策问部分考察》（《文学遗产》，2008 年第 1 期），以及《唐代进士试策形式体制》［《清华大学学报》（哲学社会科学版），2010 年第 5 期］从文体学的角度对唐代试策的内部结构作了总结，具有启发意义。罗积勇、刘畅的《论早期试策的史料价值》（《明代文学与科举文化国际学术研讨会论文集》，武汉大学出版社，2010 年）分析了唐代试策对研究科举制度、社会政治和经济史、思想文化史、经学史、文章史和文体学的价值。金滢坤的《中晚唐制举试策与士大夫的社会意识——以"子大夫"的社会意识为中心》（《学术月刊》，2010 年第 12 期）认为唐代制举考试中"子大夫"的固定称谓，增强了"子大夫"的群体认同感，促进了其社会群体责任感的形成。金滢坤的《中晚唐制举对策与政局变化——以藩镇问题为中心》（《学术月刊》，2012 年第 7 期）认为学界普遍认为制举对策是应试作文，多为空泛之辞，实际上，中晚唐制举对策中有关藩镇问题的见解，近乎直言不讳，比较真实地反映了当时的历史。

（三）宋代试策研究

近年来，在宋代文学研究领域，科举与文学的交叉研究兴起，王水照称之为"五朵金花"之一②，很多有相当大的影响力的专著陆续出版。试策作为科举考试中的一个重要环节，在这些专著中占有一定的份额。祝尚书在《宋代科举与文学》（中华书局，2008 年）中论述了策论在宋代科举考试中的地位、宋代策论的命题较之唐代的新变、用于试策考试的套类书、策论考试的利弊影响等。祝先生的论著是关于宋代试策研究的开创性成果，既有高屋建瓴的总结分析，又能启迪后学在其基础上继续推进。朱

---

① 韦春喜：《汉代对策文刍议》，《文学遗产》，2012 年第 6 期，第 60 页。
② 王水照：《第七届中国宋代文学国际学术研讨会闭幕词》，刘扬忠、王兆鹏：《宋代文学研究年鉴 2010—2011》，武汉出版社，2013 年，第 20 页。

迎平的《宋文论稿》（上海财经大学出版社，2003年）考察了宋代科举文体的演变过程，探讨了"策论取士"的成因及其对宋代散文议论化的影响，其论述思路展现了宏阔的学术视野。朱刚的《唐宋"古文运动"与士大夫文学》（复旦大学出版社，2013年）第四章"北宋士大夫文学的展开（下）：贤良进卷"集中讨论了北宋的贤良进卷，贤良进卷即应制科考试的五十篇策论。该章首先综论北宋贤良进卷，论述贤良进卷的结构和价值，贤良进卷和"新儒学"以及北宋党争的关系，接着分论苏轼、苏辙、李清臣、秦观的贤良进卷。朱刚的著作长于史实考订，钩稽文献，还原历史，考辨精审；兼擅文本分析，视角独到，雄辩滔滔，具有相当强的示范性。近年来出版的历史学专著中，也有部分内容是对宋代进士科试策的探讨。何忠礼的《南宋科举制度史》以科举制度为研究对象，也涉及对科举试策的分析，在该书的第四章"南宋的殿试"中，何先生根据现存部分南宋殿试策总结了南宋殿试对策的三条原则："一是揣摩人主意向，投其所好，以表忠诚；二是揭露时政弊病或历数国家面临的困难，并提出解决之法，以表明其才识；三是把握政治气候和学术潮流，尽量与御试官的政见和学术思想保持一致。"① 何先生的三条总结高屋建瓴，简明扼要，具有启发意义。另外，余英时的《朱熹的历史世界：宋代士大夫政治文化的研究》（生活·读书·新知三联书店，2011年）虽然是历史学专著，但也有对南宋殿试对策的文本分析，在该专著的第十二章"皇权与皇极"中，余先生分析了周南绍熙元年（1190）廷对策和陈亮绍熙四年（1193）廷对策中的"皇极"概念："皇极"在宋光宗时代具备"国是"身份，官僚集团借"皇极"之说，党同伐异，排斥道学人士。

关于宋代试策研究的单篇论文也为数不少。宁慧如的《南宋状元策试析》（《宋学研究辑刊》第二辑）指出南宋状元策的特质在于：善处帝王难言之家事、呼应一时的政治趋向、顺应道学显微的脉络、展现忠直敢言的风骨。《宋代贡举殿试策与政局》（《宋史研究集》第32辑，兰台出版社，2002年）指出殿试策问有用以宣告政策取向、遂行党同伐异、进行政治号召、巩固权力核心等作用。吴国武在第五届"科举制与科举学"国际学术研讨会上提交的《"策问宜用经义"——科举试策与北宋真、仁之际的

---

① 何忠礼：《南宋科举制度史》，人民出版社，2009年，第135页。

经学新变》一文通过对宋初以来试策逐渐从专时务转向用经义的考察，分析了科举试策与北宋真宗、仁宗之际经学新变之间的关系，认为："宋初以来特别是真宗朝，试策逐渐从专时务转向用经义；自后，朝野士大夫在策问中提出经学新见成为当时的重要现象：在策题设问中质疑经传注疏，引导举子士人思考前代经学，反映了当时疑古惑今的学术倾向；在策题设问中鼓励议论、创发新说，引导举子士人以治道、义理为依归，反映了当时通经致用、自经穷理的思想旨趣。"① 孙耀斌的《宋代科举考试文体研究》（中山大学 2009 年博士学位论文）设置专章讨论宋代的试策，涉及试策的渊源、宋代科举考试的策问和对策、策学丛书与对策文法，论述比较全面，但限于博士学位论文的体例，对宋代试策只作了扫描式的研究，尚需深入。日本学者熊本崇在第五届"科举制与科举学"国际学术研讨会上提交的《宋绍兴对策两种》一文中对绍兴二十一年（1151）周必大的省试对策与绍兴二十七年（1157）王十朋的殿试对策进行了比较，阐述了省试对策与殿试对策形式、内容上的差异，探讨了在试策考试中的宋金议和问题上，举子在对策时有逢迎皇帝献媚宰相的倾向，但是随着政局的变化，到了绍兴二十七年科，对策时出现了批判宰相秦桧的倾向。韩国学者裴淑姬的《南宋高宗时期的策试研究》（韩国中国学会，《国际中国学研究》第14 辑）通过对高宗时期十次殿试的策问内容的分析，认为在绍兴和议之前，策题主要是关于宋金和战的问题，此后则主要是对绍兴和议的看法和有关治道的问题，应试者的对策表面上看是帝王与士子的互动，实际上多是虚应故事。秦子卿的《秦淮海策论初探》[《扬州师院学报》（社会科学版），1992 年第 2 期]对秦观的五十篇策论加以阐发，并对政治思想、经济思想、法制思想、用人思想、军事思想等方面逐一进行了论析。吴蓓在《论秦观策论》（《浙江学刊》，1997 年第 5 期）一文中认为，秦观的策论充分展示了他经纶济世的抱负和才能，其文风豪隽慷慨、能言善辩、简洁畅快。俞兆鹏的《文天祥〈御试策〉评介》[《安徽师范大学学报》（人文社会科学版），2007 年第 1 期]认为，《御试策》是文天祥一生的行动纲领，其中心思想是要求当政者"法天地之不息"，即根据国家形势改革创

---

① 金滢坤，周鹭：《第五届"科举制与科举学"国际研讨会综述》，《教育与考试》，2009 年第 5 期，第 89 页。

新，去弊求利。

　　华东师范大学的方笑一在宋代科举试策研究上用力甚勤，他发表了《皇帝之问：宋代殿试策问及其模式化焦虑》［《华东师范大学学报》（哲学社会科学版），2014 年第 5 期］，《宋代科举策问形态研究》（《宋史研究论丛》第十七辑），《宋代科举策文的话语分析》（《兰州学刊》，2016 年第 6 期），对宋代的策问与对策的文本形态作了较为细致的分析。他在《宋代科举策问形态研究》中指出："宋代科举考试中的策问并非简单等同于一个或几个问题，而是拥有一定的文本形态。在问题之外，提问者还会叙述相关内容，这些内容与问题用一定的结构绾合在一起，构成整个策问的文本。宋代常科发解试策问形态的变化趋势是篇幅逐渐加大，形制由骈转散，结构程式化倾向日趋明显，作者主观立场由隐而显。省试策问的形态变化与之近似，但南宋时期篇幅明显增长，甚至接近千字。殿试策问以皇帝口吻写成，程式化程度更高，主体部分通常由五项内容构成，形式上骈散结合，提问的视角和措辞都比较宏观，更好地体现了策问的征询性功能。"① 方笑一的研究突破了学界把宋代试策作为史料来分析的研究方法，从文章学角度介入对宋代试策的研究，具有重大的开创意义。中国人民大学诸葛忆兵的《宋代应策时文概论》指出："殿试制策，考核士人两个方面的能力：对现实政治弊病的了解和应对方案，综合分析、归纳等逻辑思考能力和语言表达能力。宋代士人必须时时联系现实政治思考问题，他们进入仕途后，热衷于变革，时而大胆批评朝政，直抒己见，这与应策考试的训练有一定的关系。从格式角度考察，制策需要考核考生对现实社会和政治的多方面综合思考的能力，一道制策中总是提出多个问题。所以，应策时文事实上是由多篇政论文组成，与平常一题一议的政论文不同。应策时文受题目、时间、地点的限定，又有考试录取的现实目的，考生为了进入仕途，必须揣摩帝王或当政者的想法，以此作为应策时文的主要论点，贯穿全文。更有甚者，恶意攻击当时政坛上受排挤压迫的政治派别，应策时文遂堕落为朝廷鹰犬。此外，考生有个人经历的局限，回答问题时又有诸多功名利禄的考虑，面对现实政治和制策提问，绝大多数应策时文不可

――――――――

　　① 方笑一：《宋代科举策问形态研究》，姜锡东：《宋史研究论丛》第 17 辑，2015 年，第 282 页。

能提供深刻的见解，空疏肤浅是应策时文的通病。"① 这篇文章分析了应策文的政治意义、格式特点以及弊病，是对殿试策文的高度概括。

从以上介绍可以看出，宋代试策研究，无论是宏观研究还是微观研究，虽然已经有部分成果，但相对于现存文献而言，仍然缺乏全面系统的研究，对宋代试策进行系统研究是非常必要的。尤其是研究宋代试策的成果往往把宋代试策当成史料来研究，较少从文章学角度分析宋代试策的辞章艺术。宋代试策的本质虽然是应试答卷，是一种典型的时文，但它是考生倾注了大量心血结撰而成的，既为考生本人所重视，也很受时人欢迎。就笔者的阅读感受来看，相当多的试策文都是长篇大论，雄辩滔滔，文势极盛，是不可多得的却又被后人忽视的好文章。如南宋永嘉学派著名学者叶适极力称赏周南（字南仲），称其"诸文廷对、馆职策为冠，往东莱吕氏评余廷对，谓自有策以来，其不上印板即不可知，已上印板皆莫如也。嗟夫，予何足以及此，若南仲乃能当之耳"②。此评语可谓空前绝后。文章评点大家吕祖谦本来将叶适的殿试对策评为古今第一，但是叶适认为自己的对策担不起此种盛名，他的得意弟子周南的殿试对策和馆职对策方能享此高誉。非常幸运的是，叶适的殿试对策和周南的殿试对策、馆职对策都保留在他们的文集中，仔细阅读他们的对策就会知道，叶适的评语是相当中肯的。

近年来，宋代科举试策已经获得一定程度的关注，方笑一和诸葛忆兵都发表了专题研究宋代科举试策的文章。遗憾的是，宋代试策中的一个重要类别——馆职试策，却长期被研究者忽视。宋代馆阁是国家储才之地，是通往翰林学士乃至宰辅的清要之所，为招纳工作人员，以策问的方式考核应试者的才识，命题人一般是翰林学士，馆职策问和对策的留存文献相当丰富，目前已见的关于馆职策问的文章基本集中于馆职策问和党争的关系上，如司马光撰写的馆职策题中提出了著名的"三不足"之说，苏轼撰写的馆职策题则在洛蜀党争中遭到持续攻击。关于宋代馆职策问和对策的专题研究论文则付之阙如。馆职策问不尚空谈，与时政结合最为紧密，主

① 诸葛忆兵：《宋代应策时文概论》，《复旦学报》（社会科学版），2016 年第 4 期，第 36 页。

② 周南：《山房集》卷七，民国涵芬楼秘笈本。标点为笔者所加。

题相对集中，它对南渡时期的中兴问题，乃至宋元战争、晚宋纸币滥发等问题都有反映，宋代的很多著名文人如毕仲游、吕祖谦、周必大、真德秀、魏了翁、周南、王迈等都有馆职对策传世，这些馆职对策多长篇大论，展现了作者高超的个人识见和卓越的文辞才华。因此，本书拟设立一个专章研究宋代馆职试策，透视其多方面的成就。

二、研究方法

本书主要采用文本细读的研究方法。在宋代文学研究里，宋文研究本来就是薄弱环节，在王水照等学者的推动下，这些年已经有了较大的改善，尤其是王水照主编的《历代文话》的出版，极大地推动了宋文研究。然而，细检近年的研究成果，相当多的宋文研究成果习惯于作扫描式的宏观研究，对具体文本的解读不够重视。自然，在文学研究中，做大判断是非常有必要的，但是做古代文学研究，细致地解读文本也是不可或缺的，有鉴于此，本书将文本细读作为基本研究方法贯穿始终。

文史结合也是行之有效的研究方法，试策与时政有着天然的紧密联系，每一道正式运用于考试的策问都在或明或隐地反映时代的政治风云和文化思潮，必须对宋代的政治、经济、军事、学术等有精细的了解，才能正确合理地解读试策文本所蕴含的意义。

第一章　试策总论

第一节　试策源流述略

试策是一种考试文体，其发展演变本应该与科举考试制度相伴共生，然而试策的诞生却远早于科举考试，现存最早的试策可以追溯到汉代的策问贤良，问之以治国大计。

一、汉代的试策

汉文帝十五年（公元前 165）九月，下诏有司推举贤良文学之士，晁错被推荐参加考试，汉文帝亲自下《策贤良文学诏》：

> 惟十有五年九月壬子，皇帝曰：昔者大禹勤求贤士，施及方外，四极之内，舟车所至，人迹所及，靡不闻命，以辅其不逮；近者献其明，远者通厥聪，比善戮力，以翼天子。是以大禹能亡失德，夏以长楙。高皇帝亲除大害，去乱从，并建豪英，以为官师，为谏争，辅天子之阙，而翼戴汉宗也。赖天之灵，宗庙之福，方内以安，泽及四夷。今朕获执天子之正，以承宗庙之祀，朕既不德，又不敏，明弗能烛，而智不能治，此大夫之所著闻也。故诏有司、诸侯王、三公、九卿及主郡吏，各帅其志，以选贤良明于国家之大体，通于人事之终始，及能直言极谏者，各有人数，将以匡朕之不逮。二三大夫之行当此三道，朕甚嘉之，故登大夫于朝，亲谕朕志。大夫其上三道之要。及永惟朕之不德，吏之不平，政之不宣，民之不宁，四者之阙，悉陈

其志，毋有所隐。上以荐先帝之宗庙，下以兴愚民之休利，著之于篇，朕亲览焉，观大夫所以佐朕，至与不至。书之，周之密之，重之闭之。兴自朕躬，大夫其正论，毋枉执事。乌虖，戒之！二三大夫其帅志毋怠！①

汉文帝发布的这篇文告虽然是诏书，却已具备后世策问的基本要素：追念大禹和汉高祖的丰功伟绩，这种崇尚上古和先帝的倾向是后世策问一以贯之的；皇帝谦称自己才德有亏，故急需贤能之士，这也是后世策问的基本内容；"悉陈其志，毋有所隐"，意图打消考生的顾虑，希望他们知无不言，言无不尽，"著之于篇，朕亲览焉"，强调皇帝会亲自阅览，意在提醒考生珍视这次应答机会，认真结撰文章。这些文字表述都被后世策问所继承。

晁错在百余人中脱颖而出，获得高第，升任中大夫。值得注意的是，晁错的《举贤良对策》具有明显的体制特点：每一段的开头都会引用《策贤良文学诏》的部分原文，然后阐述自己的看法。这种对策体制在后世影响极大，可以说，唐宋时期的殿试对策的体制基本都有首先逐段照抄原题，然后陈述自己的见解的特点。宋代甚至有在殿试对策中因为没有照抄原题而被判为不合格的情况，如《宋史》蒋之奇本传云："又举贤良方正，试六论中选，及对策，失书问目，报罢。"② 由此可见历史惯性的威力。

汉武帝建元元年（公元前 140）策问贤良，董仲舒撰写的《天人三策》是中国历史上影响力最为深远的对策。一般而言，后世的科举对策只有状元的对策能在当时产生一定的轰动效应，大量刊刻，人人传诵，但是，随着时间的流逝，即使是状元的对策也会慢慢湮没在历史长河中，只能找到只言片语，普通士人的对策更是难觅踪迹。能对抗时间的侵蚀而流传至今的，必然是极少数。董仲舒的《天人三策》，不但穿越两千年的历史流传至今，更重要的是其所提出的天人感应说，标举《春秋》大一统思想，极大地影响了此后两千年的中国政治，这是后世的考试对策无法望其项背的。

---

① 班固撰，颜师古注：《汉书》卷 49，中华书局，1962 年，第 2290 页。
② 脱脱等：《宋史》卷 343，中华书局，1977 年，第 10915 页。后文所引《宋史》均为此版本，只标明卷数和页码。

元光五年（公元前 130），公孙弘参加贤良文学对策，"时对者百余人，太常奏弘第居下，策奏，天子擢弘对为第一，召入见，容貌甚丽，拜为博士，待诏金马门"①。太常本来判定公孙弘的对策为下等，却被武帝升为第一。② 由此可见，皇帝在策问贤良的诏书中声称要亲自阅览试卷并非空言。这次对策改变了公孙弘的命运，其后得登丞相之位。

汉代参加考试对策者远不止晁错、董仲舒、公孙弘三人，只是这三人在后人眼中是以考试对策获得崇高声名和地位的代表。

二、魏晋南北朝的试策

魏晋南北朝时期，虽然选官实行"九品中正制"，但举秀才和孝廉是要考试的，试策是考察秀才和孝廉的重要方式，如《文选》中收录的任昉的《策秀才文》三道，该策问作于梁武帝天监三年（504）。第一道策问云：

> 问秀才：朕长驱樊邓，直指商郊，因藉时来，乘此历运，当宸永念，犹怀惭德。何者？百王之敝，齐季斯甚，衣冠礼乐，扫地无余。斫雕刓方，经纶草昧。采三王之礼，冠履粗分；因六代之乐，宫判始辨。而百度草创，仓廪未实。若终亩不税，则国用靡资，百姓不足，则恻隐深虑。每时入刍槁，岁课田租，愀焉疚怀，如怜赤子。今欲使朕无满堂之念，民有家给之饶，渐登九年之畜，稍去关市之赋。子大夫当此三道，利用宾王，斯理何从？伫闻良说。③

这道题以皇帝的名义发问，讨论的是策问中常见的礼乐和赋税问题。实际上，策问的大部分都是命题人就礼乐和赋税发表看法，结尾才是要求考生就赋税问题提出建议。从策问的文本形式来看，它具有六朝骈文对仗精工的典型特征。

---

① 班固撰，颜师古注：《汉书》卷 58，中华书局，1962 年，第 2617 页。
② 关于武帝青睐公孙弘对策的原因，详见余全介：《百家致治与儒术独尊》，浙江大学出版社，2014 年。
③ 萧统编，李善注：《文选》卷 36，上海古籍出版社，1986 年，第 1660—1661 页。

三、唐代的试策

隋唐时期，科举制度正式建立，以科举考试的方法选拔国家所需的后备官员，这是中国的一大创举。唐代的科举考试门类繁多，进士科和制科是影响最大的科目，试策则是这两个科目考试中的重要考核方式。

《策林》是白居易为了参加制科考试自行创作的模拟习题集。"元和初，予罢校书郎，与元微之将应制举，退居于上都华阳观，闭户累月，揣摩当代之事，构成策目七十五门。及微之首登科，予次焉。凡所应对者，百不用其一二。其余自以精力所致，不能弃捐，次而集之，分为四卷，命曰《策林》云耳。"[①] 看来，白居易参加的制科考试难度较大，他必须闭关专心训练写对策。白居易《策林》的一大贡献是首次提出了对策可分为"策头""策项""策尾"三大部分，这是一种可贵的文体意识，这种划分方式对于我们研究试策有极大的借鉴意义。

唐宪宗元和三年（808），策试贤良方正能直言极谏科，牛僧孺、皇甫湜、李宗闵在对策中指陈时政之失，无所回避，受到主考官和唐宪宗的赞赏，却引起宰相李吉甫的强烈不满，迫于他的压力，皇帝处分了主考官，牛僧孺等人也被降格使用。可见，由于贤良方正直言极谏科试策与政治的天然联系，往往容易引发政治纷争。

唐文宗大和二年（828），刘蕡在贤良方正能直言极谏科对策里依照《春秋》义理，申论"宫闱将变，社稷将危，天下将倾，海内将乱"的危险局势，矛头直指擅权祸国的宦官集团，力谏皇帝改革弊政，表现了士人勇于任事、不畏权奸的高尚品格。但考官畏惧宦官集团权势，不敢录取刘蕡。刘蕡一生沉沦下僚，郁郁而终。著名诗人李商隐创作《哭刘蕡》为之鸣不平："上帝深宫闭九阍，巫咸不下问衔冤。广陵别后春涛隔，溢浦书来秋雨翻。只有安仁能作诔，何曾宋玉解招魂。平生风义兼师友，不敢同君哭寝门。"历史是公平的，与刘蕡一同考试的杜牧等人虽然获得了功名，但他们的对策早已湮没无闻，刘蕡之声名和他的对策却流传至今，放射着耀眼的光芒。

唐代的试策只在制科考试中大放异彩，在进士科考试中默默无闻，这

---

① 《白居易集》，中华书局，1979 年，第 1287 页。

自然是因为唐代的制科考试,如贤良方正能直言极谏科和才识兼茂明于体用科,都是以策问为主要考核方式,而唐代的进士科考试则更为重视诗赋。

宋人对宋代以前的著名对策多有评述。如蒋之奇《制举投献第一书》云:"盖汉之董仲舒、公孙弘、晁错,唐之裴度、元稹、刘蕡之徒,此皆常以科举中而有闻于后世。就其所言,以观其行事,亦未必皆合。岂有言者不能行,能行者或不能言欤?然则,言者果足以信其实哉?夫董仲舒之谈王道,信粹美矣,然而泥于《春秋》灾异之说,则未为守经而据古。刘蕡之讦时务,信悖直矣,然而违于大《易》慎密之戒,则颇若无术而不逊。晁错之词章可观矣,而临事不足于权智;裴度之勋业可尚矣,而垂世不见于文采。至于公孙弘诡诈,元稹浮躁,盖无足道者。呜呼!上下千有余年之间,设科以待天下之士,而应选者不为鲜矣,而卓荦超越之士彦,寥寥而无闻。幸而有此数子者,尚皆有曲学之蔽,以玷其纯而缺其完,则于今之时而求其全人者,盖益难矣!"① 蒋之奇对于宋代以前的著名试策多有批评,这反映了宋人高度的文化自信。

宋代是中国科举考试的黄金时代,科举取士之多,空前绝后,通过严格的科举制度选拔出的宋代文官群体,普遍具有精深的文史功底和勇于承担国是的品格。造就如此高素质的文官群体,试策功不可没。

第二节　宋代试策的类型

试策这种考试文体,被广泛运用于宋代各类考试当中,就其功用分类,大致有殿试试策、省试试策、制科试策、馆职试策、太学试策、国学试策、武举试策、发解试策以及拟试策。方笑一在专著《经学、科举与宋代古文》中就发解试、省试和殿试策问的形态作了分析。② 以此为基础,笔者拟作一些补充。

---

① 四川大学古籍所编:《新刊国朝二百家名贤文粹》卷 98,《宋集珍本丛刊》第 94 册,线装书局,2004 年。标点为笔者所加。

② 参见方笑一:《经学、科举与宋代古文》,浙江大学出版社,2017 年。

一、殿试试策

宋代的所有考试中，最受朝野关注、影响力最大的自然是进士科考试的最后一道程序——殿试。殿试是皇帝亲自主持的考试，官方和举子都极为重视，从熙宁三年（1070）开始，策问成为殿试的唯一考试方式，一直沿用到宋亡。殿试的策问广泛留存在各类史书、诗文总集、别集中，《宋会要辑稿》保存的进士科策问最为完整，检视《宋会要辑稿》，从熙宁三年殿试试策开始，到乾道八年（1172）的殿试策问基本都有保留，唯一例外的是绍兴八年（1138），因宋徽宗驾崩，宋高宗行三年之丧，没有举行殿试，故该年无殿试策问。至于殿试对策，主要保留在文人别集中，"古代文人对一般的考试文体通常持轻视态度，但对策作为一种独立的文体，却颇受青睐。在封建时代里能够对策王庭，当然是十分荣幸之事，凡是写过对策文的，通常其文集会将它收入"①。遗憾的是，宋人别集中保留的殿试对策并不多，笔者目前检视到的只有19篇，如黄裳、张九成、陈傅良、文天祥等人的殿试对策，都保留在他们的别集里。此外还有一些文章总集里也有殿试对策，如《新刊国朝二百家名贤文粹》，收录了范宗尹、张孝祥等人的殿试对策，《历代名臣奏议》收录了刘光祖的殿试对策（殿试试策的详情本书第二章有详尽论述）。

特奏名殿试试策是相对于正奏名进士而言的。相比于唐代，宋代虽然大大提高了进士科考试的录取率，每届殿试录取进士往往达到数百人，但落第的举子毕竟占绝大多数，为了安抚这些年事已高、久考不第的读书人，朝廷将这类人另制名册，参加特奏名殿试。特奏名殿试一般在礼部正奏名进士殿试之后的次日举行，另行命题策问。作为正奏名进士的附加试，特奏名进士的考试方式随正奏名殿试而变化，熙宁三年正奏名殿试改试策问，特奏名也同时改为策问。考虑到特奏名殿试的性质，其策问一般都比正奏名策问简单。《宋会要辑稿》中保存了熙宁三年的特奏名殿试策问："子大大问学日久，阅义理多矣。唐虞三代所以治中国、兼夷狄，与夫秦汉以来天下所以存亡兴坏，其要可得而闻欤？尧舜圣而不可知也，而

---

① 吴承学：《策问与对策——对一种考试文体的文学与文化研究》，《新国学》，1999 年第 1 卷，第 100 页。

以能哲而惠为难。乃至忧骥兜,畏巧言令色孔壬,而不能使有苗化其道,安在乎其为神也? 伯夷、柳下惠,皆古圣人也,而孔子曰:'我则异于是。'杨朱、墨翟,虽不合大中之道,然其一以为为我,其一以为兼爱,于义未甚悖也,而孟子绌之,以比禽兽,此其何故也? 各以所闻,详著于篇。"[1] 这种试题为当时士大夫常论之话题,题目并不生僻,往往举子自拟题都会涉及这个话题,回答起来比较容易。

二、省试试策

进士科考试的省试是礼部主持的考试,是决定考生是否被录取的重要环节,但是,相比于殿试,宋人似乎对其重视不够,宋人别集中保留了少量的省试策问,如田锡的《试进士策》六道、胡宿的《试南省进士策题》四道、欧阳修的《南省试进士策问三首》、陆佃的《省试策问》、苏轼的《省试策问三首》、苏辙的《南省进士策问一首》、范祖禹的《省试策问二首》、杨万里的《省试别头策问》、周南的《试进士策问》、许应龙的《省试策问三道》等。此外,还有黄震编的《黄氏日钞》保存《省试策问一道》。至于省试对策,则更为罕见,笔者目前所见的只有欧阳修作于天圣八年(1030)的《南省试策五道》(包括策问和对策)以及苏轼、苏辙作于嘉祐二年(1057)的《禹之所以通水之法》等五篇策[2]、周必大作于绍兴二十一年(1151)的《省试策三道》。

学界对于宋代省试策问已有关注,方笑一细致考察了田锡的《试进士策》、欧阳修作为考生参加省试的《南省试策五道》、欧阳修作为考官撰写的《南省试进士策问三首》,指出:省试策问文风的变化,反映了北宋古文运动在科举领域的影响。方笑一还以许应龙的《省试策问》第一道为例,指出南宋省试策问多为结构严谨的长篇大论。[3] 笔者以嘉祐二年的省试策问和对策为例,分析省试策问的答题方式。

嘉祐二年的省试,主考官是欧阳修,苏轼、苏辙都参加了这次省试,

---

[1] 徐松辑、刘琳、刁忠民、舒大刚、尹波等校点:《宋会要辑稿》,上海古籍出版社,2014年,第5399页。后文所引《宋会要辑稿》皆为此版本,只标明页码。

[2] 苏轼、苏辙《禹之所以通水之法》等五篇文章的性质是省试对策,详见朱刚:《关于婺刻〈三苏先生文粹〉所载策论》,《文学遗产》,2018年第5期。

[3] 方笑一:《经学、科举与宋代古文》,浙江大学出版社,2017年,第185-189页。

欧阳修的《南省试进士策问三首》第一首：

> 问：昔者禹治洪水，奠山川，而尧称之曰万世之功也。盖遭大水，莫如尧；致力以捍大患，莫如禹；别四海、九州、山川地形，尽水之性，知其利害而治之有法，莫如《禹贡》之为书也。故后世之言知水者，必本于禹；求所以治之之法与其迹者，必于《禹贡》。然则学者所宜尽心也。国家天下广矣，其为水害者，特一河耳，非有尧之大患也。自横垅、商胡再决，三十余年，天下无一人能兴水利者，岂有其人而弗求欤，求而弗至欤？抑不知水性而乖其导泄之方，由《禹贡》之学久废而然欤？此当今之务，学者之所留意也。且尧之九州，孰高孰下？禹所治水，孰后孰先？考其治之之迹，导其大水所从来而顺其归，其小水则或附而行，或止而有所畜，然后百川皆得其宜。夫致力于其大而小者从之，此岂非其法欤？然所导大水，其名有几？夫欲治水，而不知地形高下，所治后先，致力之多少及其名与数，则何以知水之利害？故愿有所闻焉。夫禹所以通治水之法如此者，必又得其要。愿悉陈之无隐。[1]

这道策问以《禹贡》发问，既要求考生熟悉儒家经典，又要考生针对当今水利问题提出应对措施，可以说是经史和时务的结合。策问可以分解为三个问题：第一，横垅、商胡决口，无人兴修水利，原因何在？第二，尧分天下为九州，其地势高低如何？大禹治水的先后顺序是什么样的？这是知识性的问题，依据《禹贡》就可以解答。第三，当下欲治理水患，应该采取哪些措施？

苏轼的《禹之所以通水之法》是对欧阳修撰写的省试策问的回答：

> 自禹而下至于秦，千有余年，滨河之民，班白而不识濡足之患。自汉而下，至于今数千年，河之为患，绵绵而不绝。岂圣人之功烈，至汉而熄哉？方战国之用兵，国于河之墟者，三晋为多。而魏文侯时，白圭治水，最为有功，而孟子讥其以邻国为壑。自是之后，或决以攻，或沟以守，新防交兴，而故道旋失。然圣人之迹，尚可以访之于耆老。秦不亟治而遗患于汉，汉之法又不足守。夫禹之时，四渎唯

---

① 欧阳修著，洪本健校笺：《欧阳修诗文集校笺》，上海古籍出版社，2009 年，1197 页。

河最难治，以难治之水，而用不足守之法，故历数千年而莫能以止也。圣人哀怜生民，谋诸廊庙之上左右辅弼之臣，又访诸布衣之间，苟有所怀，孰敢不尽？盖陆人不能舟，而没人未尝见舟而便操之，亲被其患，知之宜详。当今莫若访之海滨之老民，而兴天下之水学。

古者，将有决塞之事，必使通知经术之臣，计其利害，又使水工行视地势，不得其工，不可以济也。故夫三十余年之间，而无一人能兴水利者，其学亡也。《禹贡》之说，非其详矣。然而高下之势，先后之次，水之大小，与其蓄泄之宜，而致力之多少，亦可以概见。大抵先其高而后低下，始于北之冀州，而东至于青、徐，南至于荆、扬，而西讫于梁、雍之间。江、河、淮、泗既平，而衡、漳、泽水、伊、洛、瀍、涧之属，亦从而治。浚畎浍，导九川，潴大野，陂九泽，而蓄泄之势便。兖州作十三载，而嵎夷既略，故其用力，各有多少之宜，此其凡也。孟子曰："禹之治水也，水由地中行。"此禹之所以通其法也。愚窃以为治河之要，宜推其理，而酌之以人情。河水湍悍，虽亦其性，然非堤防激而作之，其势不至如此。古者，河之侧无居民，弃其地以为水委。今也，堤之而庐民其上，所谓爱尺寸而忘千里也。故曰堤防省而水患衰，其理然也。①

这道对策首先用了约一半的篇幅回顾从大禹时代到当今的治理水患的历史，然后回答策问中提出的三个问题。第一，当下没有人才兴修水利，原因在缺乏精通经术的大臣和熟悉地势的水工。第二，依据《禹贡》的记载，苏轼指出九州的地势高下和大禹治水的先后顺序。第三，当今治理水患的要点是依据河水的物理特征，在河畔留下足够的土地使水流回旋聚集。从苏轼的这篇省试对策可以看出，省试对策都是依据策问回答要点，不需要做过多的推衍。而殿试对策常常针对策问展开大量的敷陈，展示考生的文辞才华和经史知识，导致殿试对策的篇幅都相当长。

三、制科试策

制科考试唐代就有，皇帝不定期下诏开科，选拔非常之才，比较知名

---

① 张志烈、马德富、周裕锴主编：《苏轼全集校注》，河北人民出版社，2010 年，第 11 册，第 749—751 页。后文所引《苏轼全集校注》皆为此版本，只标明册数和页码。

的科目有贤良方正能直言极谏科、才识兼茂明于体用科等。宋承唐制，亦设制科，宋代的制科考试已经形成一套标准化流程，制科的最后一道程序就是试策，北宋时期的制科考试相当兴盛，开考频率渐趋固定，参与人数多，影响力大，士人获得制科出身后升迁快。咸平四年（1001）到庆历二年（1042）是不定期开考，庆历六年（1046）之后，制科随进士科开考，平均三年一次。与进士科殿试策问一样，制科考试的策问主要也保存在《宋会要辑稿》中，从咸平四年到元祐六年（1091）的策问都有。对策则主要收录在宋人别集里，如夏竦、张方平、苏轼等人的对策。南宋因制科考试衰微，制科策问与对策都已不存（制科试策的详情本书第三章有详尽论述）。

四、馆职试策

馆职考试不属于科举考试的范畴，但是馆职考试也运用策问来选拔工作人员。馆职考试的考生一般都是具有一定行政经验的官员，而不是没有任何仕宦经历的读书人。馆职试策一般围绕一个主题展开论述，要求考生就这个主题作出详尽的解答。宋人的别集中保存了相当丰富的馆职策问和对策（馆职试策的详情本书第四章有详尽论述）。

五、太学试策

在宋代，太学是国家最高学府，每年一公试，初场试经义，次场试策。每月一私试，孟月试经义，仲月试论，季月试策。现存的太学策问较少，主要有赵鼎臣的《太学私试策题》、陆佃的《太学策问》二道、吕祖谦的《太学策问》、杨万里的《太学私试策问》、许应龙的《太学私试策问》。

乾道六年（1170），吕祖谦被任命为太学博士，他在任期内命题的《太学策问》如下：

> 问：宪虞、夏、商、周之典而建学，合朔、越、楚、蜀之士而群居，上非特为饰治之具，下非借为干泽之地也。所以讲实理、育实材而求实用也。盖尝论立心不实，为学者百病之源，操管而试，负墙而问，布席而议，学则宗孔、孟，治则主尧、舜，论入德则日致知格

物，论保民则曰发政施仁，论律身则曰孝弟忠信，论范防则曰礼义廉耻。笔于纸、发于口，非不郁郁乎可观矣。迫而索之，则或冥然而昧也，叩而穷之，则或枵然而虚也。意者骛于言而未尝从事所以言者耶？洙泗诸子，亲见圣人，出语岂不知所择，然问答之间，受责受哂者相望，反自不若后世学者之无疵。古之人其为己不为人如此。今日所与诸君共订者，将各发身之所实然者，以求实理之所在，夫岂角词章、博诵说、事无用之文哉？孰不言圣学之当明也？其各指实见，志何所期，力何所用，毋徒袭先儒之遗言。孰不言王道之当修也？其各条实事，何者为纲，何者为目，毋徒作书生之陈语。佛老乱真者也，勿徒曰清虚寂灭，盍的言其乱真者，畴深畴浅。申、韩害正者也，勿徒曰刑名术数，盍确论其害正者，畴亡畴存。辟喭愚鲁，人人异质，不可胜举；刚柔缓急，色色异宜，不可胜陈。至于为学者之通病，论治者之通弊，安得不同去而共察之耶？孟子、告子之不动心，自今观之固异也，使未闻所以异之答，能辨其异乎？禹、稷、颜子之事业，自今观之固同也，使未闻易地皆然之语，能识其同乎？荀况、扬雄、王通、韩愈，皆尝言学矣，试实剖其是非。贾谊、董仲舒、崔寔、仲长统，皆尝言治矣，试实评其中否。凡此数端，具以质言，实相讲磨，以仰称明天子教养之实德。乃若意尚奇而不求其安，辩尚胜而不求其是，论尚新而不求其常，辞尚异而不求其达，则非有司之所敢闻。①

这道策问只讨论纯粹的学术问题，不议论时政，体现了太学作为国家最高学府的职能。吕祖谦在策问中宣示了考官的立场：为学务求实用，空谈义理不是良好的学风。吕祖谦要求考生具体指出佛老申韩学说的危害；辨析孟子、告子的"不动心"理论有何不同之处；辨析大禹、后稷的事业有何相同之处；对于大儒荀子、扬雄等人的学问，要明辨其是非；对于贾谊等政论家的文章，要评价其是否合乎实际政务。吕祖谦的这道策问折射了南宋孝宗朝重视实学的时代风气。

太学考试并非只讨论学术问题，国家政务也是其考察内容，如许应龙

---

① 曾枣庄、刘琳主编：《全宋文》，上海辞书出版社，2006年，第261册，第342—343页。后文所引《全宋文》皆为该版本，只标明册数和页码。

《太学私试策问》：

> 问：郡守民之师帅也，师帅贤则政平而田里无愁叹之声，不贤则公私烦扰而秭藿失宅生之望，有志于治者其可不知所择乎？然知人之道，自昔所难，不观其貌则无以知其精力之盛衰，不察以言则无以占其才智之优劣，是必召见于殿陛之间，咨访于论奏之顷，则贤否真伪庶不能为吾之惑矣。汉之宣帝每拜守相，辄亲见问，考其所行，以质其言。唐之玄宗刺史陛辞，皆令诣侧门以俟进止，宜若可以察人之能否矣。意一时吏治皆如黄霸之守颍川，真卿之守平原，然八万余口犹得以肆其伪增之欺，二十四年犹不能坚为守御之计，岂二君识见之未精耶？抑临遣之际徒能察其言貌，而名实不相应者未容以遽知耶？恭惟孝宗皇帝留意吏治，郡守陛辞必加考察，或以失仪而罢免，或以称旨而擢用，或以疾病投置闲散，故循良之吏布满郡国，有以成乾道、淳熙之治。今日仰遵成宪，凡未经陛对及已对在四载之外者皆令申审，而迩臣复虑积官至守，早达者罕精神识虑，四年之久，日异而岁不同，恐有癃老疾病不任事之弊，欲凡到阙者悉俾奏事，睿旨谕之。此诚为官择人之要术也。或者犹谓年余七十者犹能息渤海之盗，多病不出者亦能致东海之治，则老疾者似未可以尽弃也。然一见之顷未睹施设，安保其尚可用耶？议论持平者出守北地，乃不免治郡不进之责；辨论以义理之文者使守会稽，乃莫逃久不闻问之谴。则论奏之间，亦未可以尽信也。然使其言果有可听，又安能料其他日之不相副耶？斟酌而区处之，殆将何术而可？愿详陈之，有司将以献焉。[1]

这道策问的主题是选任郡守，首先强调郡守对于国家治理的重要性，提出"观其貌"和"察以言"两种方法，接着以汉宣帝和唐玄宗为例来说明这两种方法，再以宋孝宗留意考察郡守成就清明政治生态进一步强调郡守的重要性。最后指出"观其貌"和"察以言"都是有一定漏洞的，希望考生能给出一个稳妥的方案。

王安石变法期间，在太学教育中实行"三舍法"，把太学分为外舍、内舍、上舍三等，"三舍法"一直沿用到南宋。现存的上舍试策全部在南

---

① 《全宋文》，第 303 册，第 360-361 页。

宋人的文集里，如杨万里《诚斋集》有《太学上舍策问》；程珌《洺水集》中有《试上舍策问》；程公许《沧洲尘缶编》卷十四有《试上舍生策题》，篇幅极长；王十朋《梅溪集》中有《上舍试策三道》，这是王十朋以上舍生的身份撰写的对策。

六、国学试策

国学，是国子学的简称。国子学创立于晋武帝时代，本是世族子弟就学之地，宋代的国子学逐渐向太学转化，最终在南宋绍兴年间合二为一，国子学不复存在。[①] 国学试策以儒家经典和历代治乱为考核内容。保存在欧阳修文集中的《国学试策》三道，策问和对策都很完整，这是欧阳修天圣七年（1029）参加国子学解试的试题和答卷，三道策问以《诗经》、《尚书》、礼乐、官制为主题。第一道策问云：

> 问：《诗》删《风》、《雅》，有一国四方之殊；《书》载典、谟，实二帝三王之道。君臣之制有别，小大之政不侔。然而《关雎》王者之风，反系于周公之化；《秦誓》诸侯之事，乃附于训诰之余。究其闳纲，必有微旨。且巧言者丘明为耻，传《春秋》蒙诬艳之讥；惠人者子产用心，作丘赋被蛋尾之谤。谓之诬艳，非巧言乎；目之蛋尾，岂惠人也？夫子又何谓之同耻，叹其遗爱者哉？子大夫博识洽闻，强学待问，请谈大义，用释深疑。[②]

这道策问以《诗经》《尚书》等儒家经典中的矛盾之处发问：按照《毛诗序》的说法，《关雎》的本义是讲后妃之德，是周文王用以教化天下的，却被置于周公教化天下的《周南》。《秦誓》是记载诸侯事迹的，却被放在记载帝王之说的训诰里。左丘明以巧言令色为耻，但《左传》却被人视为文风浮夸；子产被孔子视为仁爱之人，却因为征收重税被郑国人喻为毒蝎尾。可见，这道策问在有意识地引导考生怀疑经典，是北宋疑经思潮在考场上的表现。

欧阳修的对策如下：

---

① 参见张邦炜：《论宋代国子学向太学的演变》，邓广铭、郦家驹等：《宋史研究论文集》，河南人民出版社，1984 年。

② 欧阳修著，洪本健校笺：《欧阳修诗文集校笺》，上海古籍出版社，2009 年，第 2014 页。

　　举贤而问，炎汉之得人；射策程材，有唐之明诏。晁错明国家之大体，仲舒究《春秋》之一元，皆条对于篇章，备天子之亲览；刘蕡述兵农之大略，微之以才识而中科，然品核其言词，由有司而考第。皇上思讲勋、华之阔道，欲举汉、唐之茂规，已诏公卿之流，博选贤良之士。而又申《周官》辨论之法，以考于贤能；较成均上游之徒，并升于岁贡。退愧拘儒，亦当奥问。夫近世取士之弊，策试为先，谈无用之空文，角不急之常论。知井田之不能复，妄设沿革之辞；知榷酤之不可除，虚开利害之说。或策之者钩探微细，殆皆游谈；而对之者骫骳曲辞，仅能塞问。弃本求末，舍实得华。若乃《诗》《书》之可疑，圣贤之异行，乐所以导和而率俗，官所以共治而建中，此皆圣师之所谈，明问之至要。敢陈臆见，用备询求。策曰《诗》删《风》、《雅》，有一国四方之殊；《书》载典、谟，是二帝三王之道。《关雎》王者之风，反系于周公之化；《秦誓》诸侯之事，乃附于训诰之余。考其本因，可为梗概。夫述四始之要，明五际之变，始之以《风》，终之以《颂》，以厚风俗，以察盛衰，此《诗》之所以作也。而变风、变雅，有六义之殊焉。《关雎》王化之基，三百五篇推其首，而《周南》之作亦系其列者，盖姬旦分陕而居，天子与之共治，故其政化之美得系于王者之风也。述百篇为历代之实，断之自唐，迄之以周，以陈典、谟，以为约束，此《书》之所以设也。作诰、作誓，皆三王之事焉。成汤有罪己之言，五十九篇载其义，而秦侯之誓亦参其末者，盖穆公伐晋之辞，夫子善之于改过，故其诚令之说，亦附训诰之余。不然，夫仲尼述尧、舜，删《诗》、《书》，著为不刊，以示来叶，岂容其失乎？且巧言者丘明所耻，惠人者子产用心，著于前经，此可明矣。先儒称仲尼立一王之法，始修《春秋》，而亲授丘明，使之作《传》。及范宁欲专《穀梁》一家，故蒙以诬艳之讥。前志称子产犹众人之母，善其养民，而临治郑国，能行其惠。及国人怨其丘赋之重敛，故被以虿尾之谤。夫传一经之义，非曲而畅之，盖不能详也。救一时之弊，盖权而行之，非为毒也。学者偏见，妄云诬艳，岂丘明之失欤？国人无知，谤以虿尾，非子产之过矣。况以仲尼之圣，作经亲授，岂有缪举乎？国侨既死，国人皆罢，不曰惠乎！宜其同巧言之为耻，以遗爱而见称也。荒屑之说，敢以此闻。谨对。①

欧阳修对于策问中提出的儒家经典中的四处疑问予以简明扼要的解答：周公居于与周天子共治天下的崇高地位，所以《关雎》能放于《周南》；《秦誓》与帝王训诰的关联则在于掌权者反省自己的过错，所以《秦誓》能置于训诰之列；左丘明被诬以浮夸，是范宁意图以《穀梁》为尊的策略；子产征收重税只是权宜之计，并非本性恶毒。欧阳修在这道对策里表现了维护孔子的学术立场。

七、武举试策

武举虽然是选拔武官的考试，但也要试策问。武举与进士科殿试同日举行。苏辙《栾城集》有一道《殿试武举策问》："王者之兵不贵诈谋奇计，至于临敌制胜，良将岂可少哉？朕以天下为度，怀柔四夷，而西戎背诞，腰领未得。凡吾接之以恩信，怀之以礼义者，固有道矣。若夫示之以形，禁之以势，使之望而不敢犯，犯而无所得者，其术何由？伐其谋，散其党，使之退而不得安，安而不能久者，其道何以？夫隐兵于民，井田之旧法也；材官府兵，犹行于后世；而保甲之复，民以为劳。以车即战，丘甸之遗制也；武刚鹿角，犹见于近事；而车牛之役，世以为非。古者兵有奇正，旋相为用，如环之无端，其出入之法，今几绝矣。敌有阴阳，客主异宜，易之则败。其先后之节，将何施焉？淮阴之伐赵，胜亦幸耳，使左车之说行，则计将安出？仲达之却蜀，非其功也，使孔明而不死，则胜将孰在？子大夫讲于兵家之利，而明于当世之务审矣，其以所闻著之于篇，朕将览焉。"② 苏辙的这道策问实际是从政治的角度切入军事问题，体现了文官论武的特点。

《宋会要辑稿》中保存了乾道二年（1166）到嘉定十六年（1223）的武举策问。乾道二年武举策问云："有阵必有名，有名必有数。吴之常山，郑之鱼丽，太公之五行，李靖之六花，即其名可以知其义，即其数可以知

---

① 欧阳修著，洪本健校笺：《欧阳修诗文集校笺》，上海古籍出版社，2009 年，第 2014—2016 页。

② 《全宋文》，第 93 册，第 362 页。据孔凡礼《苏辙年谱》，元祐三年（1088）三月戊午，策试武举于集英殿，苏辙为考官。

其法，固有不待考而明者。至于掘机之阵，其制出于黄帝，因丘井之法而开九方，因方隅之位而分奇正，虽后世有天智神略，莫能出其阃阈。今考其问对之辞，所谓数起于五，何以不起于四？数终于八，何以不终于九？四为正，不知何者为正？四为奇，不知何者为奇？阵间容阵，队间容队，所容者何地？散而成八，复而为一，所别者何形？其后又有论风后八阵者，谓衡抗于外，轴布于内，风云附其四维，所以备物，虎张翼以进，蛇向敌而蟠，飞龙翔鸟，上下其势，所以致用，不知又何以分乎？子大夫讲此熟矣，其详著于篇，朕将亲览焉。"① 这道策问专门探讨军队的阵法，相比苏辙的策问更能体现武举的性质。

八、发解试策

按照考试地点的不同，发解试可分为诸路州府军监解试、转运司解试（又称"漕试""牒试"）、国子监解试（又称"胄试"）及开封府解试。发解试一般在秋天举行，又称"秋试"。现存的发解试策问主要有：田锡《开封府发解策》三道，苏轼《永兴军秋试举人策问》《国学秋试策问二首》，陈造《己酉秀州秋试策问》《丁酉楚州秋试策问》，周必大《宣州解试策问一首》，吴泳《四京守御策问甲午太学解试》《圣学时政策问乙酉成都漕试》。方笑一在《经学、科举与宋代古文》中对田锡、苏轼、陈造、周必大的发解试策问进行了细致考察，指出：宋代发解试策问形态变化趋势为篇幅逐渐加大，形制由骈转散，结构程式化倾向日益明显，作者主观立场由隐而显。②

九、地方学校试策

地方学校试策的命题人一般是地方的县学、州学教授。现存的地方学校试策保存在宋人的别集里，主要有赵鼎臣《定州州学私试策问》、周南《池阳月试策问》十九道、周必大《金陵堂试策问》五道、胡寅《零陵郡学策问》二十三道、陈造《吴门芹宫策问》二十一道和《定海县学策问》。

赵鼎臣《定州州学私试策问》共六首，第三首云：

① 《宋会要辑稿》，第 5414 页。
② 方笑一：《经学、科举与宋代古文》，浙江大学出版社，2017 年，第 180—185 页。

问：以才而任官，以官而举职。官之能否，治忽系焉；职之修废，利害形焉。此校比之政，先王所为至严而不敢慢也。国家席重熙，承累洽，枢机周密，宪章完具。守令著考课之式，庶官立荐举之制，内执法于御史，外分部于监司，其为纲目详矣。天子垂心百度，锐于图治。政之未备，法之弗完者，革而新之，有不待旦。吾侪虽贱且远，盍亦相与诵所闻，以切磋当世之务乎？盖《虞书》考绩，制以三载；周官黜陟，举于时巡。太宰三岁之所计，小宰六计之所兼，其法不独为方国设也。汉、唐而下卑矣。虽然，其所以治者，盖亦各有意焉。则夫刺史六条之所察，光禄四行之所第，考功善最之所书，与夫京房、刘绍之所建明，杜恕、元凯之所论议，其立言行事，得无有可施于今日者欤？昔李勃为郎，自宰相而下皆书其考，盖有意于举其职矣，而识者乃不与之，何耶？愿与诸君稽虞、周，览汉、唐，折中于诸子之说，取其可者而存之，以俟有司之择，毋忽。①

这道策问历数上古到汉唐的官吏考核制度，要求考生遴选出可资今日借鉴的制度，考察了考生的知识储备和政治见识。

周南的《池阳月试策问》有十九道，第四道如下：

问：方今急务，莫急于财。财有盈虚，则法有变通。譬诸琴瑟专一，谁能听之？窃怪汉武帝纷更，造三品之金，制鹿皮之币，乘传鬻盐，四出郡国，领护屯田，远及渠犁，条目多端，不便辄弛，独盐铁之议至始元犹未决，何耶？桓宽、桑大夫之议论，孰为当否乎？唐自肃、代用兵，第五琦更铸法，李泌复府兵，王播请行飞钱，论建甚广，其利莫睹，独榷盐之利至顺宗而犹可为，何耶？刘晏、李巽之增羡，孰为优劣乎？今印造猥多，用楮困于折阅，于是讲称提之策。楮券折阅，榷引亏于入纳，于是下贴纳之令。铜钱不赡，沿江遂参以铁镪；边地旷虚，汉淮欲复于屯田。其已行者措虑精，而未及施行者讨论亟矣。然称提之说众矣，可行之论安在？贴纳之法当矣，经久之计何若？钱镪用而行商少，则参用岂无可虑？流庸归而闲田寡，则营屯似难猝行，如之何则可？②

---

① 《全宋文》，第138册，第221—222页。
② 《全宋文》，第294册，第101页。

绍熙元年（1190），周南登第后曾任池州教授。这篇用于池阳月试的策问讨论了财政问题，其切入的路径是回顾汉唐的财政政策，要求考生评述当下的货币政策。南宋中后期，财政问题特别是纸币发行过度导致的通货膨胀问题，已经引起朝野的高度关注。端平二年（1235），在中央级的馆职考试中，已经出现了专题讨论通货膨胀的策问，王迈的《乙未馆职策》就是回答这种策问的。这些都与周南的这道策问遥相呼应，这说明，南宋中后期虽然理学逐渐成为科场策问的主题，但在策问中讨论实际政务的风气一直存在。

周必大《金陵堂试策问》五道，第二道云：

> 问：孝文之在御也，汉之为汉二十余年矣。五兵虽戢，文治未兴。其居公卿、预谋议者，非绛侯之少文则袁盎之不学而释之之卑论也。贾谊以洛阳年少言天下事，岂惟出当时诸老先生之右，两汉名儒未有能越谊也。今观其传，而可疑者三焉。谊之言曰："刑罚积而民怨背，礼义积而民和亲。"又曰："德教洽而民气乐，法令极而民气衰。"虽使孔、孟复生，不易斯言矣。而太史公曰："贾谊明申、韩。"呜呼谊乎，申、韩乎？夫是以疑其学。定官名，正礼乐；究三代之所以长，知暴秦之所以短；体貌大臣则礼行当代，分封诸侯则效见后世。谋略如此，可谓美矣，奈何改定制度则有土德尚黄之异？欲试属国则有三表五饵之疏？夫是以疑其术。谊之谪长沙也，史谓意不自得，一闻鵩音，怪而悼之，胸中所存，几于隘矣。及读《吊屈》之文，则缥然如千仞之翔凤，泂焉如九渊之神龙，殆将出险微，超寻常，而非藩国所能淹也。读《自广》之赋，则澹乎若深渊之靓，泛乎若不系之舟，固已同死生，轻去就，而非外物所能动也。夫是以疑其文。诸君将何说以处此？若夫进则前席于夜半，退则数问以得失。凡其所陈，亦略施行。然则谓帝疏谊，而东阳侯之属尽害之者又何如也？愿虚心而承教焉。[1]

在这道策问里，周必大根据史料提出贾谊有三点可疑之处，希望考生予以解释。第一，贾谊的言论是崇尚儒家礼义教化，反对严刑峻法，但司

---

① 《全宋文》，第 231 册，第 74—75 页。

马迁认为贾谊通晓法家之学。第二,贾谊恢复三代礼乐制度,但他要求把汉高祖定的水德推翻,改为土德制;"三表五饵"则是玩弄权术。第三,史书记载的贾谊和他在《鹏鸟赋》《吊屈原赋》中展现的胸襟气度截然不同。策问最后提出:文帝召见贾谊,夜半前席,相当重视贾谊,贾谊提出的政治措施,文帝也基本采纳执行了,但史书又说文帝疏远贾谊,这就互相矛盾,需要考生予以解释。这种策问对于考生的思辨能力有一定的要求。

十、拟对策

这是一种比较特殊的对策,宋代很多文人虽然没有参加正式考试,但他们通过各种途径获得策问试题后,往往有私下写作拟对策的行为。他们撰写这类对策的动机很复杂,有些是为了将来参加殿试练笔,相当于现代的学生做模拟试卷;有些文人已经获得进士身份,没有练笔的需要,但出于某些特殊目的,也会撰写拟对策。这种拟对策虽然不需要提交给考官审阅,似乎没有什么功利性,但是,撰写者依然会按照答题规范,认真写对策。比较典型就有苏轼的《拟进士对御试策》。叶祖洽在熙宁三年(1070)的殿试对策中靠逢迎当权者获得第一,苏轼非常不满,就写了这篇拟对策表示抗议,形式是对策,实际就是奏议。保存在《新刊国朝二百家名贤文粹》里的陈公辅《御试策一道》也是拟对策。陈公辅于政和三年(1113)上舍及第,他的这篇殿试对策却是针对绍兴二年(1132)殿试策问作答的,所以这篇对策是拟试策无疑。此外还有周紫芝的《拟廷试策一道》、王安国的《拟试制策》、陈师道的《拟御试武举策》和《拟学士院试馆职策》、薛季宣的《拟策一道》等。

笔者选取殿试试策、制科试策以及馆职试策作为重点研究对象,基于两点考虑。第一,文献留存方面,这三类试策比较丰富完整。就策问而言,《宋会要辑稿》中保存了极为完整的宋代殿试策问和制科策问,馆职策问在宋人文集中也相当多。就对策而言,目前笔者从宋人别集和文章总集中找到 26 篇殿试对策、7 篇制科对策和 14 篇馆职对策,这些对策篇幅长短不一,短的只有一千余字,长的则近万字,而且相当多。依据这些丰富的试策文献,就能概括总结出其文体特征和发展演变过程。第二,这三类试策的作者都是宋代的典型士大夫，他们所撰写的策问和对策既展示了其杰出的治国见识和辞章才华，又能反映时代的政治脉搏和学术思潮。

第三节 试策的文体规定

试策是一种古老的考试文体，在汉代就已经奠定了其基本体制。如上文所述，汉代以后，试策在国家选举士人的各种制度中一直长盛不衰，随着时代的发展，试策的体制越发完备和成熟。但无论试策的体制怎么变化，试策这种文体的内在规定是不变的。

试策最为显著的文体规定就是包括策问和对策两部分，策问是上位者拟定的考试问题，对策是下位者针对策问的答卷，对策必须严格遵循有问必答的原则，针对策问中的每一个问题作答，这两部分互相关联，缺一不可。策问的内容虽然相当广泛，但也有边界，"盖策问之目，不过礼乐刑政，兵戎赋舆，岁时灾祥，吏治得失，可以备拟，可以曼衍，故汗漫而难校，澳涩而少工，词多陈熟，理无适莫"①，这是关于策问涵盖的内容的经典论述，策问的主要内容是礼乐、刑罚、军事、赋税、灾异、吏治等。以宋孝宗淳熙五年（1178）戊戌科殿试策问为例：

> 朕绍休圣绪，厉精万机，夙夜靡皇，庶克有济。今兹登进多士，咸造在廷，将以讲明治道，考观素蕴。角虚文而废实用，朕无取焉。
>
> 历稽邃古，三皇之书谓之《三坟》，以言大道；五帝之书谓之《五典》，以言常道。夫出治之经，要本诸《五典》，而《三坟》所载曰大道云者，果何所谓耶？
>
> 仲尼之门，难疑答问，惟仁尤重，或以爱人为仁，或以刚毅近仁，或以克己复礼，天下归仁。其他论仁不一而止。夫圣人立教，宜有定说，乃多为之目如是，后之求仁者果安所从耶？
>
> 汉高帝制礼，欲度其所能行。齐、鲁两生，召之不至，谓"必俟百年而后兴"。惟叔孙通达于时变，定一王之仪。二者之见，其孰是耶？

---

① 沈作喆：《寓简》卷五，知不足斋丛书本。标点为笔者所加。

唐太宗论乐,谓"治之隆替无关乎此"。杜淹疑其不然,虽魏徵亦曰"乐在人和,不在声音"。二者之论,其孰当耶?

朕上宪帝皇之道,中参将圣之训,下鉴汉、唐之迹,烛理未深,治不加进。故欲强国势而威令未孚,欲恢王纲而规模未广,士风惰而未振,民力艰而未裕。抑尝览苏轼之论,言"天下之势,中国士民,优游缓带,勇气消耗,而戎狄之赂,转输天下",以为一时深弊,朕有感焉。

子大夫以选待问,其考引古初,捃摭经史,博举先儒之言,茂明当世之务,条著于篇,勿迂勿泛,朕将亲览!①

这道策问一共包括五个分问题,分别是关于治国之大道、仁的复杂内涵、叔孙通制定礼仪的是非、礼乐与治乱的关系、国家当前的紧要事务。对这五个问题,举子应该在其对策中全部予以解答,不能回避。现存的叶适的殿试对策就是按照这个原则来行文的。他在对策中先用"臣伏读圣策"引出一个分问题,然后正式回答。

以下是叶适对第三个分问题的回答:"臣伏读圣策,有'汉高帝制礼,欲度其所能行。齐、鲁两生,召之不至,谓"必俟百年而后兴"。惟叔孙通达于时变,定一王之仪。二者之见,其孰是耶?'臣闻周之礼至秦而亡,汉氏初起,以其智力角逐一世而仅得之,则秦之礼至汉亦亡矣,其君臣上下未有长久之意也。使汉仪不定,则何以系其心?如必积德百年而后兴,则汉不及积矣。若其文物以纪之,声明以发之,上下有章,登降有数,举无失乎天人之常理,则非积德百年有不能至也。士欲及时以致功,达权以致变,则通意诚近之矣;耻为一时之用而宁甘没世之无闻,两生殆未必知礼之用也。虽然,一代之大典,则必与斯人之徒议之,此固非叔孙通之所能识也。"② 可以看出,叶适赞同叔孙通制定礼仪来稳定汉朝政权的做法。

在实际考试中,试策这种问答体也会有多种变体,有的是"弃问不答"。张方平在庆历六年(1046)所上《贡院请戒励天下举人文章奏》指出"今贡院考试诸进士……策有置所问而妄肆胸臆,条陈他事者"③,这

① 《全宋文》,第285册,第75—76页。
② 《全宋文》,第285册,第79页。
③ 《全宋文》,第37册,第53页。

就是说，在贡院考试中，面对考察范围甚广的策问，有些考生存在知识盲点，对问题没有自己的见解，故避重就轻，弃而不答，自作主张地陈述自己熟悉的事项。有的是"不问自答"。如宝祐元年（1253）的殿试策问为"选举之八事"，就进士科、荫补等八方面内容提问，该科状元姚勉在依次回答了这八方面的问题后，本着读书人忠心体国的精神，就士风苟且、言路不畅提出自己的意见。这种做法虽然是举子拳拳忧国心的自然流露，但毕竟是违反考试规定的，所幸皇帝不以为忤，还是定其为状元。

第二章　宋代进士科试策

在宋代所有试策中，最受时人重视的无疑是进士科殿试试策。作为进士科考试的最高一级，殿试拥有无与伦比的权威，举子也以对策王庭为一生的荣耀，在这样的社会共识下，留存下来的殿试试策相关文献极为丰富。宋代的进士科殿试策问文献留存极为完整，宋人的殿试对策中颇多长达万言的巨制。本章以宋代进士科考试中的殿试试策为主要研究对象，力求从多个角度解析这份珍贵的科举文化遗产。

第一节　试策在进士科考试中的地位变迁

进士科是宋代科举考试中最重要的科目，宋代有名望的士大夫基本上都是进士出身，相比之下，非进士出身者往往仕途蹭蹬、声名不显。关涉众多读书人命运和国家后备官员选拔的进士科考试，受到朝野的持续特别关注，围绕进士科考试的各种讨论，一直是国家政治生活中的重大议题。随着时局变化和各派势力消长，进士科考试的内容和流程也在不断发生变革。

宋代进士科考试分为发解试、省试和殿试三级，发解试是地方州郡、转运司和国子监举行的选拔考试，考生只有通过发解试才能获得参加省试的资格；省试是尚书省礼部主持的考试，省试合格者参加殿试；殿试又称御试，是由皇帝亲自主持的考试，是强化皇权的表现。

关于进士科考试制度的史料相当多，主要有《宋史·选举志》《宋会要辑稿·选举》《续资治通鉴长编》等，今人研究成果也为数不少，主要有何忠礼的《宋代省试制度述略》《宋代殿试制度述略》、张希清的《宋代科举省试制度述论》《宋代殿试制度述论》、祝尚书的《宋代科举与文学》、林岩的《北宋科举考试与文学》等。科举制度研究并非本书的中心任务，此处只是参考上述资料，以试策为中心，就试策在进士科考试中的地位变迁略作梳理，概述其要。

首先简要叙述省试的情况。宋初，"凡进士，试诗、赋、论各一首，策五道，帖《论语》十帖，对《春秋》或《礼记》墨义十条"①。帖经和墨义不予评阅，诗赋、论、策逐日评阅。当时实行逐场淘汰制，即诗赋如果不合格，论、策将不予评阅，诗赋的地位最为重要，即使三场考试全部评阅，最终也是以诗赋来决定排名，这是受唐代以诗赋取士的历史惯性的影响。

但是，以诗赋取士存在着先天的问题，诗赋反映的是人的文艺才能，以这个标准选拔出的人去做官，也就是要处理政事，未必合适。在唐代，考中进士只是获得做官的资格，还要经过吏部铨选才能授予官职，考试内容就是所谓"身言书判"，这里的"判"就具有考察士子处理政务能力的功能。而在宋代，举子获得进士身份后就可以直接授官，较之于唐代，这是一种制度缺陷。"从真宗朝到仁宗朝，要求改变以诗赋定去留而代之以策论决定去留的呼声一直延续不断，并最终导致'庆历新政'对科举考试制度的变更……"②庆历四年（1044），范仲淹主持科举改革，提高策论地位，"进士试三场，先策，次论，次诗赋，通考为去取，而罢帖经墨义"③。但庆历新政失败后，改革措施被废止。

虽然制度层面没有多大变化，但考官响应时代呼声，在实际操作层面已经开始提高策论的地位。叶清臣（1000—1049）是天圣二年（1024）进士科考试第二名，他是科举考试中提高策论地位的受益者，"天圣二年，举进士，知举刘筠奇所对策，擢第二。宋进士以策擢高第，自清臣始"④。刘筠以对策拔擢叶清臣，这种具有标志意义的举动，对后来的举子影响很大。李觏《上叶学士书》云："至年十六时，闻礼部奏贡士之可者，赐第

① 《宋史》卷155，第11册，第3604页。
② 林岩：《北宋科举考试与文学》，上海古籍出版社，2006年，第58页。
③ 李焘：《续资治通鉴长编》卷147，中华书局，2004年，第6册，第3565页。后文所引《续资治通鉴长编》皆为此版本，只标明册数和页码。
④ 《宋史》卷295，第28册，第9849页。

于殿廷，所得多当世豪俊，而执事之五策，实流行于天下。募其本而观之，则审刑政之会，达权利之变，将以富国便人，而纳之于礼义，良今日之急务，而众贤之所未知者也。其辞典而赡，其意正而通，洋洋乎，古人之风复归于笔下。"① 叶清臣因对策获得高第，他的对策流布广泛，考生争相阅读。

嘉祐以后，策论在省试中地位更为突出。苏轼云："自嘉祐以来，以古文为贵，则策论盛行于世，而诗赋几至于熄。"② 苏轼所说的诗赋几乎消亡，毕竟是有些夸张的，但是，策论的地位大大提升是实情。

从王安石变法到宋室南渡，省试考试方式几经变迁，但试策始终是省试的重要内容之一。不过，非常遗憾的是，留存下来的省试策问和对策相当少。

相对于省试而言，试策在殿试考试中更为重要，自熙宁三年（1070）始，试策甚至是殿试唯一的考试方式。宋代殿试始于太祖开宝六年（973），只考诗赋，"太祖开宝六年三月十九日，帝御讲武殿，覆试新及第进士宋准并下第进士徐士廉、终场下第诸科等。内出《未明求衣赋》《悬爵待士诗》题"③。宋初殿试的这种考试方式，自然是继承唐代进士科考试的方法。不过，五年之后就有了新的变化，宋太宗太平兴国三年（978），"上御讲武殿，覆试合格人，进士加论一首，自是常以三题为准"④。

宋神宗熙宁三年，殿试废除诗、赋、论，改试策。该科的殿试策题为："朕德不类，托于士民之上，所与待天下之治者，惟万方黎献之求。详延于廷，谘以世务，岂特考子大夫之所学，且以博朕之所闻。盖圣人之王天下也，百官得其职，万事得其序。有所不为，为之而无不成；有所不革，革之而无不服。田畴辟，沟洫治，草木畅茂，鸟兽鱼鳖无所不得其性者，其富足以修礼，其和足以广乐，其治足以致刑。子大夫以谓何施而可以臻此？方今之弊，可谓众矣。救之之道，必有本末，所施之宜，必有先后，此子大夫所宜知也。生民以来，所谓至治，必曰唐虞成周之时，《诗》

---

① 《全宋文》，第 41 册，第 343 页。
② 《苏轼全集校注》，第 11 册，第 939 页。
③ 《宋会要辑稿》，第 5387 页。
④ 《续资治通鉴长编》卷 19，第 1 册，第 434 页。

《书》所称，其迹可见。以至后世贤明之君，忠智之臣，相与忧勤，以营一代之业，虽未尽善，要其所以成就，亦必有可言者。其详著之，朕将亲览焉。"① 这是宋代进士科殿试考试的第一道策问，它是在王安石变法的大背景下命题的，具有策问重视时务的典型特点。同时，这道策问也有非常鲜明的立场，就是赞同变革以兴利除弊，该科考生叶祖洽就是依靠在对策中极力赞同变法而获得状元殊荣。

宋代的进士科考试的殿试，"自熙宁三年殿试罢诗赋之后，终宋之世，无论解试、省试如何变化，殿试一直只试策"②。殿试这种由皇帝亲自主持的考试，自熙宁三年（1070）之后，一直以试策为唯一的考试方式，没有人对它的地位提出质疑，没有在制度上发生任何更改，说明朝野广泛认可试策考核举子政治见识和行政才能的作用。

第二节　试策与时政

宋代进士科殿试中试策包括策问和对策两部分。策问这种考试形式，不但与政治有天然的紧密联系，而且在策题中往往会展现出题者的政治观点、政治倾向，"多数策问者对于考试题目其实都有一个潜在的答案，或已隐含一定的倾向性，他们需要的是考试者对此加以进一步阐释、论证和补充，是居高临下式的咨询"③。所以，在朝廷内部出现分歧时，殿试策问就成为测试举子政治倾向的工具，殿试对策升黜的标准在于是否紧跟形势，追步时势者获得高第，唱反调者落入低等。这就有以国家权威来统一朝野思想认识的作用。在党争激烈、政局变动的紧要关头，策题就会被一些人抓住大做文章，引发激烈的政治争论和人事纷争。

一、时局的风向标：政局变动与殿试策问

殿试策问是以皇帝的名义发问，策问中展现的政治观点，体现着皇帝

① 《宋会要辑稿》，第 5398 页。
② 祝尚书：《宋代科举与文学》，中华书局，2008 年，第 220 页。
③ 吴承学：《策问与对策——对一种考试文体的文学与文化研究》，《新国学》，1999 年第 1卷，第 108 页。

的意志，在皇帝拥有最高权威的时代，殿试策问中的政治倾向代表着时局的前进方向，在这个意义上，殿试策问可谓是时局的风向标。王安石变法时期、宋哲宗绍圣时期和宋高宗绍兴和议时期的殿试策问是典型。

（一）王安石变法与殿试策问

熙宁二年（1069）二月，王安石被任命为参知政事，开始着手实行变法，王安石行事雷厉风行，他创建"制置三司条例司"作为变法的领导机构，大力提拔支持新法的人员，对于视为异己的臣子一律予以贬斥。五月，京官滕甫、郑獬、王拱辰、钱公辅就被外放。在朝的元老重臣或缄默观望，或与王安石发生激烈的争论。然而，有宋神宗的坚定支持，王安石自然能在政治斗争中占据上风。

在这样的大背景下，熙宁三年（1070）三月八日殿试策问云：

> 朕德不类，托于士民之上，所与待天下之治者，惟万方黎献之求，详延于廷，诹以世务，岂特考子大夫之所学，且以博朕之所闻。盖圣王之御天下也，百官得其职，万事得其序。有所不为，为之而无不成；有所不革，革之而无不服。田畴辟，沟洫治，草木畅茂，鸟兽鱼鳖无不得其性。其富足以修礼，其和足以广乐，其治足以致刑。子大夫以谓何施而可以臻此？方今之弊，可谓众矣。救之之术，必有本末，所施之宜必有先后，子大夫之所宜知也。生民以来，所谓至治，必曰唐虞成周之时，《诗》《书》所称，其迹可见。以至后世贤明之君，忠智之臣，相与忧勤，以营一代之业，虽未尽善，要其所以成就，亦必有可言者。其详著之，朕将亲览焉。①

对上古三代理想政治的推崇是殿试策问的一般套路，然而，上古政治文献不足征，故其解释权在今人手中，策题中对于"圣王"政治的描述是"有所不为，为之而无不成；有所不革，革之而无不服。"很明显，策题中展现的政治风向是鼓吹变革，鉴于这是殿试策题，实际代表的是皇帝的政治态度，举子如果想获得高第，只能在对策中支持变法。

叶祖洽对策云："祖宗多因循苟简之政，陛下即位，革而新之。"初考为三等，覆考为五等，宋神宗令宰相陈升之面读，定叶祖洽第一。这是宋

---

① 《全宋文》，第 90 册，第 267—268 页。

神宗以皇帝的权威来进一步宣示其支持变法的立场。

苏轼对此大为不满，他针对策问写了《拟进士对御试策》呈送皇帝，并在序言中说："窃见陛下始革旧制，以策试多士，厌闻诗赋无益之语，将求山林朴直之论。圣听广大，中外欢喜。而所试举人不能推原上意，皆以得失为虑，不敢指陈阙政，而阿谀顺旨者又卒据上第。陛下之所以求于人至深切矣，而下之报上者如此……是以不胜愤懑，退而拟进士对御试策一道。"①苏轼揭示了殿试策问先天的内在矛盾：策问这种考试方式，本来是鉴于诗赋是一种"无益"之文体，希望举子能在对策中直陈时政得失，提出施政建议。举子出于博取功名的考虑，却在对策中揣摩上位者心理，一味阿谀上位者，使得对策失去了补阙的作用，成为新的"无益"文体。

（二）绍圣绍述与殿试策问

元祐八年（1093），支持旧党的高太后逝世，长期生活在她影子下的宋哲宗开始亲政，政治局势酝酿着巨变。国家政策改弦更张之前，往往都要做些必要的舆论准备，鉴于策问在进士科和制科这类抡才大典中的重要地位，通过策问这种考试形式展示上位者的政治态度就是一种常用的做法。元祐九年（1094），李清臣为进士科殿试撰写策题，否定元祐政策，为绍述熙丰旧政张本，位居门下侍郎的苏辙上疏劝哲宗不要轻易改变国策，被罢免。

元祐九年殿试策题云：

> 朕惟神宗皇帝躬神明之德，有舜禹之学，凭几听断，十九年之间，凡礼乐法度所以惠遗天下者甚备。朕思述先志，拳拳业业，夙夜不敢忘。今博延豪英，来于广殿，策以当世之务，冀获至言，以有为也。夫是非得失之迹，设施于政，而效见于时，朕之临御几十载矣。复词赋之选而士不知劝，罢常平之官而农不加富；可差可募之说杂而役法病，或东或北之论异而河患滋。赐土以柔远也，而羌夷之侵未弭；弛利以便民也，而商贾之路不通。至于吏员猥多，兵备刓缺，饥馑荐至，寇盗尚蕃，此其故何也？夫可则因，否则革，惟当之为贵，圣人亦何有必焉。子大夫其悉意陈之毋隐。②

---

① 《苏轼全集校注》，第 11 册，第 939 页。
② 《宋会要辑稿》，第 5403 页。

策题开门见山地表达了新皇帝继承神宗遗志，恢复神宗时期政策的愿望，同时对于元祐时期的政策进行了逐项清算，极尽贬斥之能事，策题的政治倾向是极其明显的，这是明目张胆地为更改国家政策大造舆论了。

苏辙反应很快，马上给皇帝上《论御试策题札子》，委婉地劝说哲宗不要轻易更改国策。他首先极力称颂神宗施政英明，然后说明元祐之政是继承神宗法度，只不过更改若干弊政而已，并论证儿子补救父亲弊政的合法性："元祐以来，上下奉行，未尝失坠者也。至如其他，事有失当，何世无之？父作之于前，而子救之于后，前后相济，此则圣人之孝也。"① 进而举出汉昭帝更改汉武帝法度等历史事件为证，最后才明确提出自己的意见："夫以汉昭、章之贤，与吾仁宗、神宗之圣，岂其薄于孝敬而轻事变易也哉？盖事有不可不以庙社为重故也。是以子孙既获孝敬之实，而父祖不失圣明之称，此真明君之所务，不可与流俗议也。臣不胜区区，愿陛下反复臣言，慎勿轻事改易。若轻变九年已行之事，擢任累岁不用之人，人怀私忿，而以先帝为词，则大事去矣。"② 可惜的是，宋哲宗完全听不进去，反而认为苏辙以汉武帝比拟宋神宗是大不敬，罢免了苏辙的官位。

这次殿试的考评结果宣示了新皇帝推行绍述熙丰政策的无可撼动："及进士对策，考官第主元祐者居上，礼部侍郎杨畏覆考，乃悉下之，而以主熙、丰者置前列。自是绍述之论大兴，国是遂变矣。"③ 所谓"国是"，就是国家的根本大政方针，"国是"之争是贯穿两宋政治史的重大议题。这次考试标志着"国是"转向绍述宋神宗熙宁、元丰时代的国家政策。

（三）绍兴和议与殿试策问

绍兴十二年（1142），绍兴和议签订，虽然从宋金国力对比而言，这个协议的签订是有积极意义的④，但这毕竟是一个丧权辱国的协议，所以仍然遭到不少人反对，张浚上疏反对和议，被贬谪广南，李光反对秦桧撤淮南守备，被罢职远谪。

在和议已成定局的政治形势下，绍兴十二年殿试策问云：

---

① 《全宋文》，第95册，第68—69页。
② 《全宋文》，第95册，第69页。
③ 陈邦瞻编：《宋史纪事本末》，中华书局，1977年，第447页。
④ 相关评述详见何忠礼：《南宋政治史》第二章第四节，人民出版社，2008年。

朕以凉薄之资,抚艰难之运。宵衣旰食,未知攸济。今朕祗承上帝,而宠绥之效未著;述追先烈,而绍复之勋未集。至德要道,圣治之所本也,而欲未得;散利薄征,王政之所先也,而势未行。设科以取士,而或以为虚文;休兵以息民,而或以为不武。至若宗社迁寄,扈卫单寡,士狃见闻而专用私智,民习偷惰而莫知返本,子大夫所宜共忧也。其何以助朕拯几坠之绪,振中兴之业?详著于篇,朕将亲览焉。①

所谓"休兵以息民,而或以为不武",就是针对绍兴和议遭到部分人反对而发,策问的倾向性很明显,即要求举子赞同议和。

举子陈诚之的对策首先为议和做巧妙的铺垫:"圣人以一身之微,临天下之大,惟度量廓然,举天下之大,纳之胸中,而成败得丧,不能为之芥蒂,斯绰绰有余裕矣。"② 并举出正反史实力证和议的合理性:汉高祖、光武帝议和匈奴,以保万民;宋文帝、陈宣帝轻启边衅,国力日蹙。最后得出结论:"今日之事,审彼己之情,校胜负之势,利害相半,虽战无益也。故臣之深思,切以休兵息民为上策。"③ 如此坚决地赞同议和,陈诚之果然被定为状元。天下士人,目睹这样一个带有极强倾向性的考评结果,自然不会再发出反对议和的声音了。

二、状元的原罪:殿试对策与政治漩涡中的举子命运

在政治斗争激烈的关口,朝廷所出的每一次的策问都有其政治目的,上位者都希望应试者做出符合统治者意愿的回应,而举子出于功利目的,也会尽力揣摩上意,摆出自己的政治立场,而不是做调和争端的骑墙派。举子在对策中旗帜鲜明地表明自己的政治态度,如果能赢得皇帝或主考官的赞赏,固然能助其博取高第,但是,政治形势向来反复无常、波谲云诡,一旦政局转向,反对派上台,举子获得的功名往往就成为其原罪,遭到清算也是自然而然的事情。

---

① 《全宋文》,第 204 册,第 8 页。
② 《全宋文》,第 198 册,第 97 页。
③ 《全宋文》,第 198 册,第 97 页。

（一）赵君锡论叶祖洽廷对策语讪宗庙

元丰八年（1085）三月，宋神宗驾崩，宋哲宗即位，因其年幼，由神宗的母亲高太后垂帘听政，她任保守派领袖司马光为相，贬窜了一批参与变法的大臣，针对新党的清算也开始了。叶祖洽因在熙宁三年（1070）的殿试对策中支持变法而获得状元头衔，现在新党遭贬，即使时隔十七年，他依然遭到了保守派的攻击。

元祐二年（1087），给事中赵君锡奏叶祖洽廷试策语讪宗庙，大概是因为叶祖洽当年在廷试策中说："祖宗多因循苟简之政，陛下即位，革而新之。"御史赵挺之、方蒙相继为叶祖洽辩护，叶祖洽亦上章自辩。朝廷下诏由翰林学士、中书舍人、谏议大夫共同下结论。苏轼、苏辙、刘攽虽然是旧党，却不愿意借此机会攻击叶祖洽，他们认为："祖洽学术浅暗，议论乖缪，若谓之讥讪宗庙，则亦不可。"① 孔文仲别具奏章，认为："祖洽希合时政，躐取科级，据其用心，不得为无罪。"② 叶祖洽遂离京出任淮西提点刑狱。

（二）毛自知状元被夺

宋宁宗朝权臣韩侂胄掌权后，出于建立盖世功业的个人目的，也顺应朝野主战派的呼声，准备发动伐金战争，但是，"主战"虽然在历史语境中似乎有天然的正义性，容易获得崇高的名声，真正落实到残酷的战争中来，则需要长期的充分准备，方能增加胜算。贸然起边衅，绝非一个成熟的政治家所为。所以，北伐虽然呼声很高，也遭到很多人的反对。魏了翁在学士院馆职考试对策中就表达了反对意见："国家纪纲不立，国是不定，风俗苟偷，边备废弛，财用凋耗，人才衰弱，而道路籍籍，皆谓将有北伐之举，人情汹汹，忧疑错出。"③ 但是，韩侂胄北伐的计划不可更改，在这样的政治大局下，意图博取功名的举子，自然会在科场刻意迎合，开禧元年（1205），"进士毛自知廷对，言当乘机以定中原，侂胄大悦。诏中外诸将密为行军之计"④。毛自知因为旗帜鲜明地支持北伐而获得状元殊荣。

---

① 《续资治通鉴长编》卷 406，第 16 册，第 9885 页。
② 《续资治通鉴长编》卷 406，第 16 册，第 9885 页。
③ 《宋史》卷 437，第 37 册，第 12965 页。
④ 《宋史》卷 474，第 39 册，第 13774 页。

然而，开禧北伐失败后，韩侂胄被杀，清算立即开始，毛自知的状元头衔被褫夺。嘉定元年（1208）三月，毛自知因在对策中倡导用兵，被剥夺进士第一人恩例，这是宋代历史上罕见的因政局变动被剥夺状元头衔的案例，充分显示了南宋中后期士大夫生存环境的恶化。

（三）袁甫遭徐清叟攻击

袁甫是南宋著名学者袁燮之子，嘉定七年（1214）状元。叶绍翁在其《四朝闻见录》之《甲戌进士》中详尽介绍嘉定七年考评殿试卷的情况："袁蒙斋甫，甲戌进士第一人也。[①] 文忠（真德秀）实阅其卷于殿闱，出则以前三人副卷示予，而乱其次序，没其姓名。余读其一，谓文忠曰：'此卷虽尽用老师宿儒遗论，必是一作者。'公未答。予又读其一，以国论国事为说。国事谓庙堂之用事者，国论谓议论于朝廷者。其意以国论为空言，以国事为实用，欲任国事者必参国论，持国论者必体国事。文忠问如何，予对以'理无两是，似不如前卷。然其说出于调停，恐是状元也'。文忠起而抚予背曰：'说得着，说得着。'盖先卷乃李公晦所对，而后卷即蒙斋也。文忠欲置李首选，而同列谓李之策不如袁策之合时宜。又欲置吕永年甲科，亦不果。"[②] 由此可见，袁甫之所以能高中状元，最为核心的因素就是他的对策巧妙地调和当权者和清议者的矛盾，这两派的矛盾焦点在于是否继续给金国输纳岁币。《四朝闻见录》之《请斩乔相》云："文忠真公奉使金庭，道梗不得进，止于盱眙。奉币反命，力陈奏疏，谓敌既据吾汴，则币可以绝。朝绅三学主真议甚多，史相未知所决。乔公行简为淮西漕，上书庙堂云云，谓：'强鞑渐兴，其势已足以亡金。金，昔吾之仇也，今吾之蔽也。古人唇亡齿寒之辙可覆，宜姑与币，使得拒鞑。'史相以为行简之为虑甚深，欲予币犹未遣，太学诸生黄自然、黄洪、周大同、家横、徐士龙等，同伏丽正门，请斩行简以谢天下。"[③] 这段史料揭示了当权者和清议者的矛盾根源，宰相史弥远和淮西漕司乔行简认为崛起的蒙古必将成为大宋的祸患，从国家长远利益出发，力图继续与金人结好，使

---

① 《宋会要辑稿》："（嘉定）七年五月四日，上御集英殿引见礼部奏名、特奏名进士，得正奏名袁甫已下五百四人。"

② 叶绍翁：《四朝闻见录》，中华书局，1989年，第73—74页。后文所引《四朝闻见录》皆为此版本，只标明页码。

③ 《四朝闻见录》，第23页。

之成为大宋安危之屏障。但是太学生年轻气盛，强烈反对纳岁币。袁甫的对策就是调停两派矛盾的。多年以后，袁甫还遭到了同年徐清叟的攻击。《四朝闻见录》之《甲戌进士》尚有："同年进士徐清叟亦几中首选，亦以议中书之务未清，又用艺祖问赵普天下何物最大，普对以惟道理最大事，有司亦疑其稍涉时政，仅置第四。徐既为御史，弹袁文亦及其策，并与其父絜斋燮学于象山者为异端，谓不宜置经帷。"① 徐清叟以御史的身份攻击袁甫，应该是出于对袁甫当年高中状元的嫉妒。

三、权力的任性：皇帝与殿试对策考评

宋代进士科考试的殿试又称御试，是由皇帝亲自主持的考试。宋代殿试在宋太祖时期就已经开始举行："开宝六年，李昉知举，放进士后，下第人徐士廉等打鼓论榜，上遂于讲武殿命题重试，御试自此试始。"② 由于知贡举李昉的裁定引起争议，宋太祖就以帝王之尊来定夺录取结果，具有一锤定音之效，能极大增加考试的权威性，这一制度一直延续下来。相比唐代而言，宋代的进士由"座师弟子"变成"天子门生"，不将其作为主考官的私恩，具有防止主考官和其录取的进士结党的作用。

殿试题目名义上由皇帝出题，实际一般是考官代拟。殿试考试答卷也有皇帝亲自阅览的情况，并且皇帝拥有殿试考试最终排名的决定权。但是，就殿试试策而言，由于没有评价的客观标准，皇帝的评判就带有较强的随意性。黄裳被宋神宗拔擢为状元就是典型案例。"黄裳，字冕仲，福建南剑州人，未第时尝作《游仙记》，传于京师，神宗览而爱之。元丰五年，礼部奏进士有裳名，及进读廷试策，凡在前列者，皆不称旨。令求裳卷，至第五甲始见，神宗曰：'此乃状元也。'擢为第一，考官以高下失实，皆罚铜。"③ 在评卷官的眼中只能排在第五甲的黄裳被宋神宗拔擢为状元，可见殿试试策的评价标准非常主观。黄裳获得状元，完全是出于宋神宗的个人喜好，而且黄裳之所以受到皇帝特别关注，是因为他早年的文章被神宗看过，这就有点唐代进士行卷的味道了。

---

① 《四朝闻见录》，第 74 页。
② 马端临：《文献通考》，中华书局，2011 年，第 878 页。
③ 陆心源：《宋史翼》卷 26，中华书局，1991 年，第 278 页。标点为笔者所加。

　　由于试策与政治有着天然的联系，在政治局势比较特殊的时候，皇帝的评判就含有其政治目的。殿试排定三甲是朝野瞩目的大事，三甲的试卷尤其是状元的试卷流布天下，其中的政治观点得到最高统治者的首肯，相当于一篇官方诏书，具有相当好的宣传国家政策的作用。这一点，在宋高宗朝体现得较为明显。

　　建炎二年（1128）的殿试，宋高宗曾拒绝阅览御药院所进呈的甲科试卷，他说："取士当务至公，既有初覆考、详定官，岂宜以朕一人之意更自升降？自今勿先进卷子。"① 但是，随着时间的推移，宋高宗似乎意识到殿试在国家政治生活中的重要性，改变了不干涉殿试排名的想法，紧紧地把握殿试排名的决定权。这一点，在绍兴二年（1132）张九成榜、绍兴二十四年（1154）张孝祥榜、绍兴二十七年（1157）王十朋榜的殿试中体现得非常明显。

　　"（绍兴）二年，廷试，手诏谕考官，当崇直言，抑谀佞，得张九成以下二百五十九人，凌景夏第二。吕颐浩言景夏词胜九成，请更置第一。帝曰：'士人初进，便须别其忠佞，九成所对，无所畏避，宜擢首选。'"② 绍兴二年，距"靖康之变"不过五年，高宗在金人的追赶下四处流亡，驻跸临安府，国势未定，人心不稳，从现存的张九成的殿试策来看，他认为国家多难，正是造就中兴之主之时，并论证金人有必衰之势，宋人有必兴之理。这无疑具有很强的收拢人心、振奋士气的作用。高宗弃文采华丽之凌景夏，取无所畏避之张九成，也在情理之中。事实上，张九成的这篇状元策确实是流布天下，起到了良好的政治宣传作用。

　　绍兴二十四年殿试，由秦桧的党羽组成的考官意图将其孙子秦埙定为状元，被宋高宗否决。"及廷试，桧奏以士襄为初考官，仲熊覆考，思退编排，而师逊详定。虚中又密奏乞许有官人为第一。至是策问诸生，以师友之渊源，志念所欣慕，行何修而无伪，心何治而克诚？埙对策曰：'自三代而下，俗儒皆以人为胜天理，而专门为甚。言正心而心未尝正，言诚意而意未尝诚，言治国平天下而于天下国家曾不经意。顽顿亡节，实繁有

---

　　① 李心传编撰，胡坤点校：《建炎以来系年要录》卷17，中华书局，2013年，第411页。后文所引《建炎以来系年要录》皆为此版本，只标明页码。
　　② 《宋史》卷156，第11册，第3627页。

徒。虑亡不怀谄而嗜利自营者，此而不黜，顾欲士行之无伪，譬犹立曲木而求直影也。'举人张孝祥策曰：'往者数厄阳九，国步艰棘。陛下宵衣旰食，思欲底定。上天佑之，畀以一德元老，志同气合，不动声色，致兹升平。四方协和，百度具举，虽尧、舜、三代无以过之矣！'又曰：'今朝廷之上，盖有"大风动地，不移存赵之心；白刃在前，独奋安刘之略"，忠义凛凛，易危为安者，固已论道经邦，爕和天下矣！臣辈委质事君，愿视此为标准，志念所欣慕者，此也。'……于是师逊等定埙为首，孝祥次之，冠又次之。上读埙策，觉其所用皆桧、熺语，遂进孝祥为第一，而埙为第三。"①秦埙被降级为第三，张孝祥被高宗擢为第一，一方面固然是因为张孝祥在对策中趋合时尚、攻击道学，对皇帝极力歌颂，所以深得高宗欢心。另一方面，本次考试的一干考官皆为秦桧党羽，宋高宗将秦埙的对策降为第三，是利用皇帝可以对殿试排名做最终裁决的制度对秦桧一党的敲打。

绍兴二十七年，王十朋被高宗定为状元，也有明确的政治目的。汪应辰《龙图阁学士王公墓志铭》云："太上皇帝躬揽权纲，更新政事，绍兴二十七年策进士于廷，诏：'对策中有指陈时事鲠亮切直者，并置上列，无失忠谠，无尚谄谀，称朕取士之意。'既而考官以公（王十朋）所对进，上临定其文，以为'经学淹通，议论纯正，可第一'。及唱名则公也……"②从现存的王十朋的廷对策来看，他以《春秋》"尊王"说为依据，劝皇帝法天揽权，这无疑是针对已经死去的权相秦桧而发，秦桧结党营私、长期专相，以致削弱皇权。秦桧死后，其党羽遭到严厉打击，而宋高宗拔擢王十朋为状元，也是对秦桧专权造成的恶劣政治影响的一种思想上的清算。

宋代士大夫虽然秉承着与皇帝共治天下的理念，但皇帝毕竟拥有最高权威，叶适因殿试对策中一句话惹皇帝不快而丢了状元头衔。《四朝闻见录》记载："水心本为第一人，阜陵览其策，发有'圣君行弊政，庸君行善政'之说。上微笑曰：'既是圣君行弊政耶？既是庸君行善政耶？'有司

---

① 《建炎以来系年要录》卷 166，第 3152—3153 页。
② 《全宋文》，第 215 册，第 274 页。

遂以为亚。"① 叶适的"以庸君行善政，天下未乱也；以圣君行弊政，天下不可治矣"② 之说，本来是对历代治乱的深刻洞察，但宋孝宗微有不满。宋孝宗一向自恃聪明，乾纲独断，肯定不会认为自己是"庸君"，但如果说自己是"圣君"，又要承受"弊政"的恶评，他最愿意接受的评价是"圣君行善政"，所以考官秉承圣意把叶适的排名由第一降为第二。

相比之下，叶适的得意弟子周南则是因为在对策中直言无忌而被宋光宗降级。周南（1159—1213），字南仲，号山房，平江（今江苏苏州）人，就学于叶适，绍熙元年（1190）进士登第。

关于周南参加绍熙元年殿试的情况，叶绍翁《四朝闻见录》乙集《光皇策士》云："南尝与郑湜游，湜有奏疏未报，南尝见之。会廷对，策中微讽上以未报郑之意。有司已第南为第一，光皇读其策，顾谓大臣曰：'湜之疏入才六日尔，南何自知之？'遂就南卷首批云：'郑湜无削槁爱君之忠，周南显非山林恬退之士，可降为第一甲十五人。'"③

郑湜，字溥之，闽县（今福建福州）人，乾道二年（1166）进士。尝上《乞宽民力奏》，云："民力之困，莫甚于此时。盖所取者皆祖宗时所未尝有，而作俑于后来；所用者皆循习承平积弊，而不量今日之事力。愿先以清心寡欲，躬自节俭为本，然后明诏大臣，裁度经费。除奉宗庙、事两宫、给兵费之外，一切量事裁酌，惟正之供。滥恩横例，皆董正之，然后使版曹会一岁之入，择诸路监司之爱民而晓财赋者，使之稽考调度，蠲其烦重，以宽民力。"④

宋光宗未答复郑湜的《乞宽民力奏》，周南在《庚戌廷对策》涉嫌讽谏此事的文字如下："且天下之议论交至于陛下之前者为不少矣。今有言民力之凋敝者，陛下未尝不曰民当念也。"⑤ 平心而论，这一小段文字并无特别冒犯之处，宋光宗就为这个将周南降级，未免不合情理。

叶绍翁《四朝闻见录》乙集《光皇策士》又云："先是，吴中号为'何蓑衣'者，颇能道人祸福，至闻于上。上屡遣使问之，皆有异，遂召

① 《四朝闻见录》，第 62—63 页。
② 《全宋文》，第 285 册，第 76 页。
③ 《四朝闻见录》，第 61 页。
④ 《全宋文》，第 260 册，第 74 页。
⑤ 《全宋文》，第 294 册，第 57 页。

之至京，亲洒宸翰，扁通神庵。州郡以上所赐，迎拜奔走。南居里中，见而疾之，对策中谓：'云汉昭回，至施之间阎乞丐之小夫。'光皇恶其讦，故因湜疏以发之。葛丞相邲时在位，南疑其赞上。邲之去，南有力焉。光皇以违豫缺定省礼，南亦以此讽诸公云。"[1] 这部分内容揭示了宋光宗将周南降级的真实原因。周南《庚戌廷对策》中确实有大段文字涉及此事："而近者忽闻专命王人多持缗钱，聘问一妖民于数百里之外。夫使其人果甚灵异，齐家治国安所用之？今者中外相传，皆以为市廛乞丐之夫，宦官羽流挟以诳惑，而陛下遽从而信之，几何而不为天下之所骇愕哉？万一四方传之，四裔闻之，则敌人必有轻视中国之心矣。"[2]

基本相当于直接说光宗是昏君，批评得相当不客气，所以光宗大为不满也在情理之中了。不过光宗毕竟还是有些政治头脑，知道若直接针对这段文字将周南降级，相当不体面，而是以周南看过郑湜的奏疏为借口，褫夺了周南本该到手的状元头衔，出了口恶气。

总之，在帝制时代，皇帝拥有最高权力，可以随意决定殿试对策的排名，皇帝的评判意见，有些是出于一定政治目的，有些则纯属个人情绪的表达，这可以称之为"权力的任性"。殿试对策的排名，可以说是影响考生命运的大事，特别是状元头衔花落谁家，更是万众瞩目。但是在日理万机的皇帝那里，状元头衔的归属，只是很随意的小事，在举子交纳殿试答卷之后，命运就已经掌握在他人手里了。苏轼这类宋代士大夫坎坷曲折、颠沛流离的一生，体现了宋代国家权力对士大夫的严格控制。只是，权力对读书人的随意拨弄，在他获得官职之后才有深切的体会，对策王庭之后的考评波折，读书人尚且蒙在鼓里。

第三节　宋代殿试策问与对策的体制规定

宋代进士科殿试的试策包括策问和对策两个组成部分，策问是考官撰写的问题，对策则是举子的答卷，必须紧扣策问作答。试策在宋代殿试中

---

[1] 《四朝闻见录》，第 61 页。
[2] 《全宋文》，第 294 册，第 57—58 页。

实施的时间相当长，策问和对策已经形成相当完备的体制规范。

一、殿试策问的体制规定

殿试策问虽然一般由考试官撰写，但它以皇帝的名义发问，故被称为"圣策"，举子在对答时，常常以"圣策曰""臣伏读圣策曰"引出策问原文。

殿试策问可分为三部分。第一部分是陈述策问的背景，这一部分要么是陈述皇帝治理国家的施政原则，宋代殿试策问中最常见的施政原则就是遵守祖宗成法；要么是谈具体的时代背景，如南渡时期的殿试策问，基本都会陈述国家遭遇天崩地裂般的变乱，国运艰难之时，帝王宵衣旰食、忧心国事。第二部分是正式的问题，是策问的主体部分，这部分的内容比较固定，一般都是咨询国家实际政务，如灾异、刑法、赋税、选举、吏治、外交、军事等。第三部分则是鼓励举子认真回答，要求他们做到知无不言、言无不尽，为了表示皇帝对于举子答卷的重视，一般还会有"朕将亲览"之类的话语。

以绍兴二十七年（1157）殿试策问为例，该科策问全文如下：

> 问：盖闻监于先王成宪，其永无愆。遵先王之法而过者，未之有也。仰惟祖宗以来，立经陈纪，百度著明，细大毕举，皆列圣相授之模，为万世不刊之典。朕缵绍丕图，恪守洪业，凡一号令，一施为，靡不稽诸故实，惟祖宗成法是宪是若。然画一之禁，赏刑之具犹昔也，而奸弊未尽革；赋敛之制、经常之度犹昔也，而财用未甚裕；取士之科、作成之法犹昔也，而人才尚未盛；黜陟之典、训迪之方犹昔也，而官师或未励。其咎安在？岂道虽久而不渝，法有时而或弊，损益之宜，有不可已邪？抑推而行之者非其人耶？朕欲参稽典册之训，讲明推行之要，俾祖宗之治复见于今，其必有道。子大夫学古入官，明于治道，蕴蓄以待问久矣，详著于篇，朕将亲览。[①]

该策问的第一部分是陈述皇帝恪守祖制，以祖宗之法为治国的基本原则，这是殿试策问的一贯做法；第二部分就国家政务如刑罚、赋税、取

---

① 《宋会要辑稿》，第 5412—5413 页。

士、吏治提出疑问；第三部分则是鼓励举子认真详尽地回答问题，并强调皇帝会亲自阅览试卷，提醒考生高度重视答题质量。

二、殿试对策的体制规定

白居易在为准备制科考试而撰写的《策林》中将对策分为策头、策项、策尾三个部分，当代学者陈飞和金滢坤在他们分析唐代试策的论文中沿用这种分法。① 笔者拟沿用他们的方法，将宋代殿试对策的结构也分为策头、策项、策尾三个部分，当然，在这个大框架下，宋代殿试对策在不同的发展阶段有不同的面貌。

陆佃、陈瓘、黄裳参加殿试对策的时间分别为熙宁三年（1070）、元丰二年（1079）、元丰五年（1082），从现存的陆佃、陈瓘、黄裳的殿试对策来看，在宋代殿试对策的初始期，不存在严格的策头、策项、策尾这样明显的结构形式，宋代殿试第一次试策是在熙宁三年，陆佃等举子参加殿试时，在没有事先通知考生的情况下，突然由试赋改为试策，"（熙宁三年）方廷试赋，遽发策题，士皆愕然，佃从容条对，擢甲科"②。因为是第一次在殿试中试策，既没有先前的进士的对策范文可供参考，朝廷也没有事先发布答策的规范，所以，考生只需要在殿试对策中回答策问涉及的问题即可，对策的体制则无从谈起。

赵鼎臣是元祐六年（1091）进士，赵鼎臣的对策中已经有非常明显的策头、策项、策尾的区分。策头的开篇是赵鼎臣精心撰写的警句："臣闻天下之势，莫重于已安；圣人之虑，常切与既治。"随后是敷演警句，并称颂皇帝圣明，谦称自己学识浅陋。在策项部分，赵鼎臣对策问做了概括："伏惟圣策推两汉之政，鉴方今之治，愍大辟之尚众，念寒燠之或差。"随后进入正式作答。因为策问包括若干道问题，所以策项也分为若干部分，每一部分都是先概括问题，再正式作答。策尾则是以礼仪性的话语作结："臣愚不识忌讳，复附于末，惟陛下裁幸。臣谨对。"

到了范宗尹考试的宣和三年（1121），进士科殿试策问已经实行了五

---

① 详见陈飞：《唐代试策的形式体制——以制举策文为例》，《文学遗产》，2006 年第 6 期。金滢坤：《试论唐代制举试策文体的演变》，《首都师范大学学报》（社会科学版），2011 年第 4 期。

② 《宋史》卷 343，第 31 册，第 10918 页。

十年，在这五十年里，每三年举行一次的进士科殿试从未间断，殿试对策的规范日益成熟。举子为了应对殿试策问，平日定会勤加练习，掌握答题技巧。从范宗尹对策的文本来看，已经形成了非常标准化的对策体制，策头、策项、策尾的分野相当清晰，策问中的每一个问题也能得到明确的回答，之后南宋的殿试对策都是严格按照这个体制来行文的。

策头有两种形式。第一种是以举子精心结撰的警句开篇，虽然在篇章结构上只是作为导语出现，但它往往占有统摄全篇的中心地位。周南的殿试策头云："臣闻天下之利害易知，一介之议论难信。"① 周南揭示了书生论政的无奈，这也是科举对策的宿命，举子尽管在对策中竭心尽力地献上治国之策，皇帝也在策问中宣称要亲自阅览对策，但这只是殿试策问的套语，举子的建议，能被朝廷采用的毕竟微乎其微。刘光祖的殿试策头云："臣闻帝王之治守约而不求详，任道而不役智，广览兼听而未尝自用。夫自用则多失，兼听则多得；役智愈精，则违道愈远；而求详太过，则天下之事日繁。故曰：'端其本，万事理'，此古今治道之要务也。"② 刘光祖揭示了帝王之道的三大要点：为政简约，力行君道，广览兼听。与之相对的则是政务苛繁，玩弄智巧，刚愎自用。他在对策的主体部分对宋孝宗的批评即围绕上述三点展开。

第二种形式是以谦卑之语开篇，称颂皇帝圣明，谦称自己学识浅陋。陈傅良的殿试策头云："臣恭惟陛下发德音，下明诏，博考汉唐已然之效，下问承学之臣，慊然有师古不自用之心。顾臣浅陋，何以称塞？"③ 叶适的殿试策头云："臣恭惟陛下天锡勇智，临御九有，实开有宋无疆之业，故能不以草茅之陋，爰命有司，博举秀异，亲降色辞，问以道、仁、礼、乐之大要，当世之先务，圣心之所向，参验酌取，图惟厥中。"④ 这些都是客套话，但显示了举子对权力秩序的服从。

策项是殿试对策的主体部分，是举子对殿试策问中的问题的正面回答，举子在答问之前，必须引述策问原文。引述有两种方法：第一种是不直接抄录策问原文，而是概括策问文的大意；第二种是以"圣策曰""臣

---

① 《全宋文》，第 294 册，第 50 页。
② 《全宋文》，第 279 册，第 2 页。
③ 《全宋文》，第 267 册，第 303 页。
④ 《全宋文》，第 285 册，第 76 页。

伏读圣策曰"起头，抄录策问原文。举子会依据策问的内在逻辑，将其分为若干小问题，然后依次作答。宋代殿试对策形成规范化的体制后，第二种方法成为主流。这样，策项部分实际上是由多个问答拼合而成，这也是对策这种文体形式最具特色之处。

以魏了翁的殿试对策为例，其策项部分，以"臣伏读圣策曰"起头，将殿试策问分为八个小问题，随后依次作答。第二个小问题和对答如下：

> 臣伏读圣策曰："汉文未遑用贾生之策，武帝则谩唐虞之嘉。一乃兴于礼义，几至刑措；一乃海内虚耗，户口减半。此其证也。朕以凉菲凛凛乎兆民之上，其敢媲踪五三？默观卿士大夫，莫不高谈稷契，下卑汉唐，然今日之弊亦多端矣。"臣有以见陛下酌汉文、武之得失以为鉴戒，而患卿士大夫之高谈危论而不切于时政之弊也。然尝观今日之治，以言乎荐贤，则人才未尝辈出如汉文，而数路得人不如武帝之多；以言乎理财，则用度节约如汉文，而剖析秋毫不如武帝之精；以言乎吏治，无可纪之绩如汉文，而击断于州县不如武帝之察；以言乎裕民，则除租减税如孝文，而外施仁义不如武帝之矫；以言乎张官置吏、选将练民，大抵有汉文之宽厚而无武帝之激烈。然要其终而观，则宽厚者有余味而激烈者无成谋。臣切意陛下之所以绝望媲踪三五者，以是数者之政未能振厉奋发，以新斯人之耳目，而卿大夫所以高谈危论者，亦必厌满于此也。然今日之治虽小缓，要亦不可太激。文、武二君之得失，臣不敢以为陛下献，臣之所以拳拳于陛下者，本朝自有家法耳。仁宗在御，一时事势浸流于弛。请总权纲，时则有若宋绥；请揽威权，时则有若余靖；请立威福，时则有若孙甫；请出号令，时则有若苏伸；谓政令姑息者，张方平也；谓威柄渐移者，宋祁也；谓十事不及先朝者，富弼也；谓天下之势近于弱者，苏洵也。而我仁宗曷尝以治具之未张而绝意于五三之治，以卿大夫之高谈远古而亟求之所以更作之术欤？陛下诚能涵养治体以取法仁宗，则陛下六条之问，臣当件举而对，而陛下详择其中。若陛下方以治效悠缅为忧而亟欲大有所作为，则臣虽言之无益也。①

---

① 《全宋文》，第310册，第207－208页。

在这部分对策里，魏了翁分列荐贤、理财、吏治、裕民等方面，指出当今之治都不如汉文帝和汉武帝，而他提出的解决之道则是效法宋仁宗。解答这部分策问，需要考生调动自身的历史修养。

策尾是殿试对策的收束部分，多为礼仪性话语，一般都是希望皇帝采纳自己的意见，宽恕自己出言冒昧。如王迈的殿试对策的策尾："臣来自远方，不识忌讳，惟恃以直言取士，不以直言弃之，有本朝之家法在。廷试在即，使远方之士得尽其言，亦是美事，有陛下之圣言在。是以空臆而竟言之，惟陛下裁择。臣昧死。臣谨对。"①

由于宋代士人言论上有豁免权，不杀上书言事之人，除极个别的特殊情况，如太学生陈东因上书言事被处决，其他基本没有因言获罪的情况。所以，策尾的"昧死""惶恐""惟陛下赦其狂愚"，只是一种礼节性的话语罢了。

宋代对策的策尾往往会附论其他一些策问不涉及的内容。虽然张方平在《贡院请诫励天下举人文章》中批评过这种做法："今贡院考试……策有置所问而妄肆胸臆，条陈他事者。"②但举子们似乎不以为意，他们出于以国家为己任的儒家理想，纷纷在策尾为国家建言献策。绍定五年（1232）壬辰科状元徐元杰就在策尾提出"固民心，肃君心，正士大夫之心"三大建议。

有些策尾并不是客套性、礼仪性的话语，而是总结前文，以较为严肃的语气对皇帝提出劝导，如周南的策尾："臣闻明于观古者不必博举以为证，敏于知今者不待尽言以为直。自古及今，凡人主无意于理乱是非而国亦随之者，载在史册不为不多矣。若陛下不自警悟，则臣虽历举其危亡祸乱之事以极论之，徒以伤陛下谦虚之意而已，臣亦安用以此为忠臣哉！臣之所望于陛下者，愿见微而知著，勿以小过而致大失而已。且人有羞恶之心，则必有是非之心。善告君者，因其羞恶之心而开其是非之心，则语不必深而已在其中矣。以陛下之圣，宁不灼见此意？若使见微而不戒，忽小过而妨大德，则臣恐古今可验可行之事皆等为无用之言矣。以陛下之圣，

----

① 《全宋文》，第 324 册，第 338 页。
② 《全宋文》，第 37 册，第 53 页。

日谨一日，何治之不成而何功之不逮！"① 他既要求宋光宗自己警悟，又强调人的羞耻心和是非之心，语气可以说是相当重了。

第四节　殿试对策中的政治品格

宋代的进士科殿试，"自熙宁三年殿试罢诗赋之后，终宋之世，无论解试、省试如何变化，殿试一直只试策"②。殿试策问是以皇帝的名义发问，一般是咨询时务，考察举子解决实际政务的能力。举子在对策中需要逐段引述问题，并予以解答。这种文体，在宋人的文集中又称为"御试策""廷试策""廷对策""廷对"等，名号虽然繁多，但本质上都是举子参加殿试的答卷。

现存的殿试对策，作者要么是状元，要么是名动天下的俊彦，故参加殿试的时间都有明确史料记载，按照作者参加考试的时间顺序排列，列表如下③：

年份	作者及篇名	出处
熙宁三年（1070）	陆佃《御试策》	《陶山集》
元丰二年（1079）	陈瓘《御试策一道》	《国朝二百家名贤文粹》
元丰五年（1082）	黄裳《御试策》	《演山集》
元祐六年（1091）	赵鼎臣《廷试策》	《竹隐畸士集》
宣和三年（1121）	范宗尹《御试策》	《国朝二百家名贤文粹》
建炎二年（1128）	胡铨《御试策》	《澹庵文集》
绍兴二年（1132）	张九成《状元策一道》	《横浦集》
绍兴五年（1135）	汪应辰《廷试策》	《文定集》
绍兴二十一年（1151）	赵逵《御试策一道》	《国朝二百家名贤文粹》

---

① 《全宋文》，第 294 册，第 62—63 页。
② 祝尚书：《宋代科举与文学》，中华书局，2008 年，第 220 页。
③ 该表格中所列殿试对策为实际参加考试的答卷，拟试策不纳入此表。廖行之的《制科策》，名为制科策，实为进士科殿试对策，从其文本内容来看，是针对乾道二年（1166）的进士科殿试策问作答，但廖行之是淳熙十一年（1184）进士，故该策文当为拟试策。

续表

年份	作者及篇名	出处
绍兴二十四年（1154）	张孝祥《御试策一道》	《国朝二百家名贤文粹》
绍兴二十七年（1157）	王十朋《御试策》	《梅溪集》
乾道二年（1166）	蔡戡《廷对策》	《定斋集》
乾道五年（1169）	刘光祖《乾道对策》	《历代名臣奏议》
乾道八年（1172）	陈傅良《壬辰廷对》 蔡幼学《廷对策》	《止斋集》 《育德堂奏议》
淳熙五年（1178）	叶适《廷对策》	《水心集》
淳熙十一年（1184）	卫泾《集英殿问对》	《后乐集》
绍熙元年（1190）	周南《庚戌廷对策》	《山房集》
绍熙四年（1193）	陈亮《廷对》	《龙川集》
庆元五年（1199）	魏了翁《御策一道》	《鹤山集》
嘉定十年（1217）	王迈《丁丑廷对策》	《臞轩集》
绍定五年（1232）	徐元杰《绍定壬辰御试对策》	《梅野集》
淳祐元年（1241）	黄应龙《对策札子》	《历代名臣奏议》
宝祐元年（1253）	姚勉《癸丑廷对》	《雪坡舍人集》
宝祐四年（1256）	文天祥《御试策一道》	《文山集》
咸淳七年（1271）	张镇孙《对制策》	《广州人物传》

北宋仅存 5 篇，南宋较多，有 21 篇，然而，两宋有别集传世者多达 700 余人，这些人中进士出身者占绝大多数。殿试试策始于神宗熙宁三年（1070），此后一直沿用到宋亡，也就是说，熙宁三年之后的进士都在殿试中写过对策，然而传世的殿试策仅有区区 26 篇，绝大多数有别集传世的进士都没能将殿试策保留下来，相当多的状元的殿试对策也完全失传。刘克庄《吴君谋少卿墓志铭》云："端平乙未，理宗皇帝始亲政事，揽权纲，策士于廷，于万鹄袍中擢莆田吴君叔告为第一。其奏篇以发强密察为说，上览而异之。策传，都城纸贵，自缙绅至韦布，皆传说诵。"[①] 吴叔告是宋理宗端平二年（1235）乙未科状元，刘克庄声称吴叔告的殿试对策在临安引发了洛阳纸贵的轰动效应，士大夫和平民百姓都争相传诵，但历史是

---

① 刘克庄著，辛更儒笺校：《刘克庄集笺校》，中华书局，2011 年，第 164 卷，第 6407 页。

无情的，他的殿试对策只是在考试结束后引发轰动，后世就默默无闻，终究还是湮没在历史的烟尘中。

其实，宋人是相当重视自己的殿试对策的。正如真德秀在《跋黄君汝宜廷对策后》所述："以布衣造天子之廷，亲承大问，此君臣交际之始也。一时议论所发，可以占其平生。"① 当时的读书人，能在皇帝主持的考试中就国家大事发表自己的意见，这是极大的荣耀，而且考试结果又事关考生的前程，考生必然是拼尽平生所学，力图拿到好成绩。他们如此耗费心力写出来的对策，必然是相当珍视的。《四朝闻见录》卷一甲集云："初，纮试宰，还谒忠定。同时见者，忠定同郡人某，亦赵氏。赵知忠定不事修饰，故易敝巾、垢衫、败屦以见，且能昌诵忠定大廷对策。忠定于稠人中首与之语，且恨同姓同郡而曾未之识。"② 忠定即南宋名臣赵汝愚，因其同乡赵某能背诵赵汝愚的廷对策，赵汝愚就对他另眼相看，足见其廷对策在赵汝愚心中的地位。

但是，殿试策是举子参加殿试的试卷，都是要当堂提交给考官审阅的，他们也不至于在考完之后回去默写一份以便传世，所以，他们的别集里没有收入殿试对策也是可以理解的。那么，这传世的 26 篇殿试对策又是如何保留在他们的别集中的呢？

这 26 篇对策中，12 篇是状元策，作者分别是黄裳、张九成、汪应辰、赵逵、张孝祥、王十朋、卫泾、陈亮、徐元杰、姚勉、文天祥、张镇孙。状元是朝野瞩目的焦点人物，其殿试对策传播面非常广，如张九成（字子韶）的对策广为流传大概是因为痛骂伪齐刘豫："区区一刘豫，欲收中国之心，呜呼愚哉！中国之心，岂易收乎？彼刘豫者，何为者耶？素无勋德，殊乏声称，天下徒见其背叛于君亲，而委身于夷狄尔。黠雏经营，有同儿戏，何足虑哉？"③ "子韶廷试策流播伪齐，人悉讽诵……"④ 王十朋的殿试对策也是如此，"上嘉其经学淹通、议论醇正，遂擢为第一。学者争传诵其策，以拟古晁、董"⑤。王十朋的对策以《春秋》立论，阐发

① 《全宋文》，第 313 册，第 240 页。
② 《四朝闻见录》，第 17 页。
③ 《全宋文》，第 183 册，第 419 页。
④ 王明清：《挥麈录》，中华书局，1961 年，第 253 页。
⑤ 《宋史》卷 387，第 34 册，第 11883 页。

帝王揽权的重要性，获得宋高宗的赏识，亲擢其为状元，时人竟然把王十朋比作在汉代乃至中国政治史上凭借对策发生重大影响的晁错、董仲舒。所以，状元的殿试对策保留在其别集中是没有任何难度的。其他14篇并非状元策，其作者多数有在秘书省任职的经历，故有接触内廷档案资料的便利，能将自己的廷对策抄录以便收入文集中。

宋人在殿试对策中展现了多样性的政治品格。举子出于功利性的考量，往往会在对策中迎合上位者的意志，揣摩他们的心意，刻意撰写主考官希望看到的文章，以获取高第，这体现了读书人对权力的绝对服从。早在殿试初次试策的熙宁三年，鉴于叶祖洽追步时势，刻意奉承当政者以便博取功名，苏轼就写了《拟进士对御试策》，在序言中指出："窃见陛下始革旧制，以策试多士，厌闻诗赋无益之语，将求山林朴直之论，圣听广大，中外欢喜。而所试举人不能推原上意，皆以得失为虑，不敢指陈阙政，而阿谀顺旨者又卒据上第。陛下之所以求于人至深切矣，而下之报上者如此……"① 但是，在殿试中获得高第的诱惑力太强，殿试对策中从来就不乏揣摩圣意、刻意迎合的情况。绍圣四年（1097），何昌言、方天若等凭借在对策中趋炎附势、攻击元祐旧臣获得高第，"绍圣四年殿试，考官得胡安国之策，定为第一。将唱名，宰执恶其不诋元祐。而何昌言策云：'元祐臣僚，不知君臣之义、父子之恩。'擢为首选。方天若策云：'当是时，鹤发宵人，棋布要路。今家财犹未籍没，子孙犹未禁锢。'遂次之。又欲以章惇子为第三，哲宗命再读安国策，亲擢为第三。"② 这种大肆搞人身攻击，甚至鼓吹政治迫害的对策获得高第，可见当时政治环境之严苛，士风之萎靡卑下。

张九成是绍兴二年（1132）状元，针对宋高宗御试策问中"朕承中否之运，获奉大统，六年于兹，顾九庙未还，两宫犹远，夙兴夕惕，靡敢荒宁"等句，他展开了极其具有画面感的想象铺陈：

> 若陛下之心，臣得而知之。方当春阳昼敷，行宫别殿，花柳纷纷，想陛下念两宫之在北边，尘沙漠漠，不得共此融和也，其何安乎？盛夏之际，风窗水院，凉气凄清，窃想陛下念两宫之在北边，蛮

① 《全宋文》，第 90 册，第 267 页。
② 赵与时：《宾退录》卷 10，上海古籍出版社，1983 年，第 126 页。

毡拥蔽，不得共此疏畅也，亦何安乎？澄江泻练，夜桂飘香，陛下享此乐时，必曰"西风凄劲，两宫得无忧乎"？狐裘温暖，兽炭春红，陛下享此乐时，必曰"朔雪袤丈，两宫得无寒乎"？至于陈水陆，饱奇珍，必投箸而起曰："雁粉腥羊，两宫所不便也，食其能下咽乎？"居广厦，处深宫，必抚几而叹曰："穹庐区脱，两宫必难处也，居其能安席乎？"今闾巷之人，畎隶之伍，皆知有父兄妻子之乐，室家聚处之欢，陛下虽贵为天子，富有四海，以金虏之故，使陛下冬不得其温，夏不得其清，昏无所于定，晨无所于省，问寝之私，何时可遂乎？在原之急，何时可救乎？日往月来，何时可归乎？每岁时遇物，想惟圣心雷厉，天泪雨流，抚剑长吁，思欲扫清蛮帐，以还二圣之车。①

这段文字在现存廷对策中是相当特殊的，因为殿试策问的内容是经史和时务，举子的对答文字一般都很平实，想象丰富、辞藻华美的描写是极为少见的。张九成如此别出心裁地表彰宋高宗对父兄的孝悌之心，难怪宋高宗会定其为状元。特别有讽刺意味的是：高宗在本次阅卷前夕还特别指示考校官："今次殿试对策，直言之人擢在高等，谄佞者置之下等，辞语尤谄佞人与诸州文学。"②可见，人毕竟是有感情的，高宗在理性上虽然早就认识到拔擢诤臣的重要性，但面对张九成极其具有感染力的陈述，还是在感情上被张九成的文字折服了。

时人对于张九成的这篇对策也有冷嘲热讽："张子韶对策有'桂子飘香'之语，赵明诚妻李氏嘲之曰：'露花倒影柳三变，桂子飘香张九成。'"③李清照这样无需参加科举考试的女子都看过张九成的廷对策，这也可以看出张九成的廷对策流布之广。

陈亮获得状元，则源于他善于揣摩圣意，为宋光宗不孝的行为开脱。

宋高宗唯一亲生儿子夭折后无嗣子，他在宋太祖一系中选取赵伯琮为皇储，赐名赵昚，宋高宗于绍兴三十二年（1162）退居太上皇，赵昚继承大统，即宋孝宗。赵昚谥号里有"孝"字，绝非浪得虚名，他对太上皇尊

---

① 《全宋文》，第183册，第426—427页。
② 《宋会要辑稿》，第5410页。
③ 陆游：《老学庵笔记》卷2，中华书局，1979年，第17页。

崇至极，坚持一月四次朝见太上皇，并在太上皇驾崩后坚持行三年之丧表达哀思。①

淳熙十六年（1189），宋孝宗禅位于太子赵惇，即宋光宗，光宗即位之初，尚能定期朝见孝宗于重华宫，但因朝见孝宗时不免会在朝政问题上形成父子冲突，给他造成巨大的心理压力，加上皇后从中挑唆，光宗就不去重华宫朝见父亲了。

在儒家的价值体系中，人伦孝道的地位极其重要，皇帝做出如此违反孝道的事情，朝臣不可能坐视不管。众多朝臣多次上书，坚决要求光宗朝重华宫。

恰逢绍熙四年（1193）殿试，多次系狱、久困场屋的陈亮，在他的殿试对策中为光宗开脱："臣窃叹陛下之于寿皇，莅政二十有八年之间，宁有一政一事之不在圣怀，而问安视寝之余，所以察词而观色，因此而得彼者，其端甚众，亦既得其机要而见诸施行矣。岂徒一月四朝而以为京邑之美观也哉！"② 这段文字非常值得注意，它是陈亮刻意为之，因为策题并没有就光宗朝重华宫这个问题发问，尤其是这段文字安排得相当靠前，非常引人注目，这也是陈亮聪明之处，毕竟到了南宋，殿试对策基本都是长篇大论，长达万字的对策并不罕见，皇帝虽然要亲自阅览一甲前十名的对策，但不可能逐字逐句地细细品味，一般也就看看对策的靠前部分而已。光宗看了这段为他开脱的文字，认为陈亮善于处理父子关系，对策原本排名第三，光宗直接提到第一的位置。时人多认为陈亮是为功利目的而迎合光宗的。后来危稹就认为："龙川书气振对策气索，盖是要做状元也。"③ 而陈亮中状元不久便去世了，其生前好友仅有叶适和辛弃疾为之作祭文，陈亮的好友陈傅良则以不胜悲痛为托辞未写悼文，可见，陈亮的对策已经触碰了士林的底线。④

举子在殿试对策中，虽然不免有为博取高第刻意迎合上意的情况，

---

① 余英时先生认为"一月四朝"是高宗掣肘孝宗的重要途径，孝宗坚持行"三年之丧"其实是对高宗的一种批评与反抗，而出之以隐蔽的方式。因为高宗在徽宗驾崩之后仅行短丧。详见《朱熹的历史世界：宋代士大夫政治文化的研究》第十二章"皇权与皇极"。

② 《全宋文》，第 279 册，第 127 页。

③ 《四朝闻见录》，第 62 页。

④ 陈傅良《悼刘谦之知录》："余欲作景元、同父祭文，皆不胜悲，辄止。"同父，即陈亮。《止斋先生文集》卷九，四部丛刊本。

"熙宁殿试改用策，谓比诗赋有用，不知士人计较得失，岂敢极言时政，自取黜落，是初入仕已教之诌也。"① 但是，作为从小熟读儒家经典、深受忠君报国观念熏陶的举子，如果他们"真诚地相信古老的学说和道德理念是救世的良药，以对于这些学说和道德的身体力行为人生的价值"②，那么，他们"致君尧舜"的冲动就会压制住功利性的考量，肯定不乏敢于在御试对策中痛切直言、针砭时弊之人。更何况，统治阶级本身也意识到举子为名利所诱竞相诌谀的问题，多次下诏引导科场形成正直风气。宋高宗在绍兴二十七年（1157）丁丑科殿试时就御笔批示考试官："对策中有鲠亮切直者，并置上列，以称朕取士之意。"③ 该科考试结束后，宋高宗又宣谕宰相沈该曰："殿试卷子，其间极有直言者，论理财有言欲省修造，如崇台榭，起楼阁，以为虚费之事。朕虽无此事，然喜其直言。至说销金铺翠，朕累年禁止，尚未尽革，当焚之通衢，并可立法，必于禁止。前后廷对，未见有此。朕谓祖宗设科，非特网罗人材，盖将以求直言之士。朕前日谕考试官，令取直言，置之上列，非为虚文。可将任贤辉字号卷居第一。"④ 该科状元是王十朋，从其对策来看，宋高宗所说的"销金铺翠"确实是王十朋直陈的当朝弊政："朝廷往尝屡有禁销金之令矣，而妇人以销金为衣服者，今犹自若也。又尝有禁铺翠之令矣，而妇人以翠羽为首饰者，今犹自若也。是岂法令之不可禁乎，岂宫中服浣濯之化，衣不曳地之风未形于外乎？臣所谓奢侈之风有所未革者，盖在乎此也。"⑤

范宗尹是宣和三年（1121）上舍登第，他的殿试对策开篇就直言不讳地陈述国家面临的重大灾难："臣闻天下无事则苦言难入。臣观比年以来，日月薄蚀，雨阳失序。都城水潦，则居民备粮栈；淮甸旱荒，则死者蔽道路。四方郡县，盗贼群起，尤盛于东南。顷者钱塘之破，血流通衢，相庐小邦，一夕煨烬。陛下遣重兵，授神算，轸渊衷者，今数月矣。当此之时，谓天下无事可乎？"⑥ 开篇寥寥数句，水灾、旱灾、匪患皆有涉及，令人触目惊心。

① 曾慥：《高斋漫录》，中华书局，1985 年，第 2 页。
② 朱刚：《唐宋"古文运动"与士大夫文学》，复旦大学出版社，2013 年，第 235 页。
③ 《建炎以来系年要录》卷 176，第 3373 页。
④ 《宋会要辑稿》，第 5413 页。
⑤ 《全宋文》，第 208 册，第 164 页。
⑥ 《全宋文》，第 193 册，第 61 页。

就现存御试对策文本来看，宋孝宗朝的进士比较敢于激烈地抨击时弊，无所畏惧，甚至把矛头直指皇帝，充分显示了他们意图"致君行道"的政治理想。

陈傅良是乾道八年（1172）进士，他在殿试对策中对当朝皇帝宋孝宗的指责相当大胆："孝宗方锐志治功，慨然慕唐太宗之为人，于是临轩，以太宗事策新进士。公对言：'陛下有无我之量，而累于自喜；有知人之明，而累于自恃。是以十有一年于兹，而治绩未进于古，下情犹郁，公论犹沮，士大夫犹有怀不敢尽。'且以太宗求谏崇儒等事，反复规讽，其言深婉切至。有司奇之，将请置第一，或议不合，犹在甲科。"① 所谓"陛下有无我之量，而累于自喜；有知人之明，而累于自恃"，当指宋孝宗自恃聪明、专断独裁。② 宋代士大夫常常怀有与皇帝共治天下的理想，但是，宋孝宗为人多疑，为防止宰相专权而频繁更换宰相，不给予宰相相应的权力，致使贤相未能发挥应有的作用。

皇帝在策问中表达要学习汉文帝节俭："若孝文之德，则罪不孥，宫不女，惜露台之费，除租税之征，可谓仁矣。然而恬芒刃之施，释斤斧之用，唯尚宽厚，其威不伸。朕以孝文之文也，而能厉之以武，不亦善乎。"③ 陈傅良毫不留情地指出，皇帝的南库实际上是皇帝私设的小金库，充盈小金库，直接导致国库空虚，为弥补亏空，各层官吏必然巧立名目，横征暴敛。

皇帝同时表示："若孝武之功，则选明将，讨不服，匈奴远遁，百蛮向风，可谓盛矣。然而积尸暴骨，快心胡越，财赂耗而不瞻，干戈因以日滋。朕以孝武之武也，而能本之以仁，不亦善乎？"④ 这是说汉武帝时期战争过于频繁国家不堪重负，所以宋孝宗以史为镜，要吸取经验教训。陈傅良指出，汉武帝指挥将军非常有法度，即使任命自己宠爱的李夫人的兄长李广利为贰师将军，也要依据占卜的结果以平公议。而今天的选将与任用就大不一样，孝宗亲近内习，故诸将皆结交内习以作为靠山，然后谋取

---

① 《全宋文》，第 289 册，第 360 页。
② 实际上，宋孝宗并非天资颖悟之人。《朱子语类》："孝宗小年极钝，高宗一日出对廷臣云：'夜来不得睡。'或问：'何故？'云：'看小儿子读书，凡二三百遍，更念不得，甚以为忧。'某人进云：'帝王之学，只要知兴亡治乱，初不在记诵。'上意方少解。"
③ 《宋会要辑稿》，第 5415 页。
④ 《宋会要辑稿》，第 5415—5416 页。

经济利益，但是，如果军队将领贪腐成风，怎么能形成强大的战斗力呢？

孝宗钦慕唐太宗的文治武功，在策问中说："文者帝王之利器，武者文德之辅助也。文者之所加者深，则武之所服者大。唐之太宗，实惟兼之。观其内平祸乱，外除戎狄，安堵黎元，各有生业。史氏所以称其功德兼隆，由汉以来，未之有者也。"陈傅良指出，孝宗与唐太宗有四点不同：太宗乐于纳谏，而宋孝宗不喜欢忠直之臣；太宗崇尚儒学，而宋孝宗认为儒生很迂腐，不懂实际事务，所以鄙视儒生；太宗听从魏征的劝谏，君臣之间坦诚相待，没有一丝猜忌，而宋孝宗则爱猜忌大臣；太宗能和过往的敌人和解，君臣相得，而孝宗则对外臣有不信任心理。通过鲜明的对比，指出孝宗名为倾慕唐太宗，却在实际施政中与太宗大为乖离。

孝宗倾慕唐太宗时政治清明，社会安定："瞻言清风，切所向慕，伊欲规其能事，跂其成绩，何修何饰而外户不闭，行旅不赍？何取何营而断狱几刑措，米斗直三钱欤？家给人足，厥道曷由？仁义功利四者之宜，当安所施？"① 陈傅良认为唐太宗之所以政绩斐然，在于"略尽君道，不越数端"，《资治通鉴》记载："上谓长孙无忌曰：'贞观之初，上书者皆云："人主当独运威权，不可委之臣下。"又云："宜震耀威武，征讨四夷。"唯魏徵劝朕"偃武修文，中国既安，四夷自服。"朕用其言，今颉利成擒，其酋长并带刀宿卫，部落皆袭衣冠，徵之力也……'"② 由此可见，唐太宗的"君道"表现在不愿意大权独揽，而是与大臣共治天下，同时不尚武力，大兴文教。相比之下，孝宗的施政缺陷就很明显，陈傅良直言不讳地批评孝宗作风专横，认为这是孝宗不如唐太宗的表现，导致群臣畏惧皇帝，不敢直言自己看到的国家朝政的问题。

孝宗专断独行的主要形式是"内批"，就是"不经中书参议，门下审驳，付尚书省施行而直付有司的'斜封墨敕'"③。孝宗近习主要有曾觌、龙大渊等，近习势力虽然轻佻浮浅，人品卑劣，但是相对于有儒家操守的士大夫而言，他们绝对听命于孝宗，所以得到孝宗特别的恩宠。这无疑会导致正直的大臣受辱。

---

① 《宋会要辑稿》，第5416页。
② 司马光：《资治通鉴》卷193，中华书局，1956年，第6085页。
③ 沈松勤：《南宋文人与党争》，人民出版社，2005年，第184页。

　　就陈傅良的对策来看，他不务虚言，指出朝政相当多的问题。如皇帝另外设立"南库"加重人民负担的问题，孝宗重用内习、疏远外廷的问题都有涉及。因为他直言无忌，一如苏辙当年在制科考试中大胆指责宋仁宗，所以考官在给他定名次上存在争议，最后只能把他定为甲科。本科的状元则是黄定，黄定的对策已不存。

　　蔡幼学是陈傅良同榜进士（乾道八年），也是他的弟子，蔡幼学的殿试对策也保留在《育德堂奏议》里面，从他的殿试对策来看，他的批评比陈傅良更为尖锐。他的对策指责宰相不作为："陛下耻名相之不正，一旦更制，庶几近古，二相并推，以为美谈……宰相，人主之腹心，天下之根本……今也，或以虚誉惑听，自许立功；或以缄默容身，不能持正。"①《宋史》蔡幼学本传认为这是针对当朝宰相虞允文和梁克家。虞允文本为一文官，绍兴三十一年（1161），完颜亮挥师南攻，势如破竹，逼近长江，虞允文督师取得采石大捷，声名鹊起，被孝宗倚重为恢复大业的股肱之臣，乾道五年（1169）出任右仆射、同中书门下平章事兼枢密使，整军备战。但北伐这样的军国大事毕竟是需要长期准备才能开始行动的，虞允文长期执掌军政大权，未能北伐，所以被蔡幼学评为"虚誉惑听，自许立功"。蔡幼学更为大胆的是指责宋孝宗任人唯亲，任命他的姨夫张说掌军，"而其人又无一才可取，宰相忍与同列，曾不羞辱"②。蔡幼学的这篇对策也引起有司争议。叶适《蔡公墓志铭》云："孝宗初不过也，或疑'天子圣德方日新，公少年论谏，盍顺导婉达'，由是不得高第。"③ 由此可见，宋孝宗虽然一再下诏强调求直谏，但如果举子的批评非常尖锐，他也难有容忍之度量。

　　孝宗是南宋罕见的意图有所作为的君主，孝宗即位后，力图恢复大业，于隆兴元年（1163）任命张浚为枢密使，四月，在孝宗的命令下，张浚发动北伐，先胜后败，只得于隆兴二年（1164）议和，张浚也被视为志大才疏、有勇无谋之人。虞允文和赵雄都曾向孝宗许诺，为恢复大业竭心尽力，故能分别于乾道五年和淳熙五年（1178）出任执政，然而此时宋金

---

① 《全宋文》，第 289 册，第 347 页。
② 《全宋文》，第 289 册，第 350 页。
③ 《全宋文》，第 286 册，第 353 页。

已无再战的条件，两人劳而无功，只能黯然去职。淳熙八年（1181）王淮出任执政，力主安静，孝宗的锐气衰减，走向无为而治。

对于孝宗恢复大业抱有很大希望的士大夫对此当然是不满的。"（淳熙二年）蜀人杨甲对策，言恢复之志不坚者二事，其一谓'妃嫔满前，圣意几于惑溺'；其一谓'策士之始，其及兵者不过一言而已，是以谈兵革为讳，论兵革为迂也'。上览对不悦，置之第五。"① 由此可见，宋孝宗虽然有恢复故土的雄心壮志，但面对举子直言不讳的批评，他还是无法接受。卫泾是淳熙十一年（1184）状元，他在殿试对策《集英殿问对》中直言："臣窃观陛下即位之始，锐于为治，念版图之未复，愤仇雠之未殄，慨然奋发，将一扫而清之。一旦起故老于废弃之中，擢将相于倬常之列，畀之大任，责以成功，而徒肆大言，习为诞谩，玩岁愒日，无补事功，比比负责而去。而陛下大有为之志，亦自是少弛矣。"② 当然，世间的事情都是逞口舌之快容易，真正落实就会有各种意想不到的困难，年仅 26 岁的卫泾，年轻气盛，很难体会到孝宗多年力图恢复大业却无成之后的心灰意冷。

宋理宗端平二年（1235）进士潘牥也体现了士人正直敢言的品格。潘牥的对策已经亡佚，但刘克庄在给潘牥所作的墓志铭中引录有片段：

> 端平亲政，奋发独断，雪故王，收人望，返迁客。乙未策士，有"凝天命固人心"之语。庭坚对曰："陛下承休上帝，畈德匹夫，何异为人子孙，身荷父母劬劳之赐，乃指豪奴悍婢为恩私之地，欲父母无怒，不可得也。宜绌荆舒之号，挂秦熺之冠，散郿坞之藏，以释天怒。"又曰："陛下手足之爱，生荣死哀，反不得视士庶人。如此一门之内，骨肉之间，未能亲睦，是以僮仆疾视，邻里生悔。宜厚东海之恩，裂淮南之土，以致人和。"时对者数百人，庭坚语最直。③

潘牥提出的废黜王安石封号，剥夺秦桧儿子秦熺的官衔，没收董卓府邸郿坞的财产，其实都是针对已故权相史弥远。至于"手足之爱"，则是

---

① 佚名撰，孔学辑校：《皇宋中兴两朝圣政辑校》卷 54，中华书局，2019 年，第 4 册，第 1212 页。

② 《全宋文》，第 291 册，第 226 页。

③ 刘克庄著，辛更儒笺校：《刘克庄集笺校》，中华书局，2011 年，第 152 卷，第 5987 页。

针对济王事件而言。这些宋理宗亲政期间的敏感事件，潘牥都大胆提及，足见其政治品格。

如果策问是鼓励举子直陈弊政的，举子自然会知无不言，言无不尽。有些策问没有时政方面的内容，举子却能本着忠君体国、补时救弊的精神，大胆指斥不正之风，要求皇帝兴利除弊。这方面的典型代表是姚勉，他是宝祐元年（1253）状元，本科殿试策问为"选举之八事"，就进士科、荫补、制科、武举等八方面内容提问，这种策问是比较少见的，现存多数策问都是按照经义和时务并重的原则拟定题目的。

姚勉在分别就策问所提出的"选举之八事"作答之后，对策问不涉时政表示不满："臣观陛下发策大廷，前乎此时，莫非问以当世之大务。独惟己丑、壬辰，不敢深及时政，此则陛下养明于晦之时，而当路忌言之日也。而今亦若是焉，何哉？甚非臣之所望也。"① 他难以抑制直陈时弊、建言献策的冲动，指斥士大夫之苟且："淳祐初年，柄相当国，纯用私党，布满朝端，示缙绅以意而使之不敢言，扼学校之吭而使之不敢议，于是直气日销矣。今虽更化，秽政未收，噤无能言，萎瘁滋甚。泛观士大夫之奏疏，无复我先正之绪余。凡所封事之文，类如举子之策，平平论事，小小立言，惟恐伤时，姑以塞责。"② 当然，姚勉也意识到这是冲动之下的越位之举，为避免触怒皇帝，他随后作了补救："臣草茅愚生，不识忌讳，忠爱一念，与生俱生。陛下可为忠言，故敢于圣问之外，竭其狂瞽，亦可谓出位犯分矣。大则殛而投之鼎镬，小则退而屏之山林，其甘如饴，九死无悔。虽然，陛下必不然也。陛下自即位以来，未尝以直言罪士，岂以臣一蝼蚁而累陛下天地之仁哉！"③ 他既表明自己的赤胆忠心，又称颂皇帝大仁大义，如此陈情，皇帝如若怪罪，反倒显得心胸狭隘，还不如按照主考官的意见顺水推舟定他为状元。④

---

① 《全宋文》，第 351 册，第 338 页。
② 《全宋文》，第 351 册，第 340 页。
③ 《全宋文》，第 351 册，第 341 页。
④ 姚勉的殿试对策，详定官给出的评语为："规模正大，词气恳切，所答圣问八条，皆有议论，援据的确，义理精到，非讲明理学，该博传记者，未易到此，奇才也！宜备抡魁之选。臣焴、臣彬之、臣梦鼎。"

第五节 登上神坛：南宋殿试对策中的仁宗崇拜

在宋代的殿试策问中，常常强调本朝先帝政治之圣明。"作为儒家礼制的核心，祖宗崇拜的原则与实践对于中国古代的政治、法律、社会等诸多方面都产生过深远的影响。在宋代，这种原则与实践凝聚为所谓'祖宗之法'。"①

既然是一种"祖宗崇拜"，就需要通过选择性的描述对祖宗形象进行神圣化，在南宋的殿试对策中，宋仁宗朝政治备受推崇，成为理想政治之典范。这些在殿试中获得高第的举子们，以极大的热情称颂宋仁宗，可以说是空前绝后，无以复加。

其实，仁宗朝前期虽然政治清明，士大夫奋发有为，勇于担当，但庆历新政失败后，嘉祐时期政治风气已变得因循苟且。对此，北宋人多有反映。

早在嘉祐四年（1059），欧阳修在《论包拯除三司使上书》里就批评过仁宗朝政治："国家自数十年来，士君子务以恭谨静慎为贤。及其弊也，循默苟且，颓惰宽弛，习成风俗，不以为非，至于百职不修，纪纲废坏。时方无事，固未觉其害也。一旦黠虏犯边，兵出无功，而财用空虚，公私困弊，盗贼并起，天下骚然。"② 欧阳修这种以天下为己任的士大夫，对仁宗朝的因循苟且、朝纲废弛深感不安。

欧阳修这样的朝廷重臣对仁宗朝政治生态下了如此判断，而年轻的举子也与他相呼应。苏轼在嘉祐六年（1061）参加制科考试的《御试制科策》中也批评过仁宗朝政治的弊病——皇帝怠政，臣子因循，不图变革："诚见陛下以天下之大，欲轻赋税则财不足，欲威四夷则兵不强，欲兴利除害则无其人，欲敦世厉俗则无其具。大臣不过遵用故事，小臣不过谨守簿书，上下相安，以苟岁月。此臣所以妄论陛下之不勤也。"③ 二十五年

---

① 邓小南：《祖宗之法——北宋前期政治述略》，生活·读书·新知三联书店，2006年，第1页。

② 《全宋文》，第32册，第268页。

③ 《苏轼全集校注》，第11册，第913页。

之后，苏轼已经是宦海浮沉多年的高官，他依然坚持自己青年时代的看法。元祐元年（1086）十二月，苏轼任翰林学士、知制诰间撰以试馆职的策问曰："国家承平百年，六圣相授，为治不同，同归于仁。今朝廷欲师仁祖之忠厚，而患百官有司不举其职，或至于偷；欲法神考之励精，而恐监司守令不识其意，流入于刻。夫使忠厚而不偷，励精而不刻，亦必有道矣。"① 可见，在苏轼看来，仁宗皇帝虽然以宽容仁厚闻名后世，但是皇帝宽容仁厚，就会丧失对官吏强有力的督促，懒惰之人不免怠政。所以，仁宗朝政治虽然宽仁，毕竟还是官文恬武嬉、尸位素餐的缺陷，实在不能称为完美的政治生态。

随着时间的推移，在南宋的殿试对策中，仁宗朝政治被视为理想政治的典范，甚至还被视为直追三代之治，这无疑是对宋仁宗朝最高的褒奖。

王十朋，绍兴二十七年（1157）状元。他的殿试对策阐释祖宗家法，对仁宗的庆历新政相当推崇，希望宋高宗效法仁宗："昔庆历中，仁宗黜夏竦等，用杜、韩、范、富以为执政，以欧阳修、余靖、王素、蔡襄为谏官，皆天下之望，鲁人石介作《圣德颂》以揄扬之。此陛下黜陟之家法也。臣愿陛下以仁宗为法，以前日权臣之事为戒，执福威之大柄以为黜陟之法，明忠孝之大节以为训迪之方。"②

卫泾，淳熙十一年（1184）状元。他的廷对策称颂庆历新政，希望宋孝宗能以仁宗为榜样，振作士风，革新朝政："仁宗庆历间，承平既久，一时事类少弛，仁宗一旦振起之，不过于增谏员，减任子，展磨勘，虽一二节目之或殊，而大体卒不改易。故嘉祐之治振古无及。社稷长远，终必赖之，由此道也。臣以更化为献，亦岂劝陛下以变更祖宗之法度哉。士大夫之偷惰者，从而振作，王业之偏安者，思有以规恢而广大之；万事之积废者，思有以作新而奋励之，而不失祖宗立国之本意，则士风之日美，民俗之日醇，民生之厚而刑罚之清，固有不期而致。"③

魏了翁，庆元五年（1199）进士，他的廷对策开宗明义，首先指出熙丰变法和元祐更化都有过于急迫的弊病，而后大力表彰宋仁宗朝政治：

① 《苏轼全集校注》，第 11 册，第 706 页。
② 《全宋文》，第 208 册，第 168 页。
③ 《全宋文》，第 291 册，第 231－232 页。

"惟我仁祖皇帝培养根本，扶植政道，治体浑大，汪汪乎有唐虞成周泰和之风，诚足以为万世法。"① 所谓"唐虞成周"，即宋人常常视为理想政治的尧舜三代之治，在魏了翁看来，仁宗朝已经达到尧舜三代之治的理想境界。

姚勉，宝祐元年（1253）癸丑科状元，他在廷对策中称颂仁宗从谏如流："仁祖朝士气最盛，直言最多，攻夏竦之枢密，十八疏上而竟行其言；攻陈执中之宰相，十九疏上而竟可其奏。叩铜环之呼，事关宫禁也，仁祖虽以是出仲淹，竟以是擢仲淹。灯笼锦之诋，事关廊庙也，仁祖虽以是谪唐介，亦以是召唐介。仁祖之容养直言者如是。陛下端平初政，天日昭苏，积郁顿舒，久蛰咸奋。谏官论事，御史斥奸，侍从有论恩之忠，百官有轮对之直，以至草茅投匦，学校上书，华国直言，何减庆历。"② 姚勉对宋理宗端平新政的叙述，依然是以仁宗庆历时期为模范。

文天祥，宝祐四年（1256）甲辰科状元，他在御试对策中力劝宋理宗"法天地之不息"，而他极力推崇的可供效法的皇帝就是宋仁宗。文天祥对策云："仁祖，一不息之天地也。康定之诏曰'祗勤抑畏'，庆历之诏曰'不敢荒宁'，皇祐之诏曰'缅念为君之难，深惟履位之重'。庆历不息之心，即康定不息之心也；皇祐不息之心，即庆历不息之心也。当时仁祖以道德感天心，以福禄胜人力。国家绥静，边鄙宁谧，若可以已矣，而犹未也，至和元年，仁祖之三十三年也，方且露立仰天，以畏天变，碎通天犀，以救民生。处贾黯吏铨之职，擢公弼殿柱之名，以厚人才，以昌士习。纳景初减用之言，听范镇新兵之谏，以裕国计，以强兵力。以至讲《周礼》，薄征缓刑，而拳拳以盗贼为忧；选将帅，明纪律，而汲汲以西戎北虏为虑。仁祖之心，至此而不息，则与天地同其悠久矣。陛下之心，仁祖之心也。范祖禹有言：'欲法尧舜，惟法仁祖。'臣亦曰：欲法帝王，惟法仁祖。法仁祖则可至天德，愿加圣心焉。"③ 这是截取宋仁宗"法天不息"的一面进行详尽阐发，当然，这是文天祥对于宋仁宗极为个人化的解读。

---

① 《全宋文》，第 310 册，第 206 页。
② 《全宋文》，第 351 册，第 340 页。
③ 《全宋文》，第 359 册，第 139 页。

　　张镇孙，咸淳七年（1271）丁未科状元，其御试对策云："洪惟国朝以仁立国，盖自艺祖皇帝陈桥驿一誓，紫云楼一语，对越天地，远辈帝王，社稷灵长，终将赖之。此仁之积，可谓厚矣……至我仁宗，抚熙洽之运，此仁之积，愈深愈厚。范祖禹所谓爱人恤物之心上极于天，下达于地，内则诸夏，外则夷狄，山川鬼神草木无不及者，盖至论也。而仁宗所以积是仁者，则有由矣。毓德储宫，不妄言笑，此一敬也。临朝端庄，具有圣度，此一敬也。朝夕奉先，未尝敢怠，此一敬也。至忧所感，以致天应，亦此一敬也。四十二年之间，始终积此敬。故四十二年之间，始终积此仁。"① 抓住宋仁宗仁厚的一面进行重点阐述。

　　从以上所引南宋对策文可以看出，南宋不同时代的举子表达的政治诉求各有差异，如王十朋建议宋高宗法天揽权，厉行黜陟之法；卫泾希望宋孝宗振作士风，完成恢复大业；姚勉主张宋理宗从谏如流；文天祥力劝宋理宗"法天不息"，他们寻找可以效法的先皇，目光都集中在宋仁宗身上，不遗余力地歌颂宋仁宗开创的美好政治局面。以下试分析仁宗朝政治在南宋试策中获得特别尊崇的原因。

　　第一，策问对祖宗之法的强调。宋代的策问，特别是进士殿试策问和制科策问，经常出现的一大主题就是表彰上古三代、汉唐盛世、本朝先帝政治，用这种理想政治生态给当朝皇帝以压力，促使其励精图治。如宋高宗绍兴二十七年（1157）殿试策问："盖闻监于先王成宪，其永无愆，遵先王之法而过者，未之有也。仰惟祖宗以来，立经陈纪，百度著明，细大毕举，皆列圣相授之模，为万世不刊之典。朕缵绍丕图，恪守洪业，凡一号令，一施为，靡不稽诸故实，惟祖宗成法是宪是若。"在这类策问形成的指挥棒下，士子自然要对本朝先王政治歌功颂德。而仁宗朝政治是值得大力表彰的，仁宗皇帝为人宽厚，从谏如流，创造了宽容的政治环境。在欧阳修、范仲淹等优秀士大夫的倡领下，仁宗朝士风振起，士大夫奋发有为，勇于担当，以天下为己任。正如苏轼在《六一居士集叙》中的经典论述："宋兴七十余年，民不知兵，富而教之，至天圣、景祐极矣，而斯文终有愧于古。士亦因陋守旧，论卑气弱。自欧阳子出，天下争自濯磨，以

―――――――――

① 《全宋文》，第360册，第136页。

通经学古为高,以救时行道为贤,以犯颜纳说为忠。"①

第二,士子对本朝历史的熟悉。南宋史学极其发达,图书出版宏富,广泛流传于民间,改善了士子的知识结构,士子普遍了解本朝历史。所以他们在御试对策中能熟稔评述本朝政治,当他们回顾本朝历史时,自然而然地会聚焦于君臣相得的仁宗朝。如宋宁宗庆元五年(1199)进士魏了翁在廷对策中评述仁宗朝贤臣:"仁宗在御,一时事势浸流于弛。请总权纲,时则有若宋绶;请揽威权,时则有若余靖;请立威福,时则有若孙甫;请出号令,时则有若苏伸;谓政令姑息者,张方平也;谓威柄渐移者,宋祈也;谓十事不及先朝者,富弼也;谓天下之势近于弱者,苏洵也。"② 这种对仁宗朝贤臣宋绶、余靖、孙甫、苏伸、张方平、宋祁、富弼、苏洵的作为的精准概括,是以对史实的熟练掌握为基础的。又如宋宁宗嘉定十年(1217)进士王迈在《丁丑廷对策》中评述名相韩琦的奏议:"昔韩琦进言于仁宗曰:'元昊狂僭,必为边患,选将训兵,修甲营城,此外忧也。纪纲不立,忠佞不分,赏罚不明,号令不信,浮费靡节,颁赐不常,务宴逸之近游,纵宫庭之奢侈,受女谒之干请,容近昵之侥幸,此内忧也。'臣观仁宗之时,西戎小丑,特边鄙之事耳,而琦之所忧在于朝廷之上、宫阃之间,忠臣远虑,一至于此。"③ 赵汝愚编辑的《国朝诸臣奏议》收录有韩琦的《上仁宗论外忧始于内患》,想必王迈是看过这类书的。

第三,南宋中晚期政治黑暗,士风萎靡。南宋皇帝,除了高宗、孝宗尚能有所作为,自光宗始,普遍昏聩无能。皇帝暗弱,则权奸迭出,韩侂胄、史弥远、贾似道相继把持朝政,他们权势熏天,排斥异己,残害忠良,正直的士大夫不容于朝,甚至连非常富有正义感和斗争精神的太学生,都被贾似道收买,沦为歌功颂德的帮闲。

张开焱在《召唤与应答——文艺与政治关系新论》中认为:"文艺与政治的关系,既不是一种从属关系,也不是一种平行关系,而是一种召唤—应答的双向互渗互动关系。所谓召唤—应答关系,实际上是一种对话关系。它们中的每一方都在向另一方发出召唤,并有意无意地要求对方作出

① 《苏轼全集校注》,第11册,第978页。
② 《全宋文》,第310册,第208页。
③ 《全宋文》,第324册,第337-338页。

应答。而对于一方的召唤，另一方也必定要作出应答，由此形成一种对话关系。"① "文学对政治的召唤，是从熔铸了社会理想的审美理想的高度发出的召唤，这种召唤要求政治从对现实的肯定和自我的陶醉转向对自我的检讨、批判、超越和对理想的追求与趋同。"② 从这个角度看，举子在御试策中对仁宗朝政治的大力推崇，实际上是对当朝政治的批评，希望统治者以举子们构建出的仁宗朝理想政治为师法对象，革新弊政。

刘子健在《中国转向内在：两宋之际的文化内向》中指出："宋代中国特别是南宋，是顾后的，是内向的。许多原本趋向洪阔的外向的进步，却转向了一连串混杂交织的、内向的自我完善和自我强化……"③ 南宋殿试对策中的"仁宗旋风"，也反映了南宋士大夫的行政水准较之北宋的下降，面对复杂多变的政治生态，他们无法拿出行之有效的对策，只能乞灵于知识界共同构建出的"仁宗盛世"。"仁宗盛世"的本质，和北宋知识界一直鼓吹的"回向三代"没有区别，都只是虚构的理想政治生态。苏轼曾经在《议学校贡举状》中对科举考试上的诗赋、策论之争下了个判断："自文章而言之，则策论为有用，诗赋为无益；自政事言之，则诗赋、策论均为无用矣。"④ 从这个意义上讲，策论确实是一种无用的文章。

第六节　优秀殿试对策的书写策略

流传至今的殿试对策，部分作者是状元，其他没有获得状元殊荣者，也是科举时文高手。这些殿试对策，既是进入主考官乃至皇帝法眼的优秀试卷，又经历了近千年的历史淘洗，可以说是优中选优的硕果。举子们都在其殿试对策中展现了高超的写作技艺，其殿试对策的章法和文辞自然有可赏之处。以下就笔者的阅读感受，对具有代表性的优秀宋代殿试对策的

---

① 张开焱：《召唤与应答——文艺与政治关系新论》，《文艺争鸣》，2000 年第 2 期，第 40 页。

② 张开焱：《召唤与应答——文艺与政治关系新论》，《文艺争鸣》，2000 年第 2 期，第 41 页。

③ 刘子健：《中国转向内在：两宋之际的文化内向》，赵冬梅译，江苏人民出版社，2012 年，第 8 页。

④ 《苏轼全集校注》，第 13 册，第 2847 页。

书写策略做一番解析。

试策这种考试文体，要求举子针对多个问题逐个作答，御试策更规定需逐段照抄策问原文，分别作答，策问内容严格制约着对策的撰写，留给考生驰骋才华的余地似乎很小。但思维缜密、善于为文的高手，却能摆脱应付答题的模式，戴着镣铐跳舞，在段落式的作答中紧紧围绕一个中心展开论述，显得一气贯注、浑然一体。王十朋、周南、魏了翁、黄应龙的殿试对策就是典型，王十朋的对策依《春秋》立论，发明《春秋》"尊王"大义，反复申述帝王"法天揽权"之道；魏了翁的对策强调祖宗家法，不厌其烦地列举仁宗朝政事，称颂仁宗之圣明与大臣之贤能，要求皇帝以仁宗朝为师法对象革新朝政。以下以周南和黄应龙的廷对策为例略作分析。

一、周南《庚戌廷对策》的写作策略

周南的《庚戌廷对策》篇幅很长，近万字，是周南在绍熙元年（1190）参加进士科殿试的对策。这篇对策中关于"道学、朋党、皇极"的议论非常引人注目，叶适在给周南作的墓志铭里，开头就是大段引用周南《庚戌廷对策》中的这部分议论，可见这段文字之于周南一生的重要性。朱熹在给周南的信中也称赞其廷对"切中时病，深以叹服"。余英时在《朱熹的历史世界：宋代士大夫政治文化的研究》中，通过对这段策文的深入分析，指出"皇极"在宋光宗时代具备"国是"身份，官僚集团借助"皇极"之说，打击道学集团。①

周南的这篇廷对策虽是长篇大论，却能突出中心，在每一部分的答题中，先针对问题申述自己的观点，然后落脚到他的中心论点：劝勉皇帝奋发有为，任贤攘奸。以下分析他的行文。

他首先表明自己心目中明君的标准："臣闻立必为之志，正己以先物者，兴王之事业也。存择善之诚，资人以成治者，平世之规模也。历观自昔间出之主，降及后代庶几之君，若非有必为之素志，则必有择善之深诚，故能君臣协谋，至于治道克立。"② 可见，他认为理想的皇帝应该做到奋发有为，励精图治；选贤任能，君臣同心。

---

① 详见该书第十二章"皇权与皇极"。
② 《全宋文》，第294册，第50页。

　　然后直言不讳地指出当今皇帝施政的两大弊端："朝廷方议一善政，其于兴革犹未敢及也，而陛下必曰为之必以渐。不知规模且未立，尚何渐之可论乎？台谏方逐一小人，其于旌别犹未及尽也，而陛下必曰论事不可激。不知忠邪方杂处，尚何激之可虑乎？"① 这是在指责皇帝行事优柔寡断，不能尽快兴善除弊，不能强力攘斥奸邪。

　　御试策问中表达了对上古帝王理想政治的倾慕。周南指出上古理想政治之所以能形成，原因在于"圣人"勇于担当，"圣人不敢轻以是尤诸人，而常以是任诸己"，然后与上古政治对比，分析当今政治的缺陷："故古之教化易以浃洽，而今则坐视礼义之陵夷而不能返；古之风俗易以变革，而今则目睹民风之靡薄而不为怪；国本非不可固，而不能损己以益民；私情非不可绝，而惮于遏恶而扬善。"② 这实际上是指责皇帝不作为，与上文表达的意见是一致的。

　　御试策问中对三王五帝政治的沿袭革新提出疑问："盖由尧舜三代一道相承，同条共贯，见于典谟之盛。或者乃曰五帝不相沿乐，三王不相袭礼，何耶？"③ 周南指出，帝王政治需要沿袭的是勤政爱民，亲贤远奸，需要革新的是礼乐制度。然后直指时弊："然五帝三王不敢废变通之说，而陛下则见弊事而不敢为；五帝三王未尝有兼容善恶之论，而陛下则见小人而不敢去。"④ 依然是指责光宗未能兴利除弊、斥逐小人。

　　御试策问中提出帝王无为和有为的矛盾："帝王无为而天下治，固未始敝精神于事为之烦。然舜孳孳汲汲，禹胼胝，文王日昃不遑暇食，何勤劳若是乎？"⑤ 周南掷地有声地指出："无为者，非无所作为之谓也。"然后极力铺陈光宗的父亲孝宗励精图治苦撑危局而功业未成，劝勉皇帝效法父亲，奋发有为："今惑乎无为之说，而有精神劳敝之疑。臣以为陛下若能举今急政要务尽力而为之，则事为之末固不足以劳圣虑。若因循苟且不立一政，不兴一事，举今所谓急政要务尽废之，则虽知事为之末不足为亦无益矣。"⑥

————————

① 《全宋文》，第 294 册，第 50—51 页。
② 《全宋文》，第 294 册，第 52 页。
③ 《全宋文》，第 294 册，第 52 页。
④ 《全宋文》，第 294 册，第 52—53 页。
⑤ 《全宋文》，第 294 册，第 53 页。
⑥ 《全宋文》，第 294 册，第 54 页。

御试策问要求分析三王五帝用人的差异："舜乐取于人以为善,禹闻善言则拜。同是道也,或者乃曰五帝神圣,其臣不能及,三王臣主俱贤,用人之际抑有异与?"① 周南没有在这两种用人差异上过多纠缠,毕竟上古茫昧之事很难辨析,而是从尧舜禹这些圣王从善如流出发,指出光宗为小人蒙蔽,奸邪小人给贤能之士乱贴"道学""朋党"标签,借助"皇极"之说,打击异己,致使贤才沉沦,庸人上位,最后仍以亲贤远佞作结:"陛下若有意乎舜、禹取善之事,则于今莫急于破庸论以收善人。若使皇极之说不明,而朋党、道学之人皆拒之而不敢用,则人材至于沉废,而天下之善无因至于陛下之前矣。"②

御试策问又提出时政之八弊:"朕自践阼以来,厉精图治,监观前代,庶几有获。然稽古之志虽坚而设施之效未著,求言之心虽切而谠直之风未闻,政事必亲而或虑夫细务之繁,财用既均而犹病夫浮费之众,吏员冗而莫革,民力穷而难裕,私情胜而议论弗平,虚文多而奸弊日甚,此皆日夜以思求合于古而未能者,将何以致隆平之业,恢长久之策乎?"③ 周南在分析前六种时弊后,特别指出最后两种"私情胜而议论弗平,虚文多而奸弊日甚"是需要特别注意的,随后他提出宋代政治史上著名的君子小人之辨,希望光宗进君子而远小人:"陛下膺受付托,方内之治乱,在于正邪之用舍,君子小人之进退。"④

总之,周南的《庚戌廷对策》,虽然是依照试策的体制,逐段引用策题分别阐述自己的政治观点,却能在直接答题后,通过巧妙的过渡,反复申述自己的中心论点,使得全篇对策中心突出,给读者留下深刻的印象。

二、黄应龙的殿试对策的写作策略

黄应龙,字正父,号璧林,建昌军南城(今江西南城)人,宋理宗淳祐元年(1241)进士,著有《璧林先生文集》十四卷,黄应龙的文集已散佚,他的殿试对策保留在《历代名臣奏议》里,《全宋文》编者将其辑出

---

① 《全宋文》,第294册,第54页。这种说法源于晁错《举贤良对策》:"臣闻五帝其臣莫能及,则自亲之;三王臣主俱贤,则共忧之;五伯不及其臣,则任使之。"
② 《全宋文》,第294册,第56页。
③ 《全宋文》,第294册,第56页。
④ 《全宋文》,第294册,第62页。

予以点校，极大地方便我们阅读他的对策。黄应龙的殿试对策的一大特点就是依照试策的规定分别答问，每一部分的答问都会引述宋太祖的丰功伟绩和政治智慧，建议宋理宗以宋太祖为师法对象，兴利除弊，重现祖宗之声威。

殿试策问首先按照策问的传统，宣示皇帝继承光大祖宗帝业的决心："惟天惟祖宗，全付有家，朕思日孜孜，无坠天之降宝命，以无羞祖宗之洪烈休德。"① 黄应龙顺势引出宋太祖的业绩："臣闻消厄运于艰棘者，若非人力之强为；振事势于因循者，由君心之先定。上天，生时者也；祖宗，启陛下以此时者也。时之未至，此志果立，尚可转弱而为强；时之已至，此志不立，未免堕强而为弱。臣不敢远考，请以艺祖皇帝之事明之。五季不纲，乱离斯瘼，方将跨九垠以为炉矣。艺祖出而泛扫之，涣屯夷蒙，收拾破碎之天下。曾不数载，六合为一，何成功之速哉！观其访大臣于风雪之夜，立志如此其勤也！收兵权于杯酒之间，用志如此其果也！士卒苟犯吾法，惟有剑耳，藩侯不为抚养，断不容之，行其志如此其决也！用能为我宋开亿万年之丕址，岂偶然哉！为天地立心，为生民立命，为当世开太平，惟我艺祖皇帝为无愧于斯言，皆此志之坚为之地也。"② 在这里，黄应龙历数宋太祖在五代乱离之季以雷霆万钧之势统一全国的丰功伟绩；雪夜访赵普、杯酒释兵权的政治智慧；严肃军纪、震慑诸侯的杀伐决断。这是全篇对策的基调。

殿试策问云："因惟隆古盛时，三载有考绩之程，三考有黜陟之法。盖九岁而进业曰登，又九岁而再登曰平，由是三登而太平，则王德流洽，礼乐用成。朕自临御以来，今十有八年，盖再登曰平之候，而观时抚运，图事揆策，未有致平之阶。今策茂异，冀闻康济大略，辅予于治，肆垂听而问焉。"③ 这是皇帝表明心迹：为了使自己治理下的国家成为太平盛世，他希望听到治国安邦的谋略。黄应龙讲述了宋太祖的一个小故事：他曾经大开宫门，表示其内心光明磊落、正直无私。黄应龙希望当朝皇帝能从这个故事中受到启发，"明白洞达，公平广大，力而行之，则康济大略，自

---

① 《全宋文》，第 347 册，第 247 页。
② 《全宋文》，第 347 册，第 247—248 页。
③ 《全宋文》，第 347 册，第 248 页。

有陛下之家法在，而礼乐用成之治，可以骎骎等而上之矣"①。

殿试策问希望崇儒以正士风："汉武尊经而黜百家，显宗临雍而拜三老，是正学所当崇。朕躬教立道，庶几士知向方，然隽慧者剿说以饰智，辨捷者浮道以哗众，将何以使之羞其行？"② 黄应龙宣称："昔我艺祖当皇业初基，日不暇给，而即位之月，款谒先圣，绘先贤先儒之像，儒道复振，实自此始。"③ 将宋太祖这样一个以武力开国的皇帝打造成复兴儒学的先驱，为了劝勉皇帝崇儒，黄应龙可谓苦心孤诣。

殿试策问表示希望效仿汉宣帝等汉唐帝王整肃吏治："汉宣综核，吏能咸精；有唐中兴，实才是用，是吏治所当责。朕程能授官，庶事知敏事，然刻峭者深文巧诋，叨愞者致期视成，将何以使之平其政？"④ 黄应龙依然以宋太祖整治贪赃为例："昔我艺祖当洪基肇造，庶事草创，而爱民一念，首开圣虑。县令坐赃，除名为民，此惩赃吏初指挥也，自是廉洁风行于天下。"⑤

殿试策问关切军事问题："苻秦侮晋，投鞭断流；司马吞吴，造舟流枻。是边防所当饬。朕坚边设候，将以备不虞，然沟封未缮，敌有觊心，伍乘未修，士寡斗志，其何以固吾圉？"⑥ 黄应龙追忆宋太祖治军之严厉："恭闻建隆初，将士有不用命者，悉置极典，此始严骄兵之法也。"⑦

殿试策问又以财政为虑："汉增钱币以给军费，唐榷茶盐以济中兴，是邦计所当裕。朕理财正辞，将以佐经用，然榷禁日密，国课无裨，楮法岁更，民听滋惑，其何以阜吾财？"⑧ 黄应龙追述宋太祖创业之艰："共惟建隆初，用度最为简约，宫中虽一物犹不妄用，圣训且谓'一缣欲易一胡人首'。又养兵不过三十万，而南征北伐，无不如意，所当者破，所击者败。"⑨

殿试策问又谈及屯田："晋开汝颍，齐垦芍陂，耕屯之效可覆也。朕

---

① 《全宋文》，第347册，第249页。
② 《全宋文》，第347册，第249页。
③ 《全宋文》，第347册，第250页。
④ 《全宋文》，第347册，第250页。
⑤ 《全宋文》，第347册，第250页。
⑥ 《全宋文》，第347册，第251页。
⑦ 《全宋文》，第347册，第251页。
⑧ 《全宋文》，第347册，第252页。
⑨ 《全宋文》，第347册，第252页。

画地授田，将为战守之备，然远耕则资盗粮，近垦则夺民产，其何以为经理之方？"① 黄应龙强调皇帝必须给予实施屯田的主帅长久的信任，并举出宋太祖任用郭进为西山巡检十余年为例来佐证。②

殿试策问云："汉立常平，隋置义仓，荒政之制可举也。朕分道置使，为敛散之用，然伪指困仓以肆欺，不求刍牧而立视，其何以为诏救？"③ 黄应龙依然以宋太祖施政方式为模板："如我艺祖，初立法令，应商税毋得割收苛留，此薄税敛初指挥也，自是宽恤之政达于天下。"④

纵观周南和黄应龙的对策，两者同中有异，周南的对策，在回答每一个问题后，通过巧妙的过渡，转移到其中心论点：劝勉皇帝奋发有为，任贤除奸。黄应龙则是在每一道问题里都以宋太祖的事迹来论证自己的观点，以宋太祖的事迹来串联全篇。两相对照，周南之文结构天成、浑然一体，黄应龙之文稍嫌生硬，这是一流文章高手和普通作手的区别所在。

第七节　逞才使气：宋代殿试对策中的策士文风

现存的宋代殿试对策虽然只有 26 篇（不包括拟试策），但从北宋熙宁三年（1070）首次殿试策问到南宋几近灭亡的咸淳七年（1271），这 26 篇殿试对策在 200 余年的历史长河中分布比较均匀，没有出现在较长时间段里殿试对策文本失传的情况，故还是能从现存文本中大致窥探其在 200 余年的历史进程中的基本面貌。就其文本篇幅而言，随着时代的发展变迁，殿试对策的篇幅越来越长，熙宁三年（1070）陆佃的殿试对策只有一千字左右，而南宋初年有的对策篇幅已有数千字，到了南宋中晚期，篇幅近万字是平常事，姚勉、周南、文天祥的殿试对策都是长篇大论，洋洋洒洒。之所以会发生这样的变化，首先当然是随着时间的推移，宋代殿试策问的篇幅越来越长，提出的问题越发繁多且细密，举子要对策问提出的所有问

---

① 《全宋文》，第 347 册，第 252—253 页．
② 《宋史·郭进传》："开宝中，太祖令有司造宅赐进，悉用筒瓦，有司言，旧制非亲王公主之第不可用。帝怒曰：'进控扼西山十余年，使我无北顾忧，我视进岂减儿女耶？亟往督役，无妄言。'"
③ 《全宋文》，第 347 册，第 253 页。
④ 《全宋文》，第 347 册，第 253—254 页。

题都予以解答，自然会导致对策篇幅的延长；还有一个原因是，在南宋的殿试对策中，举子喜好逞才使气，针对殿试策问中的语句进行铺陈敷演，不厌其烦，又运用排比、对比、顶针等修辞手法，力图提高对策的文采，以获得考官的青睐。

"嘉祐以来科举渐重策论……贾谊政论、董仲舒对策成为文章典范。"① 李斯、贾谊等喜好在文章中将同一性质的事情反复铺排，极大地增强文章的气势。如李斯《上书谏逐客》："臣闻地广者粟多，国大者人众，兵强则士勇。是以太山不让土壤，故能成其大；河海不择细流，故能就其深；王者不却众庶，故能明其德。"② 贾谊《过秦论》："及至始皇，奋六世之余烈，振长策而御宇内，吞二周而亡诸侯，履至尊而制六合，执敲朴以鞭笞天下，威振四海。"③ 南宋时期的举子也深谙此道。

王十朋是绍兴二十七年（1157）状元，该科殿试策问之开篇云："盖闻监于先王成宪，其永无愆，遵先王之法而过者，未之有也。"④ 这就是说君主治国，只需要遵守祖宗之法，就能永远不犯过错。王十朋指出遵守祖宗成法的途径是君主总揽大权，这其实也是王十朋的对策的核心论点，他枚举历史上四位中兴之主：

> 汉宣帝善法祖宗之君也。然其所以能守祖宗之法、致中兴之业者，无他焉，以其能革霍光专政之弊，躬揽福威之权而已。观其总核名实，信赏必罚，斋居决事，听断惟精，而神爵、五凤之治，号为吏称民安，功光祖宗、业垂后裔者，盖本乎此也。
>
> 光武亦善法祖宗之君也。然其所以能守祖宗之法，建中兴之功者，无他焉，以其能鉴西京不竞之祸，躬揽福威之权而已。观其总揽权纲，明慎政体，退功臣而进文吏，戢弓矢而散马牛，建武之政号为止戈之武，系隆我汉，同符高祖者，盖本乎此也。
>
> 唐明皇善法祖宗之君也。然其所以能守祖宗之法、致开元之治者，以其能革前朝权戚干政之弊，躬揽福威之权而已。初，明皇锐于

---

① 陈元锋：《熙、丰文化生态与"西汉文风"之流衍——以翰林学士制诰诏令的承变为考察中心》，《文学遗产》，2013 年第 3 期，第 63 页。

② 严可均校辑：《全上古三代秦汉三国六朝文》，中华书局，1958 年，第 118 页。

③ 贾谊著，王洲明、徐超校注：《贾谊集校注》，人民文学出版社，1996 年，第 5 页。

④ 《宋会要辑稿》，第 5412 页。

求治，姚崇设十事以要说之，其大概则劝其揽权也。帝自谓能行，由
是励精为治，责成于下而权归于上矣。

宪宗亦善法祖宗之君也。然其所以能守祖宗之法、致元和之治
者，以其能惩前日沾沾小人窃柄之弊，躬揽福威之权而已。初，宪宗
锐于致治，杜黄裳惧不得其要，劝其操执纲领，要得其大者，帝嘉纳
之，由是励精为治，纪律设张，赫然号中兴矣。①

汉宣帝、光武帝、唐明皇、唐宪宗都是历史上赫赫有名的中兴之君，
王十朋首先认定汉宣帝的功业在于揽权："汉宣帝善法祖宗之君也。然其
所以能守祖宗之法、致中兴之业者，无他焉，以其能革霍光专政之弊，躬
揽福威之权而已。"而后阐述光武帝、唐明皇、唐宪宗的功业全部都是运
用这个句式，这样就在刻意的反复中突出了君主欲效法祖宗必总揽大权这
个主题。为避免格式过于整饬的板滞之病，相比第一段和第二段，第三段
和第四段的后半部分又刻意变换了句式，这样的用心经营，使得全文结构
整齐又显得不呆板。

王十朋枚举汉宣帝、光武帝、唐明皇、唐宪宗这些中兴之君来论证君
主揽权之道，这是一种同类排比，突出的是所铺叙对象的共同性质。张九
成则是举唐宪宗和唐文宗为例，在对比中突出论述对象的不同之处。

臣尝历考前古兴衰拨乱之君，以谓莫善于宪宗，莫不善于文宗。
何以言之？宪宗当唐室陵夷之际，藩镇跋扈，主权下移，乃能左顾右
盼，慨然起恢复之心。不幸廷臣异议，刺客在朝，京师皇皇，朝不谋
夕，惟宪宗当宁发愤，屏声却欲，讨贼之心愈厉。明年平夏，又明年
平蜀，又明年平淮、蔡，元和之功，卓然为天下冠。此以刚大为心
者也。

文宗当昭愍之后，阉寺执柄，主威不宣，虽能高举远蹈，毅然有
扫除之心。不幸委任失当，害及非辜，甘露之祸，言之使人酸楚。岂
非文宗遽以泣下沾襟，魂飞气索，自比周赧，又自比汉献，又自谓无
与尧舜，又自纵酒以伤其生，悲辛愁苦，不复以朝廷为意。此以惊忧
自沮者也。

① 《全宋文》，第208册，第158—159页。

> 故臣尝断之曰：若宪宗，可谓知天意之所在；若文宗者，又何足
> 与论天意哉！盖祸乱之作，正圣人奋励之时也，何至以惊忧自
> 沮乎？①

张九成为了劝勉宋高宗在危难之时奋发有为，特意铺叙刚劲有为的唐宪宗和懦弱无能的唐文宗这两位完全不同的皇帝的事迹，在强烈的对比中，给读者以心灵震撼，皇帝自然会认为应该以唐宪宗为师法对象，奋勇向前，励精图治，实现中兴。

赵逵是绍兴二十一年（1151）状元，赵逵的殿试对策，本来详定官拟定为一甲第五名，宋高宗亲览后认为他的对策有"古文气"，遂定为第一名。能入皇帝法眼成为状元的对策自然有其超群绝伦之处。赵逵的文集已佚，幸运的是，他的殿试对策保留在《新刊国朝二百家名贤文粹》里，我们可以一睹其风采。

殿试策问云："谓了官事为痴，履忠信为拙，以括囊为至计，以首鼠为圆机，如此则国家何望焉！"② 这段策问内容实际上不是一道问题，它已经旗帜鲜明地表达了皇帝对奸猾世故的世风的不满，举子只需要对其做一番阐发就可以。

赵逵针对这四种恶劣世风做了如下敷演：

> 夫谓"了官事为痴"者，幸人无成之人也；谓"履忠信为拙"者，天资巧诈之人也；"以括囊为至计"者，不恤国事之人也；"以首鼠为圆机"者，左右反覆之人也。
>
> 何谓幸人无成之人？国家设令，有功则有赏，有罪则有刑。天下之贤遭逢大有为之君，趋事赴功，夙夜不怠。彼见其然也，则为朝廷必将有以旌其劳，而天下亦皆谓其为能人。自视缺然，虑其进而我不逮也，则先为不伟之论，曰是痴人也。既以自解，又且幸其人之惑我言，信而自殆，弃其前修，亦与我均耳。故曰：谓了官事为痴者，幸人无成之人也。
>
> 何谓天资巧诈之人？臣闻水火不并用，薰莸不同器。天下之理，有善有恶，善者天地鬼神知福之，不善者天地鬼神亦知祸之，而况人

---

① 《全宋文》，第183册，第416—417页。
② 《全宋文》，第212册，第135页。

乎！故夫巧诈之人，以己之所为必有所不快于人也，又况乎忠信之人，以其忠信而形吾巧诈也，则曰是拙人也。既以自快其一时俊放之流，且冀其有以欺世俗也。故曰：谓履忠信为拙者，天资巧诈之人也。

何谓不恤国事之人？有二焉：一曰全身之人，二曰无才之人。天下之言，有合有否，合则利，否则害。利害者，人主听群臣之柄也。今夫人言而利害未知也，是以不敢有所言。有人于此入不善之言，触不测之刑，则相指为戒；至于善言受赏者，又从而嫉之，全身者唱之，不才者和之，以自晦于清议，而谓为得策。曷若辞人之禄而使贤者居之也！故曰：以括囊为至计者，不恤国事之人也。

何谓左右反覆之人？臣闻好富贵而恶贫贱，天下之情一也。夫全身之人，与不才之人，既以括囊不与议论矣。犹有侥幸富贵之人，欲扬声言事则不敢决，欲缄口不言则不足进。于是持不可指之论，以左右人主之心。言合则蒙其福，不合则懼其害，视方正之臣，甘心殊科而无愧。故曰：以首鼠为圆机者，左右反覆之人也。①

可以看出，赵逵之行文，均能由一概念分立两端来解说：解释"幸人无成之人"，则以勇于任事之能人与嫉贤妒能之庸人作对比；阐述"天资巧诈之人"，则以忠信之人与巧诈之人对比；剖析"不恤国事之人"，则立"全身之人"与"无才之人"分说；至于"左右反覆之人"，在赵逵的观念里，则包括"不恤国事之人"和"侥幸富贵之人"。这样的行文方式，或者以鲜明的对比突出论说对象的本质，或者将抽象的概念具体化，是铺陈敷演的好方法。

绍兴五年（1135）状元汪应辰，原名汪洋，中状元时年仅十八岁，宋高宗对他极为赏识，特意书写《中庸》赏给他，并赐名汪应辰②，这在当时确实是莫大的殊荣。汪应辰以十八岁的年纪，能从众多举子中脱颖而出，确实让人惊异，相信宋高宗见到这位才华出众的少年，其惊喜就像北宋时代的皇帝见到神童杨亿和晏殊。殿试对策是一种考试文体，举子为了应考，平时一定会多加练习，年纪越大应试经验越丰富，年纪较小者其实

① 《全宋文》，第212册，第135—136页。
② 宋仁宗天圣八年，王拱辰十八岁即获状元头衔。

是不具备优势的，那么，汪应辰的这篇殿试对策有何优异之处呢？

绍兴五年的殿试策问是沈与求命题，策问云："间者乃下铨量之令以择吏，而真才犹未显也；严科敛之禁以恤民，而实惠犹未孚也；谨简练之法以治兵，而冗食犹未革也。夫吏道未肃，民力未苏，兵势未强，朕之治所以未效也，顾何以辑事功、弭祸乱哉？"①

汪应辰的对答如下：

> 伏读圣策，以真才之未显，实惠之未孚，冗食之未革为虑。臣以为此诚当今之宿弊，而其所以治之则在陛下之反求诸己也。夫吏道未肃，宰相之责也；民力未苏，郡守县令之责也；兵势未强，诸将之责也。臣窃谓天子之于天下，所欲必得，所求必至。上之所好者玩异，则下之人以玩异而献矣；上之所好者财利，则下之人以财利而献矣，盖未有上好之而下违之者也。
>
> 今陛下下铨选之令，则诚有意于肃吏道矣；严科敛之禁，则诚有意于苏民力矣；谨拣练之法，则诚有意于强兵势矣。然而真才之未显，则是宰相进贤退不肖有未尽也；实惠之未孚，则是守令承流宣化有未良也；冗食之未革，则是二三将臣训兵整旅有未善也。夫人君之诏也若声，而其下应之也若响，苟好恶一萌于方寸，虽不形于言词气色之间，而下之人逆探其意而迎合之矣。今陛下以是三者为宵旰之忧，发于诏令，而下之人犹不能奉承之，无乃陛下诚有所未至耶？苟诚未至而徒为空言，则虽日下诏书，果何补于事哉？②

汪应辰认为，之所以会"吏道未肃，民力未苏，兵势未强"，都在于责任者失职，因此，这三个方面的弊政是有紧密关联的，他以三联排比句指出这三种弊政分别是宰相、郡守、诸将的责任。而后宕开一层，指出臣下都爱迎合皇帝的道理，随后依然是以三联排比句指出皇帝所下政令的目的都在于兴利除弊，并相应地以三联排比句指出责任者的具体失职之处。然后再承接上文中已经提出的臣下爱迎合皇帝这一事实，由弊政之未革，推论出皇帝之不诚。

黄应龙针对殿试策问中皇帝意图实现上古登平之治作了如下敷演：

---

① 《全宋文》，第176册，第229页。
② 《全宋文》，第215册，第219页。

在天者虽非有五风十雨之和，而祝融收威，象纬循轨，不至于前日之灾异沓来也。在地者虽未有六府三事允治，而海若奉职，鲸波复常，不至如前日之溃决四出也。在人者虽非有烟火万里之乐，而边尘少息，道殣稍希，不至如前日之枕藉可怜也。此正上天开陛下以自治之岁月，而祖宗遗陛下以大有为之机会也。

曩者一国三公，事权涣散；今宰衡独运，搜举宪章，意外侥幸，时有裁抑，是已有志于守法度矣。既曰守矣，则当执此之政，坚如金石。曩者威福潜移，赏罚无章；今则拔去回邪，登崇者俊，或用或舍，稍加甄别，是有志于公赏罚矣。既曰公矣，则当据此之公，无私如天地。曩者政令多私，朝行夕改；今则上下相与检察稽违，诏令所颁，期于遵守，是有志于信号令矣。既曰信矣，则当行此之令，信如四时。①

这两段都是以三联整齐的排比句式行文，第一段中的三联排比句对比今昔的自然和民生，第二段中的三联排比句则是把今昔的政治状况作对比，在对比中突出了今日的大好形势。三联排比句，铺叙的都是同一性质的事情，形成了饱满的文势。

文天祥针对宝祐四年（1256）殿试策问"人才乏而士习浮，国力殚而兵力弱"进行了如下阐述：

士习厚薄，最关人才，从古以来，其语如此。陛下以为今之士习何如耶？今之士大夫之家，有子而教之，方其幼也，则授其句读，择其不戾于时好，不震于有司者，俾熟复焉；及其长也，细书为工，累牍为富，持试于乡校者以是，校艺于科举者以是，取青紫而得车马也以是，父兄之所教诏，师友之所讲明，利而已矣。其能卓然自拔于流俗者几何人哉？心术既坏于未仕之前，则气节可想于既仕之后。以之领郡邑，如之何责其为卓茂、黄霸？以之镇一路，如之何责其为苏章、何武？以之曳朝绅，如之何责其为汲黯、望之？奔竞于势要之路者，无怪也；趋附于权贵之门者，无怪也；牛维马絷，狗苟蝇营，患得患失，无所不至者，无怪也。悠悠风尘，靡靡偷俗，清芬消歇，浊

---

① 《全宋文》，第 347 册，第 248-249 页。

滓横流，惟皇降衷，秉彝之懿，萌蘗于牛羊斤斧相寻之冲者，其有几哉！①

阐述心术已坏的士人从政之后的表现，依然是以三联整齐的排比句展开论说。"领郡邑""镇一路""曳朝绅"不仅是相同性质的事，还具有递进关系。"奔竞于势要之路者"和"趋附于权贵之门者"句式相同，第三联则换了新的句式，使得文章文气昂扬又不板滞。

蔡戡则以四联排比句行文：

> 惟人君者当宅心于正道之中，非正勿视，非正勿听，非正勿言，非正勿动。吾不好驰逐，则孟贲、乌获无所施其勇；吾不乐谄谀，虽弘恭、石显无所用其巧。不殖货利也，桑羊、孔仅不能乱其志；不迩声色也，郑声、越女不能动其心。夫如是，所视无非正，以视则明；所听无非正，以听则聪；所言无非正，言而为天下法；所动无非正，动而为天下则。以之齐家则宗族化之，以之治国则国人化之，以之平天下则天下化之，无所施而不可。②

可见，这一段有三个层次，第一层次是理学家的修身准则，第二层次是枚举实例，第三层次是践行修身的效果。每一个层次分四个部分，三个层次的四个部分一一对应。

王十朋甚至以六联排比句铺叙汉武帝时期臣子刻意迎合皇帝的情况："若夫武帝则不然，其所以自治其身与其下应之者，皆不正也。帝好谀也，故公孙弘曲学以应之；帝好刑也，故张汤曲法以应之；帝好利也，故孔仅、桑弘羊以剥下益上应之；帝好兵也，故卫青、霍去病以拓土开疆应之；帝好夸大也，故司马相如作《封禅书》以应之；帝好神仙也，故文成五利之徒以左道应之。武帝不能自正其身，而其下应之如彼。"③ 这种超长铺排，既体现了王十朋的历史修养，又展示了其文辞才华。

举子们除了用排比手法外，还注意多种修辞手法的运用，使得对策文采飞扬，力图吸引阅卷者注意，以便获得好成绩。如张孝祥的对策："臣闻画饼不足以充饥，说河不足以止渴，虚言无补于实用也。南金大贝，明

---

① 《全宋文》，第 359 册，第 143—144 页。
② 《全宋文》，第 276 册，第 279 页。
③ 《全宋文》，第 208 册，第 170 页。

珠白璧，粲然观美，至夫为寒之衣、饥之食，不如菽麦丝麻之便，是故事莫大于责实。仰惟国家所以网罗天下士者，科目固毕矣，而抽黄对白，骈四俪六，或取于文词，至学行之邪正、志趣之是非，间有所不察也。"①以华美的珠宝未能如菽麦丝麻抗饥寒来说明科举取士当讲求实用的道理。又如刘光祖的对策："臣闻之，陛下尝谓取人不必由此，至以科举为可废，学官为可罢。臣不觉中夜叹息，自愤近世士风之不立，至令人主有厌薄吾徒之意，则吾徒之罪也。然驽马之不进，而因欲废车，秕粟之不良，而因欲废食，虽陛下亦知无是理矣。胎卵之不杀，则麟凤来集；鱼鳖之各遂，则龟龙来游。陛下勿谓书生为无用赘疣之物，汲汲然求所以长育成就、洗濯磨淬之，严学官之选，重科举之意，则士无贤不肖皆知感激奋迅，求所以报上，而真材实能出矣。"②宋孝宗即位后，力图振作，恢复故土，他重视军事而鄙视儒学，认为儒生迂腐，不堪大用，乃至欲废除科举，罢免学官。刘光祖力劝宋孝宗应目光远大，不可急功近利，他连用两个形象生动的比喻，极大增强了其观点的说服力。再如张九成的对策："臣观滨江郡县为守为令者，类无远图。阳羡、惠山之民，何其被酷之深也！率敛之名，种类阔大，秋苗之外，又有苗头；苗头未已，又行折八；折八未已，又曰大姓；大姓竭矣，又曰湮实；湮实虚矣，又曰均敷；均敷之外，名字未易数也。"③运用顶针的修辞手法，生动揭示了官府横征暴敛的无穷无尽和广大百姓的痛苦和绝望。

　　殿试对策是要当堂提交给考官审阅的答卷，为了博得考官的青睐，考生自然会在对策上倾注心血，大到篇章结构，小到炼字造句上都会精心安排。陆机《文赋》云："片言而居要，乃一篇之警策。"对于考试而言，考生如能在开篇独创出警策的句子，使考官读之有眼前一亮的感觉，就更能获得考官的青睐。苦心孤诣地创造警句是考生常常运用的一大法宝。《林下偶谈》记载："陈龙川自大理狱出，赴省试。试出，过陈止斋，举第一场书义破，止斋笑云：'又休了。'举第二场勉强行道大有功论破云：'天下岂有道外之功哉？'止斋笑曰：'出门便见"哉"，然此一句却有理。'又

①《全宋文》，第253册，第361—362页。
②《全宋文》，第279册，第8页。
③《全宋文》，第183册，第425页。

举第三场策，起云："天下大势之所趋，天地鬼神不能易，而易之者人也。'止斋曰：'此番得了！'既而果中榜。"① 陈傅良是研究科举时文的高手，他凭陈亮的对策寥寥数句开篇语就能判断陈亮能通过省试，可见，在对策中发表新奇警策的立论，对于考生中选是极其关键的。

翻检宋人的殿试对策，论述精辟的警句随处可见。元祐三年（1088）状元李常宁的殿试对策开篇云："天下至大，宗庙社稷至重，百年成之而不足，一日坏之而有余。"② 绍兴二年（1132）张九成的殿试对策云："臣闻祸乱之作，将以开圣人也。商道不衰，何以见高宗；四夷不叛，何以见宣王。汉无昌邑之变，则无以启宣帝；唐无宫壸之变，则无以启明皇。是以知君天下者，遇祸逢乱，当以刚大为心，无遽以惊忧自沮。"③ 绍兴二十一年（1151）状元赵逵的殿试对策云："天下之事，未可遽革也。革之以骤，其变必速；革之以渐，其持必久。"④ 乾道五年（1169）进士刘光祖的殿试对策云："臣闻帝王之治守约而不求详，任道而不役智，广览兼听而未尝自用。"⑤ 嘉定十年（1217）进士王迈的殿试对策云："盖善医疾者不忧风寒之为患，而惟忧元气之不充；善医国者不忧疆场之多虞，而惟忧朝廷之有弊。"⑥ 宝祐元年（1253）状元姚勉的殿试对策云："臣闻求天下之士以文，不若淑天下之士以道。以道而淑天下之士，正其心也；以文而求天下之士，蛊其心也。"⑦ 以下就叶适的名句略作分析。

淳熙五年（1178）一甲第二名进士叶适的对策云："臣闻以庸君行善政，天下未乱也；以圣君行弊政，天下不可治矣。"⑧ 在一般的逻辑里，平庸的君主必然施行弊政，圣明的君主一定施行善政。叶适以对历代治乱的深刻洞察，提出"庸君行善政""圣君行弊政"之说，所谓"庸君行善政"，当指才能平庸的君主，虽无雄才大略，却有自知之明，故能知人善任，从谏如流，放权于贤能的辅国之臣，贤臣忠心体国，竭诚效力，鞠躬

---

① 吴子良撰：《林下偶谈》，中华书局，1985年，第27页。
② 《全宋文》，第240册，第75页。
③ 《全宋文》，第183册，第416页。
④ 《全宋文》，第212册，第136页。
⑤ 《全宋文》，第279册，第2页。
⑥ 《全宋文》，第324册，第337页。
⑦ 《全宋文》，第351册，第324页。
⑧ 《全宋文》，第285册，第76页。

尽瘁，死而后已，自然能开创良好的政治局面。所谓"圣君行弊政"，当指君主自恃英明，自认"圣君"，其实志大才疏，不愿意放权于贤臣，事必躬亲，独断专行，固执己见，强推恶政，往往给国家带来灾难。

　　从以上的分析可以看出，在宋代的殿试对策里，考生普遍喜好对策问作敷演，将同一类事情反复铺排，运用多种修辞手法来提高文采，苦心孤诣地结撰警策之句。这就使得宋代殿试对策的文学特质大大增强。

第八节　骈散兼行：殿试策问与对策的句式

　　苏轼《拟进士对御试策》序云："昔祖宗之朝，崇尚辞律，则诗赋之士，曲尽其巧。自嘉祐以来，以古文为贵，则策论盛行于世，而诗赋几至于熄。"① 苏轼这一论断，说明宋代策论是古文运动的实绩，但是可能会给人造成宋代策论全部是运用古文来书写的错觉。实际上，宋代殿试策问和对策的句式基本上都是融骈入散，骈散结合。如宋高宗建炎二年（1128）殿试策问：

　　　　盖闻治道本天，天道本民，故视听从违不急于算数占候，而惟民是察，持以至诚，无远弗届。古先哲王罔不由斯道也。朕承宗庙社稷之托于俶扰阽危之后，怀父母兄弟之忧于携贰单微之时，念必抚民以格天，庶几悔过以靖难。逾年于兹，寝兴在是。故府库殚匮，军费倍滋，而赋敛加薄；外患未弭，寇盗尚多，而追胥有程。择守令以厚牧养，责按廉以戢贪暴，命令为民而下者十常六七，凡曰聚所欲、去所恶者，朕有弗闻，未有闻而不恤，恤而不行也。然而迎亲之使接武在道，而敌情未孚；保国之谋刻意在兵，而军势未张。躬纯俭以厚本，而骄侈之习未悛；扩大公以示训，而私枉之俗尚胜。刑赏不足以振偷惰之气，播告不足以革狂迷之心……②

殿试策问具有二重性质。首先，它是以皇帝的名义发问，也就是"王言"，这就要求它运用骈句行文，整饬的骈句能显示帝王威严和皇家气象。

---

① 《苏轼全集校注》，第 11 册，第 939 页。
② 《宋会要辑稿》，第 5409 页。

其次，它是考试题目，具有选拔人才的功能，为了表达准确，散句的运用不可或缺。绍熙四年（1193）的殿试策问便是如此："今欲为士者精白承德而趋向一于正，为民者迁善远罪而讼诉归于平；名宾于实而是非不能文其伪，私灭于公而爱恶莫可容其情；节俭正直之谊兴行于庶位，哀矜审克之惠周浃于四方，果何道以臻此？"①

唐代的殿试对策的句式特点是以骈句为主，有些对策甚至通篇用骈句，是一篇地道的骈文。如光宅二年（685）状元吴师道的殿试对策，吴师道一共回答了五道策问，现以他的第二道对策为例：

> 臣闻立极膺乾之君，当宁御坤之主，欲臻至道，将隆景化，莫不旁求俊彦，广命英奇，凝庶绩以安人，绥万邦而抚俗。是故轩丘膺箓，委四监以垂衣；丹陵握图，举八元而光宅。于是齐桓拟之于飞翼，殷武兴之以羹梅，克替人谋，寔宣神化。陛下功包遽古，道逸上皇，授受惟明，谋谟克序。弼辅之任，总风力于前驱；燮理之司，列伊周于后乘。振鹭翔鸾之客，毕凑天阶；乘箕降昴之英，咸趋日路。犹且虑心卜兆，托想旁求，冀山谷之无遗，庶贤良之毕萃。俯访愚鲁，敢述明扬。诚愿发德音，下明诏，咨列岳，访群公。举尔所知，不遗于侧陋；知人不易，无轻于慎择。下僚必录，上赏频沾，则叶县游龙，自九天而下降；燕郊骏马，赴千金而遥集。汉未为得，周岂能多，尽善尽美，于斯为盛。谨对。②

可以看出，吴师道的这篇对策，通篇都是运用骈句行文，辞采华美，读之朗朗上口，只不过内容较为空洞，这无疑是六朝文风的遗响。

宋代的殿试对策，受古文运动的影响，基本使用散句结撰全文，这种行文方式，给予了作者表情达意的充分自由，所以，宋代殿试对策中有较多求真务实、切中时弊的话语。

乾道八年进士（1172）陈傅良的殿试对策云："臣伏读圣策曰：'若孝文之德，则罪不孥，宫不女。惜露台之费，除租税之征，可谓仁矣。然而恬芒刃之施，释斧斤之用，惟尚宽厚，其威不伸。朕以孝文之文也，而能厉之以武，不亦善乎！'臣固知陛下慕文帝之宽仁足以富民，而所阙者武

① 《全宋文》，第279册，第126页。
② 罗积勇，张鹏飞校注：《唐代试律试策校注》，武汉大学出版社，2009年，第466页。

功也。且陛下自度所以富民者何如文帝耶？臣观文帝以钱谷问丞相，而陈平不对，谓是有司事耳，非所以烦庙堂。由是汉之计臣，得以自尽，仓廪之吏，至以氏其子孙。臣不识今之所谓冢宰制国用，于左藏之外别为南库者何也？且其辞曰：经费一领于大农，而增羡币余之入，南库受之，其名顾不甚美乎？然而操制国之权，与司农孰为轻重？增羡者，遄有迁擢，经赋办否，则莫能黜陟也。厥今漕臣、守臣类多自营。观此二途，意将安向？是以比岁经赋日耗，而南库之积日滋。大农告匮，时捐数百万缗以相补足，比及奏闻，屡有德色。且均之为国用耳，虚彼盈此，竟何谓耶？夫兵廪如昨，吏禄如昨，凡岁百须如昨，而大农甚匮，将安取？此陛下信以为版曹诸臣自卖以取办乎？抑甘受阙额，拥虚数，坐俟乏绝，被诛谴乎？不能为此。必且他为谬巧。以苟逭岁月之责。"① 可以看出，陈傅良的这段对策基本都是使用散句行文，使用散句提高了文章表达的自由度，所以，他既能引用汉文帝问钱谷于陈平的史实来说明财政归户部专门管理的道理，又能尖锐提出宋孝宗别设小金库之事，相较骈文而言，文章的现实针对性大大提高。

但宋代的殿试对策，毕竟是针对皇帝发布的殿试策问作答。殿试策问中大量运用骈句，表明其王言性质，殿试对策既然是要提交给皇帝审阅的答卷，故也不排斥骈句。检视宋代殿试对策，常常发现，在一段意脉完整的议论中，虽然总体上是以散句结撰全篇，但其中往往融入骈句，呈现融骈入散的特点。

对策中的骈句的两股往往是同质关系，起到互相印证、烘托之效果。王十朋的对策云："曩者内外用事之臣，多出乎权门之亲戚故旧朋党，文臣或非清流而滥居清要之职，武臣或无军功而滥居将帅之任，贿赂公行，其门如市，郡县之吏，其浊如泥，是皆官曹澄清时可堪一笑者。至于一言忤意，虽无罪而亦斥，睚眦之怨，虽忠贤而必诛。其一时黜陟皆出乎喜怒爱憎之私，无复有唐虞考绩、李唐四善二十七最之法，求欲其尽瘁励职，可乎？"② 这一段的骈句中，"文臣"和"武将"都有德不配位之缺陷，"一言忤意"和"睚眦之怨"也是同质关系。姚勉的对策云："何谓立中道

---

① 《全宋文》，第 267 册，第 306 页。
② 《全宋文》，第 208 册，第 167 页。

以用天下之贤？汤之执中也，曰立贤无方；武王之建极也，曰无偏无党。是故周而不比，和而不同，而后可谓君子。君子者未尝有所谓党，而上之人亦不当以党视之。禹、皋叶忠于事舜，而言焉不合，则有吁咈，不苟同也。旦、奭同心于辅周，而事有不可，则或不悦，不诡随也。唐有白居易不附僧孺，亦不附德裕。本朝有苏轼，不徇熙、丰，亦不附元祐。"① 大禹、皋陶和周公、召公这两对大臣都有精诚合作的处事风范；白居易和苏轼也都有耿介不阿的人格。文天祥的对策云："国初诸老，尝以厚士习为先务。宁收落韵之李迪，不取凿说之贾边；宁收直言之苏辙，不取险怪之刘几。建学校则必欲崇经术，复乡举则必欲参行艺。"② 李迪、贾边和苏辙、刘几这两对举子的科场境遇都证明了宋初元老重臣培养良好士风的愿望。

对策中使用骈体句式很灵活，为了服从表达的准确性需要，并不严格要求骈句对偶的精工。叶适的对策云："夫复仇，天下之大义也；还故境土，天下之尊名也。以天下之大义而陛下未能行，以天下之尊名而陛下未能举，平居长虑远想，当食而不御者，几年于此矣。陛下上则重违太上皇帝问安侍膳之意，下则牵于儒臣深根固本之说，徒与二三亲信密计而深筹之，然犹不欲诵言其事，方借苏轼之论以旁训臣等，此亦公卿大夫不能建明之罪也。"③ "复仇"与"还故境土"，字数不对等，"上则重违太上皇帝问安侍膳之意"与"下则牵于儒臣深根固本之说"也是如此，但在考场上并没有太多的时间可以字斟句酌，只能牺牲对偶的工整性来追求表达的准确。

张九成的对策也是如此：

> 臣观古之圣人，将大有施为于天下者，必先默定规模，而后从事，其应也有候，其成也有形，非若顺风扬飙，一求快意而无所归赴也。

> 商君之法，非良法也，然而规模先定，故能兵雄天下，臣服诸侯；苏秦之术，非善术也，然而规模先定，故能合六姓之异，却强秦

---

① 《全宋文》，第351册，第338页。
② 《全宋文》，第359册，第143页。
③ 《全宋文》，第285册，第84页。

之兵。

淮阴对高帝以北举燕、赵，东击齐，南绝楚之粮道，而西会于荥阳，无一不如其言者，规模先定故也。耿弇对光武以定渔阳，取涿郡，还收富平，而东下齐，无一不如其言者，规模先定故也。①

"兵雄天下，臣服诸侯"与"合六姓之异，却强秦之兵"字数不对等，"北举燕、赵，东击齐，南绝楚之粮道，而西会于荥阳"与"定渔阳，取涿郡，还收富平，而东下齐"字数也不对等。这都是为了满足表达准确之需要。

南宋后期的殿试对策有部分段落以骈句为主，散句只是点缀其间。如嘉定十年（1217）进士王迈的殿试对策：

臣闻人主之德与天同运，不可无刚健不息之诚；人主之治与日俱新，不可无奋发必为之志。陛下愿治之心不为不切，而竟未有以副陛下之愿者，意者新天下之机在陛下未知所以运乎？

有复夏配天之志，则虽一成之旅，可以新一夏于纪纲既乱之余；有内修外攘之心，则虽十乘之戎，可以新一周于《小雅》尽废之后。乌有堂堂天下，而不思所以作而新之者乎？

乃者恭闻经筵讲读，圣意有悟于仁明英武之旨，而曰武乃断决之谓。陛下之所谓断决，即臣之所谓作新者也。而臣之至愚极陋，犹必以日新之治为陛下勉者，非欲陛下一切更张以激天下之多事，非欲陛下专意慧察以摇天下之大本也，亦惟愿陛下先明朝廷之意向，先定士大夫之议论而已矣。

盖朝廷之意向不明，不足以新天下之精神；士大夫之议论不一，不足以新天下之耳目，此臣之所甚忧也。朝廷之意向，天下之所趋也，今朝廷之意不达于士夫，士夫之意不白于天下。使其意果在于坚定欤，则当以谢安、王导镇抚江左之意明示天下，使之为安静之谋。使其意专在于振作欤，则当以勾践、种、蠡奋发复雠之意明示天下，使之为兴复之计。

夫何狃于畏事者，不量时势之逆顺，而有惩创太过之心；喜于生

① 《全宋文》，第183册，第417页。

事者，不揣根本之强弱，而有轻举直前之快。无心于国，固安于废放而不屑为，一有志焉，又茫然不知上意之所向，而无以为用力之地。此意向不明，臣知其不足以作新天下也。士大夫之议论，国是之所从出也。今上之揆谋献策，则谓莫若谨守格法，与天下相安于尺度之中；下之游谈聚议，则谓莫若削破绳墨，与天下相从于边幅之外。尚儒术者缓不及事，主吏议者轻而寡谋。持刑者曰吾知有国宪尔，虽微损忠厚之意，庸何伤？征利者曰吾知有国计尔，虽小戾仁义之说，夫何恤？一遗敌之币，或曰予之便，或曰拒之便。一流民之归，或曰受之是，或曰却之是。其始纷纷，殆类筑室道旁之哗；其终悠悠，谁当发言盈庭之咎？故人心之既协者，或惑以异议而摇动；物议之未允者，不参以正理而改图。此议论不一，臣知其不足以作新天下也。意向既不明白，议论又不纯一，陛下虽屡求谠言，臣未见其言之有益于治。虽每有志勤道远之叹，则但见其玩岁愒日而已矣。①

王迈使用的骈句很有特色，骈句的每一分句都相当长，要么由两句组成，如"臣闻人主之德与天同运，不可无刚健不息之诚；人主之治与日俱新，不可无奋发必为之志"，要么由三句组成，如"今上之揆谋献策，则谓莫若谨守格法，与天下相安于尺度之中；下之游谈聚议，则谓莫若削破绳墨，与天下相从于边幅之外"。这种超长分句，给了作者自由表达的空间。所以，他的这段对策虽然主要由骈句行文，但表情达意相当清晰。这种以超长分句结撰骈句的写法，自然是受到欧阳修和苏轼以散文改造骈文的影响，"四六偶俪之文，起于齐、梁，历隋、唐之世，表章、诏诰多用之。然令狐楚、李商隐之流，号为能者，殊不工也。本朝杨、刘诸名公犹未变唐体，至欧、苏始以博学富文为大篇长句，叙事达意，无艰难牵强之态"②。

周南的对策也是如此：

臣闻自昔帝王或值鸿荒朴略之世，或当民物纷杂之时，其民岂尽易化而其国亦岂易足哉？皆由积其劳勤，尽其心志而后得之尔。然而闾阎未肃不敢言教，朝廷未治不敢议俗，制用无度则不能兼足，任使

---

① 《全宋文》，第 324 册，第 327—328 页。
② 陈振孙：《直斋书录解题》，中华书局，1985 年，第 497 页。

略偏则必至害公。

故圣人不敢轻以是尤诸人，而常以是任诸己。教化未达，必曰岂吾渐摩之具阙与？风俗不美，必曰岂吾表倡之道非与？邦本不固则思所以窒浮蠹之源，公道未孚则求所以破私邪之论。于是居仁由义而教化兴矣，本身率民而风俗醇矣，王后世子俭德相先而上下足矣，官府左右偏情不用而赏罚明矣。

今陛下慨慕于四者之盛则善矣，不知亦思所以致此乎？夫乐闻其治而不能加之刚大之意，有慕古之心而未知致力之所，此儒生学士读诵之累也，而于治道何用哉？且陛下宽大爱人，喜怒有则，期年之间，区断机事未尝有暴察刻急之失，可谓有人君之德矣。台谏言事，宽洪乐听，未尝有猜防疑忌之意，可谓有人君之度矣。自昔人主不可有为，皆由宇量褊狭。今陛下德度如天，此如人有平夷广阔之基址，所阙者，独未能抡材作室于上尔。若自此而用力，则谁能御之？抑臣之所忧者，独恐作室之志未能先定于心而取成于道谋，抡材之识未能精别于已而杂用于滥进，则臣恐室之难成而治道决不能立矣。①

可以看出，周南的这部分对策基本都是用骈句行文，骈句的两股是同质关系，如"邦本不固，则思所以窒浮蠹之源；公道未孚，则求所以破私邪之论"，两股都是谈兴利除弊之道，去掉骈句中的一股，并不会对表情达意产生多大妨碍，但是，两股同质的分句组合，既强化了论说的逻辑力量，又能使文章气势大增，这就使得试策这种政论文具有美文的性质。

---

① 《全宋文》，第 294 册，第 51—52 页。

第三章 北宋制科试策

宋代的制科考试，是模仿唐代的做法，统治者在进士科考试之外，设置制科，通过一系列考试，选拔符合国家需要的才能卓越之人。宋代的进士科考试是国家选拔官员的主要渠道，但是，制科考试也网罗了相当多的人才，如北宋著名宰相富弼，就是制科考试出身。富弼天圣七年（1029）参加进士科考试落第，范仲淹推荐他参加制科考试。邵伯温《邵氏闻见录》卷九云："富韩公初游场屋，穆修伯长谓之曰：'进士不足以尽子之才，当以大科名世。'公果礼部试下。时太师公官耀州，公西归，次陕。范文正公尹开封，遣人追公曰：'有旨以大科取士，可亟。'公复上京师，见文正，辞以未尝为此学。文正曰：'已同诸公荐君矣。又为君辟一室，皆大科文字，正可往就馆。'"① 因为当时的进士科考试主要考诗赋，富弼并不善于写诗赋，以策论为考试内容的制科考试为他提供了进身之阶。

宋人善于创设制度，在唐代，制科考试本来是由皇帝不定期下诏，随机开考，但宋人慢慢将制科考试标准化、制度化了。宋代的制科考试制度层面的研究，学界已经取得相当多的成果，重要的有聂崇岐的《宋代制举考略》、祝尚书的《宋代科举与文学》，宋代制科考试科目设置的演变非常复杂，学界已有非常细致的讨论，在此不必赘述。由于本章讨论的中心是制科考试的试策，需要对制度化的制科考试流程作一交代。

从宋仁宗时代开始，制科考试的流程已经相当标准化。第一，应试者必须提交策论五十篇，由朝廷予以考核，从现存的制科策论来看，五十篇策论都具有严密的内部结构，是应试者精心结撰的结晶；第二，策论考核

---

① 邵伯温：《邵氏闻见录》，中华书局，1983年，第89页。

合格者，在秘阁试论六篇，试论是从古代典籍及注疏中出题①，要求考生在论文中交代出处；第三，试论合格者参加殿试，试策一道，需三千字以上。通过殿试对策者即获得制科出身。

宋代的制科考试，科目繁多，如仁宗天圣七年（1029）设置了贤良方正能直言极谏、博通坟典明于教化、才识兼茂明于体用、详明吏理可使从政、识洞韬略运筹决胜、军谋宏远材任边寄、高蹈丘园、沉沦草泽、茂才异等、书判拔萃等。制科考试的题目，史料中常见的是"贤良方能正直言极谏"科和"才识兼茂明于体用"科，其他的科目试题和对策都极为罕见，所以，下面讨论的宋代制科考试的策问和对策，一般都是指"贤良方正能直言极谏"科和"才识兼茂明于体用"科。

第一节　从经史到时务：北宋制科策问内容的演变

宋代制科考试的策题，现在主要保存在《宋会要辑稿》中，《宋会要辑稿》很详细地记载了历次制科考试的考试时间、主考官、应考人员、策问题目和考试成绩。② 现存北宋制科考试策问十九道，南宋制科考试策问一道。③ 北宋制科考试策问的时间跨度很大，从宋真宗咸平四年（1001）延续到宋哲宗元祐六年（1091），从策题的内容来看，随着时代的发展，考察的重点变化非常明显，大体经历了三个阶段：宋真宗到宋仁宗庆历时期，主要考儒家经义和历史事实；宋仁宗皇祐、嘉祐时期，经史和时务并重；宋神宗、宋哲宗时期，主要考时务。

---

① 《宋会要辑稿》："阁试一场，论六首……题目于九经、十七史、七书、《国语》、《荀子》、《扬子》、《管子》、《文中子》、正文及注疏内出。"

② 历次制科考试的情况，聂崇岐先生的《宋代制举考略》制有列表，见聂崇岐：《宋史丛考》，中华书局，1980 年，第 192—194 页。

③ 现存的北宋制科考试策问有十九道，这十九道策问中，天圣八年有两道策问，该年的两位考生何咏和富弼分别使用不同的试题，其他年份的制科考试都只有一道试题，所以，这十九道策问是北宋十八次制科考试的试题。现存的南宋制科考试唯一策问是乾道七年的试题，考生李垕获得第四等的成绩。

一、专考经史：宋真宗到宋仁宗庆历时期的策问

宋真宗到宋仁宗庆历时期，制科策问主要考察如下三个方面：

第一，考察儒家经典。儒家经典作为宋代的国家意识形态，自然是制科考试的重中之重。宋真宗喜好儒家经典，他在制度化的经筵中接受了良好的儒家经典教育，并亲自撰写《崇儒术论》，"上谓之曰：儒术污隆，其应实大，国家崇替，何莫由斯。故秦衰则经籍道息，汉盛则学校兴行。其后命历迭改，而风教一揆，有唐文物最盛，朱梁而下，王风寖微，太祖、太宗丕变敝俗，崇尚斯文。朕获绍先业，谨遵圣训，礼乐交举，儒术化成，实二后垂裕之所致也。"[①] 可见，宋真宗认为儒学的兴衰是关乎国运的大事。宋真宗朝的崇儒之风，直接影响到制科策问的内容构成。在制科策问中考察儒家经典，主要有两种方式：一是考察士人对儒家经典的熟悉程度，这是对于考生记忆力的审查。二是考察士人对儒家经典的理解，这需要考生在熟悉儒家经典的基础上，发挥自己的见解。

景德三年（1006）九月制策云："古圣指归，布在方策，《周礼》八柄驭下之洪规；《伊训》三风守邦之深戒，令王之制，可举而行。为予指陈，成尔敷纳。"[②] 这是让考生默写《周礼》中提出的八种驾驭臣下的方针及《尚书·伊训》申斥的三种不正之风，都属于基础性的知识。

张方平参加了景祐五年（1038）的制科考试，从他的对策中可以看出这种命题方式侧重对记忆力的考察：

> 圣策曰："《戴记》为国有九经，所宜铨次；《周官》辨地以五物，咸为敷陈。"夫为国有九经者：修身则不惑，尊贤则道立，亲亲则诸父昆弟无怨，礼大臣则不眩，体群臣则士之报礼重，子庶民则百姓劝，来百工则财用足，柔远人则四方归之，怀诸侯则天下畏之。此为国之九经也。《周官》大司徒之职，以土会之法，辨五地之物生：一曰山林，其动物宜毛物，其植物宜皂物，其民毛而方；二曰川泽，其动物宜鳞物，其植物宜膏物，其民黑而津；三曰丘陵，其动物宜羽物，其植物宜核物，其民专而长；四曰坟衍，其动物宜介物，其植物

---

① 《续资治通鉴长编》卷 79，第 3 册，第 1798—1799 页。
② 《宋会要辑稿》，第 5460 页。

宜荚物，其民皙而瘠；五曰原隰，其动物宜嬴物，其植物宜丛物，其民丰肉而痹。此五地之物也。①

对照通行的十三经注疏本，审视张方平的答卷，可以看出，国有九经，出自《礼记·中庸》，张方平的回答略有错讹，当为"修身则道立，尊贤则不惑"，余下的七经则是正确的。辨地以五物，出自《周礼·地官》，张方平的回答全部正确。张方平的回答全部靠的是卓越的记忆能力，这种题没有给人自由发挥的空间。

宋真宗朝的制科命题风格延续到了宋仁宗早期，天圣八年（1030）七月制科考试，为富弼命制的策问云：

> 且尧之为君也，八元不举，四凶未流，洪水怀山，庶民艰食，其虑患大矣，而夫子称聪明光宅，何也？舜之为君也，省巡方岳，类祀神祇，敷教恤刑，耄期无怠，勤劳至矣，而夫子称其无为恭己，何也？夏禹之有天下也，奠山川，平水土，底慎财赋，致孝鬼神，上帝锡以龟书，箕子述为《洪范》，其理要何也？文武之有天下也，绥兆民，恭天命，体国经野，涖事惟能，成王作乎《周官》，公旦著于经理，其会归何也？②

这一部分策问全部是考察士子对于《尚书》的理解。尧舜作为上古时期的圣王，其治理国家的事迹见于《尚书·尧典》和《尚书·舜典》，策问中抓住尧舜的政绩和孔子的评价的矛盾之处，要求考生谈自己的理解。至于《尚书·洪范》中箕子提出的九条治国大道，《尚书·周官》中周成王阐述的设立百官的原则，只要熟悉经书文本，都很容易解答。

第二，考察历史事实。历代重要政治人物的作为，是考察的重点，这当然是着眼于历史的借鉴意义，希望从古人中寻求治国之道。

咸平四年（1001）四月制科考试策题为：

> 传曰："三皇步，五帝骤，三王驰，五霸骛。"斯则皇帝王霸之异世，其号奚分？步骤驰骛之殊途，其义安在？称诏之旨，临御之方，必有始终，存诸典故。加以姬周始之三十六王，刘氏承之二十五帝，

---

① 《全宋文》，第38册，第28—29页。
② 《宋会要辑稿》，第5464页。

受授之端，治理之要，咸当铨次，务究本原。而又周有乱臣，孰为等级？秦非正统，奚所发明？勒燕然之石者，属于何官？剪阴山之虏者，指于何帅？十代之兴亡足数，九州之风俗宜陈。辨六相之后先，论三杰之优劣。渊、骞事业，何以首于四科？卫、霍功名，何以显于诸将？究元凯之本系，叙周召之世家，述九流之指归，议五礼之沿革。六经为教，何者急于时？百氏为书，何者合于道？汉朝丞相，孰为社稷之臣？晋室公卿，孰是廊庙之器？天策府之学士，升辅弼者谓谁？凌云阁之功臣，保富贵者有几？须自李唐既往，朱梁已还，经五代之乱离，见历朝之陵替，岂以时运之所系，教化之未孚耶？或者为皇家之驱除，开我朝之基祚耶？是宜考载籍之旧说，稽前史之遗文，务释群疑，咸以书对。①

"三皇步，五帝骤，三王驰，五霸骛。"理解较难，该段文字源自班固《白虎通义》引《孝经钩命决》："三皇步，五帝趋，三王驰，五霸骛。"当代学者陈苏镇先生释为：三皇、五帝、三王、五霸，德有优劣，故治有缓急。② 这道策题枚举历代贤臣名将的事迹来发问，考察士子的历史知识。可以看出，现存的宋代第一道制科策问，并不具备咨询政务的功能，只是宋初承平气象的点缀罢了。

天圣八年（1030）制策有云：

> 又若嬴、刘而下，隋、唐之间，务立便宜，以济邦国。其理财也，晁错议乎贵粟，赵过称乎代田，桑羊置均输之官，寿昌兴常平之制。其选士也，则仲舒言其择吏，左雄取其限年，杜预陈黜陟之规，杨绾述贡举之弊。此皆见用当世，垂法后人，尽为发明，以资折衷。③

理财和选士，这些都是国家政治生活中的大事，但这道策问仍然把目光投向古人，论理财，则取法于晁错、赵过、桑弘羊、耿寿昌；论选士，则乞灵于董仲舒、左雄、杜预、杨绾。

第三，考察典章制度。历代的典章制度，虽然几经沿革兴废，但古代

---

① 《宋会要辑稿》，第 5457 页。"凌云阁之功臣，保富贵者有几？""凌云阁"当为凌烟阁。
② 陈苏镇：《两汉魏晋南北朝史探幽》，北京大学出版社，2013 年，第 361 页。
③ 《宋会要辑稿》，第 5464 页。

社会形态基本没有变化，过去的典章制度依然有借鉴意义。

天圣八年（1030）制策有云："昔京房考功之法，刘邵都官之治，三元之用舍，九品之是非，崔鸿之勿拘阶级，既济之专行辟命，前编后复，当为具陈，稽之于今，必存折衷。"① 要求考生评述历代的选官制度，给当下提供借鉴。景祐五年（1038）的策题有云："遴拣多士，懋建庶官，咸有前规，可为来范。唐氏考功之格，善最悉陈；汉家刺部之仪，科条具举。"这是要求考生阐述汉唐考核官吏的典章制度。令人称奇的是，从张方平的答卷来看，他竟然把出自《唐六典》的"四善二十七最"② 默写得分毫不差，可见其超强的记忆力。苏轼给张方平写的墓志铭中如此称颂其记忆力："公年十三，入应天府学，颖悟绝人。家贫无书，尝就人借三史，旬日辄归之，曰：'吾已得其详矣。'凡书皆一阅，终身不再读。"③ 看来并非夸大之词。只不过，这种题目相当于诸科考试中的"墨义"，仅仅考察考生对经书文本和注疏的背诵功夫而已，不需要考生阐述对儒家经典的个人理解。

从选拔人才的角度来说，这种以儒家经典、历史知识和典章制度为主要内容的考试题目，选拔出来的必然是博学多闻的读书人，制科考试本来是为选拔安邦定国的非常之才而设，而不是发掘两脚书橱，从这个意义上而言，这种考题没有达到制科考试设计的标准。

---

① 《宋会要辑稿》，第 5464 页。

② 四善二十七最，《唐六典》卷二："凡考课之法有四善：一曰德义有闻，二曰清慎明著，三曰公平可称，四曰恪勤匪懈。善状之外，有二十七最：一曰献可替否，拾遗补阙，为近侍之最；二曰铨衡人物，擢尽才良，为选司之最；三曰扬清激浊，褒贬必当，为考校之最；四曰礼制仪式，动合经典，为礼官之最；五曰音律克谐，不失节奏，为乐官之最；六曰决断不滞，与夺合理，为判事之最；七曰部统有方，警守无失，为宿卫之最；八曰兵士调习，戎装充备，为督领之最；九曰推鞫得情，处断平允，为法官之最；十曰雠校精审，明于刊定，为校正之最；十一曰承旨敷奏，吐纳明敏，为宣纳之最；十二曰训导有方，生徒充业，为学官之最；十三曰赏罚严明，攻战必胜，为将帅之最；十四曰礼义兴行，肃清所部，为政教之最；十五曰详录典正，词理兼举，为文史之最；十六曰访察精审，弹举必当，为纠正之最；十七曰明于勘覆，稽失无隐，为句检之最。十八曰职事修理，供承强济，为监掌之最；十九曰功课皆充，丁匠无怨，为役使之最；二十曰耕耨以时，收获剩课，为屯官之最；二十一曰谨于盖藏，明于出纳，为仓库之最；二十二曰推步盈虚，究理精密，为历官之最；二十三曰占候医卜，效验居多，为方术之最；二十四曰讥察有方，行旅无壅，为关津之最；二十五曰市廛不扰，奸滥不行，为市肆之最；二十六曰牧养肥硕，蕃息孳多，为牧官之最；二十七曰边境肃清，城隍修理，为镇防之最。"

③ 《苏轼全集校注》，第 12 册，第 1480 页。

二、经史和时务并重：宋仁宗后期的策问

制科考试是朝野关注的抢才大典，自然不乏有识之士洞穿其弊病，希望采取措施完善其考试内容。"（皇祐元年）八月二十日，上封者言：'伏见国家每设制科，以收贤材……近来御前所试策题，其中多问典籍名数及细碎经义，乃是又重欲探其博学，竟不能观其才用，岂朝廷求贤之意耶？欲乞将来御试策题中，止令问事关治乱，体系安危，用之则明昌，舍之则微弱，往古之已试，当今之可行者十余条，限三千字已上成。所对人若文理优长，识虑深远，其言真可行于世，其论果有补于时者，即为优等；若是文意平常，别无可采者，即为末等。量与恩泽。所有名数及细碎经义，更不详问。如此则不为空言，可得实效。'诏撰策题官先问治乱安危大体，其余所问经史名数自依旧制。"① "典籍名数及细碎经义"，精确概括了宋真宗到宋仁宗庆历时期的制科考试的命题内容。这种以儒家经典和历史知识为命题内容的风气，是宋真宗时代崇儒之风在制科考试上的反映。将制科考试的内容转向"治乱安危大体"，是制科考试选拔治国安邦之才的必然要求，也是制科考试策问由虚应故事到切于实用的重大转变。

在这样的背景下，宋仁宗皇祐元年（1049）贤良方正能直言极谏科考试题目的主体部分如下：

> 《书》曰："在知人，在安民，能哲而惠，惟帝其难。"朕惟取群材以班庶职，而才有未叙，职有未修，何也？爱育兆民，若视赤子，赋不加重而人已匮，役不夺时而众已困，哀薄益厚，贫富不均，何也？《记》曰："礼乐刑政四达而不悖，则王道备矣。"朕敕天之秩，寅庸五礼，因民之和，考正大乐，未有露泉象物之感，何也？慎令详刑，允于出纳，无有师保，如承祭祀，尚乖有耻且格之应，何也？向若大河决溢，水不顺道，较财偏力，将议堙补，而年谷不登，人用流转。军师屯防无事而厚费不给，奸宄盗寇有时而窃发弗禁，求之彝伦，其咎安在？彼刘毅捐难之议，唐官善最之目，周人荒政之数，管氏版法之经，礼乐所损益者孰知，刑罚世轻重于何代？东汉而上，塞

① 《宋会要辑稿》，第 5471 页。

河之术安从？西魏以先，为兵之制奚见？①

该策问引《尚书》和《礼记》中的治国原则来发问，表面看来似乎依然在考经义，实际上，这里的经义并不是孤立的，它们统摄了策问中的国家实际政务，所以，这道策问落实了宋仁宗的上述指示，这是北宋制科考试策问上的重大转折，后来的策问就越来越偏向于实际政务的考察。

嘉祐六年（1061）的贤良方正能直言极谏科考试题目如下：

> 朕承祖宗之大统，先帝之休烈，深惟寡昧，未烛于理，志勤道远，治不加进，夙兴夜寐，于兹三纪。朕德有所未至，教有所未孚，阙政尚多，和气或爽。田野虽辟，民多亡聊；边境虽安，兵不得彻；利入已浚，浮费弥广；军冗而未练，官冗而未澄；庠序比兴，礼乐未具；户罕可封之俗，士忽廉让之节。此所以讼未息于虞芮，刑未措于成康。意在位者不以教化为心，治民者多以文法为拘。禁防繁多，民不知避，叙法宽滥，吏不知惧，累系者众，愁叹者多。仍岁以来，灾异数见，乃六月壬子日食于朔，淫雨过节，燠气不效，江河溃决，百川腾溢。永思厥咎，深切在予，变不虚生，缘政而起。五事之失，六沴之作，刘向所传，吕氏所纪。五行何修而得其性，四时何行而顺其令。非正阳之月，伐鼓救变，其合于经乎？方盛夏之时，论囚报重，其考于古乎？京师诸夏之根本，王教之渊源，百工淫巧无禁，豪右僭差不度。治当先内，或曰何以为京师；政在摘奸，或曰不可挠狱市。推寻前世，探观治迹，孝文尚老子而天下富殖，孝武用儒术而海内虚耗。道非有弊，治奚不同？王政所由，形于诗道。周公《豳》诗，王业也，而系之《国风》；宣王北伐，大事也，而载之《小雅》。周以冢宰制国用，唐以宰相兼度支。钱谷大计也，兵师大众也，何陈平之对谓当责之内史？韦贤之言，不宜兼于宰相？钱货之制，轻重之相权；命秩之差，虚实之相养。水旱畜积之备，边陲守御之方，圜法有九府之名，乐语有五均之义。富人强国，尊君重朝，弭灾致祥，改薄从厚。此皆前世之急政，而当今之要务。子大夫其悉意以陈，毋悼后害。②

---

① 《宋会要辑稿》，第5471页。
② 《宋会要辑稿》，第5475—5476页。

这道策问首先强调皇帝因为祖宗帝业导致的沉重精神压力,再陈述皇帝治理国家面临多方面的问题:无地游民,边境防护,冗费、冗军、冗官,礼乐教化,民风士风。相对于北宋前期的制科考试试题而言,这种试题做了大力的革新。既有政治原则的探讨,又结合时事发问,经史的内容则调整到后半部分,具有很强的导向性。

从选拔人才的角度而言,这种策问偏向考察士人治国理政的实干才能,参加制科考试的苏氏兄弟更是当仁不让,在对策中大胆批评朝政,为国家军政建言献策,既博得众多考官的赞赏,更获得宋仁宗的嘉许,宋仁宗甚至认为苏氏兄弟有宰相之才。司马光在嘉祐六年(1061)闰八月上《乞省览制策札子》云:"臣窃以国家本置六科,盖欲以上观朝政之得失,下知元元之疾苦,非为士人设此以为进取之阶也。臣昨差覆考应制举人所试策,窃见上等三人,所陈国家大体,社稷至计,其间甚有可采择者。伏望陛下取正本留之禁中,常置左右,数加省览,以为儆戒。其副本下之中书,令择其所言合于当今之务者,奏而行之。使四方之人,皆知朝廷求直言之士,非以饰虚名,乃取其实用也。"① 司马光认为,本年度的制科考试对策对于国家大政方针有很好的参考价值,希望皇帝能时时阅览,司马光甚至提议中书省贯彻执行本年度制科对策中的某些方案。考虑到本次制科录取的苏轼、苏辙、王介都是初出茅庐的书生,其实并没有实际的行政经验,司马光的提议显得有些迂阔。但是,这也能看出制科考试策问的内容进行了大力改革之后,它在朝野人士心目中的地位上升了。

三、专考时务:宋神宗、宋哲宗时期的策问

北宋后期的制科考试策问甚至专门考察时务,经史的内容也是服务于时务,如宋神宗熙宁三年(1070)贤良方正能直言极谏科策问:

> 朕享国以来,靡敢自肆,而和气犹郁,灾异数见。乃元年日蚀三朝,洎仲秋地震数路,而冀方之广,为灾最甚。岂朕弗德之至欤?凤寐晨兴,思其所以。是故图讲政务,则日致中昃,而犹多苟简之习;烝进人材,则官无虚假,而颇乏绩用之美。种羌非不怀来也,而边候

---

① 《全宋文》,第 54 册,第 232 页。

或时绎骚，以至临遣辅臣，憺明神武；烝民非不爱养也，而生业或未完富，以至外驰使者，宣布惠教。国用虽节，而尚烦于调度；兵籍虽众，而未精于简稽。宽关梁之禁而商靡通，损器玩之巧而工弗戒。夫风俗浮薄，根于取士之无本，道教之不明。而博询台阁之论，所执者不一，岂无救弊之道焉？刑罚烦重，出于设法之多门、沿袭之不革，而将加恩仁之政，使死者少缓，必有可行之术焉……①

从宋神宗急于变法图强的政治施为来看，这道策问中皇帝展示的心迹并非虚言：他对于自身肩负的责任感到不堪重负，对于国家面临的各种问题忧心忡忡。所以在这道策问中，举凡国家政治生活的各方面都有涉及，如灾异、吏治、边疆、民生、财政、军队、商业、风俗、刑罚等，全部是时务的内容，大而无当的经史全部被舍弃了。

元祐时期的制科策问延续了宋神宗时期的命题风格，如元祐六年（1091）贤良方正能直言极谏科策问的主体部分如下：

乃五月朔，日有食之，阴阳不调，水旱并作，吾民饥垫，父子流散，朕甚惧焉。往数敕州县，崇施惠，平力役，务以厚农。今田甚辟而民食不足，役甚省而民力不给；宽刑罚，多赦宥，而岁断狱不衰于前；捐金帛，弃土地，厚之以德信，而蛮羌犹侮边不宁；百吏简惰，考绩无实；风俗偷靡，士节不励；朋党蕴伏，众正犹豫。呜呼！何志勤而功熬若兹乎？以视前王，朕甚恶焉。意修己之未诚欤？将施之不得其要欤？抑亦遇时今非古欤？其犹可以庶几乎？昧旦而兴，辍食以思，若涉大水，未知攸济。②

这道策问涉及了多方面的国家事务，如日食、水灾、旱灾、农业、徭役、刑法、外交、吏治、士风、朋党等，考核的内容是相当具体而全面的。但是，这样一来，制科考试的策问就跟进士科考试的策问没有多大差别了，事物如果不具备独特性和不可替代性，它的存在就会遭到质疑，宋哲宗就有对制科考试的指摘，认为它与进士科无异，于是下诏罢掉制科。

以上大体勾勒了北宋时期的制科策问的内容演变情况，制科策问的考

① 《宋会要辑稿》，第 5478 页。
② 《宋会要辑稿》，第 5481 页。

试内容侧重点从经史到时务的转变，折射出北宋前后期不同君主的性格差异。宋真宗是典型的守成之君，守成之君的目光是向后看的，所以他统治时期的制科策问都是围绕儒家经典和历史事实发问；宋神宗、宋哲宗都是具有开拓精神的帝王，他们面对国家治理中出现的新问题，迫切需要考生给出行之有效的应对方案，所以他们的制科策问更重视实际政务。

第二节　政治斗争与制科试策

两宋的政治斗争相当频繁，制科考试是选拔非常人才的重大考试，在政治斗争激烈的时代，自然会作为工具被推上前台。如熙宁三年（1070）的制科考试，就体现出新旧两党的激烈斗争。而元祐三年（1088）的制科考试，则是洛蜀党争的舞台。[①] 制科考试的策问和对策都会留下时代的烙印，试策的内容和文风会受到政治环境的影响。考官在策问中会毫不隐讳地阐明自己的政治观点，考生的对策也会旗帜鲜明地表达自己的政治倾向，政治形势的变化会对考生的对策文风产生重大影响。相较而言，在风平浪静的政治形势下，考生的对策文风显得平实，而在政治斗争激烈的时代，考生的对策文风就会变得凌厉。

一、制科策问的政治倾向性

在常规的政治生态下，制科策问的立场中立，其提出的问题都是很常规的，诸如吏治、灾异、赋税等。但是，在政治斗争初现时，制科策问就会显示出明显的政治倾向性。庆历二年（1042）八月，才识兼茂明于体用科策云："予欲闻姜姓三正之典，《周官》五礼之别，以辨章上下以定治；泠州律间之义指，开皇尺度之名数，以立均考器以作乐，汝言。予欲闻吕训疑罚之条，司寇止纠之禁，以邦国；制臣之二柄，治民之七法，以一宪令，汝明。予欲辨贡赋功式之会，参山海田数之书，以制财用；修九法四教，七正四守，以起军旅，汝陈。予欲稽虞氏之黜陟，魏晋之考课，以厘

庶官；本二《雅》之谨征伐，《春秋》之正夷狄，以靖外臣，汝记。"① 这道策问的章法是模仿《尚书·皋陶谟》。② 从策问的内容来看，简直就是一套系统新政纲领，此时正处在庆历新政的前夜，明显是为了即将到来的庆历新政大造舆论。

元祐三年（1088）制科策问如下：

> 孔子曰"百年可以胜残去杀"，又曰"必世而后仁"，又曰"三年有成"，今言其时则过之矣，岂圣人之言有不必然者欤？以尧之为言，内则有丹朱，外则有共兜，其下则有瞽、象。洪水泛滥，百姓艰食，禽兽逼人，苗民为虐。然则圣人之德亦有不可为者欤？子大夫明天人分际，通帝王制作，凡今之不逮于古，必知其原，所以救之，必有其术，其为朕详言之。至于九德九验以知人材；九赋九式以制邦用，清心省事果省官之本乎？参辟刑书果救世之要乎？自国朝至今，河流迁徙，几岁而一决，视汉孰为疏数？以天下之大，岁断死罪率几口而一人，视汉孰为多寡？生齿之数，郡县之地，以今视古，孰为盛衰？以至纪明之破羌戎，诸葛之服夷众，威怀禽纵，其术如何？③

这道制科策问的政治倾向是宋代罕见的，宋代一般的政治风尚是极力推崇三代之治，这在众多的殿试策问中都有体现，但这道策问却是质疑三代，重视汉唐。考虑到元祐三年是旧党执政，而新党的代表人物王安石恰恰是追慕三代之治的，这道策问实际是旧党的政治倾向的体现。

二、政治斗争影响制科对策的文风

政治斗争会极大影响到制科对策的文风，承平时期和政治斗争激烈时期的对策文风迥异。夏竦和张方平参加制科考试时，正是北宋承平时期，所以夏竦的《崇政殿御试贤良方正能直言极谏科对策》和张方平的《应贤良方正能直言极谏科对制策一道》的文风都比较平实。到了孔文仲和吕陶

---

① 《宋会要辑稿》，第5466—5467页。
② 《尚书·皋陶谟》："帝曰：'臣作朕股肱耳目。予欲左右有民，汝翼。予欲宣力四方，汝为。予欲观古人之象，日月星辰，山龙华虫，作会宗彝；藻火粉米，黼黻絺绣，以五采彰施于五色作服，汝明。予欲闻六律五声八音，在治忽，以出纳五言，汝听……格则承之庸之，否则威之。'"
③ 《宋会要辑稿》，第5480页。

参加制科考试时，正是王安石变法的关口，他们的对策则深度介入当下的政治斗争，显得文风凌厉。

日食、地震等灾异现象，是试策中极为常见的问目，对于这类问题，比较常见的解释，一般都是从儒家经典中寻求答案。比如张方平在他的制科对策中，就是以《春秋》大义来解释："窃考《春秋》之义及前志天文五行之占，其咎皆由乎阳德微弱，阴道专纵，下为阿比，盗用威柄者也。"① 这是提醒皇帝，灾异的出现，是警告皇帝防止臣子窃权。张方平的观点其实是一种泛泛而谈，但在党争激烈的时代背景下，考生的对策就会有很强的针对性，孔文仲参加熙宁三年举行的制科考试，他的对策就涉嫌攻击王安石新法。御试策题中要求对近年发生的日食和地震做出解释，孔文仲把日食和地震解释为"阳微阴盛"，进而引出宋代政治思想史上著名的君子小人之辨："是日食者，非可托于历，其要为阴盛之应也。阳浮为天而主于动，阴凝为地而本于静。宜静而动者，阴越其分而拟诸阳也。阳之与阴，君子小人之道也。君子道长，则阳气发为祥瑞；小人道长，则阴气见于灾变。"② "小人"这个标签，其实是孔文仲贴给以王安石为首的变法派的，王安石变法开始后，遭到一批元老大臣的激烈反对。熙宁三年（1070）二月二十七日，司马光给王安石写信，指责他设立制置三司条例司营利，是小人行径，他立论的基础是孔子的名言："君子喻于义，小人喻于利。"王安石改革以营利为目的，那么以他为首的改革派就是小人。这是很容易被自幼熟读儒家经典的士大夫群体所接受的观点。虽然王安石在《答司马谏议书》中为自己辩解"为天下理财，不为征利"③，但视变法派为"小人"已经理所当然。给保守派和变法派贴上君子和小人的标签后，孔文仲直言不讳地申述元老大臣遭到压制而新锐变法派获得重用的现实，请求皇帝重用君子而罢黜小人："若夫旧策不迁而新策必合，大臣依违而小臣执议，老成沦伏而弱齿简拔，方直疏远而柔谀亲附，辩给者获用而迟蹇者被退，锐进者褒升而默守者遗落，阴盛阳微之变，莫著于此矣。天地告戒之意，不为不审，愿陛下思所以应之。夫阳不可以不尊，阴不可

① 《全宋文》，第38册，第24页。
② 《全宋文》，第81册，第8页。
③ 《全宋文》，第64册，第112页。

以不抑，君子之道不可不进，小人之道不可不退。不抑不退，其萌虽微，及其既盛，甚可畏也。"① 孔文仲的这篇对策引发了朝廷激烈的反应。宋敏求定为第三等，王安石大怒，禀告宋神宗，神宗御批罢归故官，并给孔文仲的对策下严厉的评语："详观其条对，大抵尚流俗而后是非，又毁薄时政，援正先王之经而辄失义理。"② 从神宗的评语来看，"毁薄时政"是科场答策的大忌，但制科策问又要求考生评议时政，这就需要应试者把握评议时政的尺度，在歌功颂德和直言极谏之间寻求平衡。

与孔文仲一同参加熙宁三年制科考试的吕陶，其对策也深度介入了时政，吕陶的推荐人是唐介③，唐介是坚决反对王安石的朝臣，所以，吕陶就是旧党的代言人。今存吕陶《御试制策一道》，策题开头云："昔明王之治，仁风翔洽，德泽汪濊，四时调，万物和，兵革不试，刑辟不用，隽贤居位，戎夷向风，建皇极以承天，敛时福以锡民，日星雨露、鸟兽草木，劾祥蔫祉。"④ 这实际上是御试策题中常见的提法，就是仰慕上古先王之治，吕陶很有针对性地提出先王施行王道的措施是："兆民亿姓延颈企踵，而觊其抚养也，则必有以慰其望；公卿辅佐致忠竭节而副其任使也，则必有以结其心；羌戎夷狄悚意慑虑而仰其怀徕也，则必有以悦其情。"⑤ 效法先王，施行王道本来是比较抽象的，吕陶将其分为厚待百姓、公卿、夷狄三部分，化抽象为具体，更是为后面反对新法张本。他规劝皇帝暂停新法："愿陛下不惑理财之说，以慰生民；不间老成之谋，以结公卿；不兴疆场之事，以怀夷狄。"⑥ 这与上文一一对应。可见，吕陶的立论基础就是：所谓理财之说实际上与民争利，强推新法会使旧臣离心，在边境大动干戈不如采取怀柔政策。这无疑是全部针对王安石新法的。所以王安石看到这篇对策的反应是："及奏第，神宗顾安石取卷读，读未半，神色颇沮。"⑦ 可以看出，吕陶这篇对策给王安石带来的心理冲击是颇为强烈的。

---

① 《全宋文》，第 81 册，第 9 页。
② 《宋会要辑稿》，第 5478 页。
③ 《宋史》本传："以介荐，应熙宁制科"，按：宋仁宗以后的制科考试分三步：第一，由近臣推荐，应试者提交五十篇策论；第二，秘阁六论；第三，御试对策。唐介应该是于熙宁二年推荐吕陶向朝廷提交五十篇策论，吕陶参加熙宁三年的御试对策。
④ 《全宋文》，第 73 册，第 317 页。
⑤ 《全宋文》第 73 册，第 317 页。
⑥ 《全宋文》，第 73 册，第 318 页。
⑦ 《宋史》卷 346，第 31 册，第 10978 页。

从熙宁三年的制科考试可以看出，制科考试本来的功能是选拔杰出人才，却容易在政治局势风云变幻的关口被当作政治斗争的工具，而主考官和考生也会卷入政治斗争，在党争激烈的时间节点，考生的对策甚至会成为党争中政敌攻击的目标，如洛蜀党争中，蜀党的谢悰的制科对策就遭到了洛党刘安世的攻击："臣伏见朝廷近复制科，秘阁所试之人皆不应格，陛下方务进人材，不欲并行黜落，曲收谢悰，以为天下学士之劝。而悰廷试之策，往往不能奉承清问，率意妄言，固多疏略。有司考覆，既不入等，陛下特赐进士出身，擢为辅郡幕职，圣恩优异，极踰涯分……又闻悰秘阁程文已不合格，而有司特为奏请，乞与假借。陛下曲收录用，为后进之劝，而廷试策纰缪益甚。考官范百禄有章疏历陈其尤亡状者凡数条，臣恐传播寖广，实累修洁博习之举。伏望陛下惩其浅陋，稍收误恩，追寝悰进士出身，以塞公议。"[1] 刘安世攻击谢悰的对策的理由是谢悰没有严格依照策问回答，而是自作主张随意陈述其他与策问无关的事项。从考试的角度来讲，这当然是科场大忌，但从当时的党争形势出发，刘安世对谢悰对策的攻击不足为训，谢悰的对策只是党争中的靶子而已。

第三节 典范的确立：苏轼制科对策

宋代试策的典范，北宋时期朝野认可的是董仲舒和晁错，南宋则转变为苏轼。苏轼嘉祐六年（1061）参加制科考试，获得第三等的最好成绩，他的《御试制科策》是南宋试策的典范作品。这篇对策获得南宋众多举子的模仿，特别是其首句"臣闻天下无事，则公卿之言轻于鸿毛；天下有事，则匹夫之言重于泰山。"引起南宋文人周紫芝、张孝祥、蔡戡等人争相效仿。

一、从晁、董到苏轼：典范的转移

宋代试策的典范，经历了一个由董仲舒和晁错到苏轼的变化过程。宋代试策，北宋的典范是董仲舒和晁错。田锡《上真宗论制科当依汉制取

---

① 《续资治通鉴长编》卷 414，第 10065 页。

人》：“夫汉诏取人，不限对策字数，随其所对，尽其所见。故孝文时晁错对策不过二千字，孝武时董仲舒对策不过二千余字，然上览之而异焉，乃复策之。凡诏策三问，而所对皆不及二千余字。洎公孙弘答策，才五百余字。然汉之得贤良，斯为盛矣。观董仲舒所对策三道，亦非以当日内成。今但依汉制取人，则董、晁、公孙辈，不独汉有也。”① 北宋制科考试，殿试一直都是试策，田锡在这篇奏议里推崇汉代制度，自然是以董仲舒为试策典范。宋英宗治平二年（1065）的制科策问云：“昔仲舒之推灾异，专治《春秋》之学；刘蕡之对阙失，深陈社稷之计。”② 可见，在宋英宗时代，朝廷士大夫的共识依然是推崇董仲舒、刘蕡的策文。元祐六年（1091）毕仲游的《召试馆职策》云：“臣闻不循于理，不合于变，不适于用而使之言，则行道之人皆自以为晁、董；先循于理，次合于变，卒适于用而使之言，则虽晁、董有所不能尽。”③ 林之奇云：“本朝元丰中，李常宁以进士对策为第一，其言曰：‘天下之大，社稷之重，百年成之而不足，一日毁败之而有余。’某尝三复斯言，以谓得夫伊尹所以训太甲之意，虽晁、董、公孙之策皆不及。”④ 王十朋的殿试对策获得宋高宗的高度赞赏，高宗“嘉其经学淹通，议论醇正，遂擢为第一。学者争传诵其策，以拟古晁、董”⑤。可见，对于晁错和董仲舒的推崇，是贯穿北宋乃至南宋初年的。

苏轼的制科对策帮他获得了第三等的好成绩，宋代制科，第一等、第二等皆为虚设，以第三等为实际能获得的最高等，“殿试，皇帝临轩，制策一道，限三千字以上成。试卷用表纸五十张，草纸五十张。旧制，宰相撰题……对策先引出处，然后言事。第三等为上等，四等为中等，第五等为下。第四等以上系制科人，第五等进士出身，不入等与簿尉差遣”⑥。

嘉祐六年（1061），苏轼参加制科考试，御试对策的考评官是胡宿、沈遘、范镇、司马光、蔡襄，他们给苏轼的御试对策以第三等的最高成

---

① 《全宋文》，第 5 册，第 105 页。
② 《宋会要辑稿》，第 5477 页。
③ 《全宋文》，第 111 册，第 83 页。
④ 林之奇：《尚书全解》卷十五，景印文渊阁四库全书本。按：林之奇表述有误，李常宁为元祐三年进士第一人，并非元丰年间状元。
⑤ 《宋史》，第 11883 页。
⑥ 《宋会要辑稿》，第 5483 页。

绩。当然，苏轼的这篇制科对策也引起了一定的争议。王安石就表示非常不喜欢这篇文章：

> 东坡中制科，王荆公问吕申公："见苏轼制策否？"申公称之。荆公曰："全类战国文章，若安石为考官，必黜之。"①

苏轼参加制科考试时，年仅 26 岁，没有实际行政经验，他回答策问的方式只能是"妄论利害，搀说得失"，而王安石的文章观念是强调经世致用，自然看不上苏轼的制科策。但是，王安石的意见，丝毫没有影响苏轼的制科对策在中国科举史上的地位。

宋代虽然举行过多次制科考试，保存下来的制科对策却不多。现存的制科考试对策主要有夏竦的《崇政殿御试贤良方正能直言极谏科对策》（景德四年）、张方平的《应贤良方正能直言极谏科对制策一道》（景祐五年）②、苏轼的《御试制科策》（嘉祐六年）、苏辙的《御试制策》（嘉祐六年）、李清臣的《御试制策一道》（治平二年）、吕陶的《御试制策一道》（熙宁三年）、孔文仲的《制科策》（熙宁三年）。在现存的这七篇宋代制科对策中，苏轼的《御试制科策》是影响力最大的。

苏轼兄弟参加嘉祐六年的制科考试的时候都相当年轻，仕宦经历几乎是空白，对于军国大事谈不上有自己独到的见解，从他们的制科对策来看，很多观点都受到前辈张方平的直接影响。

张方平是北宋罕见的两次考中制科的杰出人才，与苏氏父子有交谊，他非常看重苏轼兄弟，张方平《文安先生墓表》云："初，君将游京师，过益州，与仆别，且见其二子轼、辙及其文卷，曰：'二子者将以从乡举，可哉？'仆披其卷，曰：'从乡举，乘骐骥而驰闾巷也。六科所以擢英俊，君二子从此选，犹不足骋其逸力尔。'君曰：'姑为后图。'遂以就举，一上皆登进士第，再举制策，并入高等，今则皆为国士。"③ 张方平所说的"六科"，即制科，张方平非常欣赏苏氏兄弟的才华，认为他们是应制科的人才，教给他们一些国家大政方面的知识是可以想见的。

---

① 邵博：《邵氏闻见后录》卷一四，中华书局，1983 年，第 111 页。
② 张方平参加过两次制科考试，分别为景祐元年和景祐五年，保留在其《乐全集》中的制科对策，据《宋会要辑稿》可确定作于景祐五年。
③ 《全宋文》，第 38 册，第 302—303 页。

张方平在他的制科对策中主张用兵西北："臣谓边事之重，其在西北乎。……自国家失朔方，弃灵武，置戍内地，控扼益蹙，虽贡职外谨，而巢穴内坚，鄜上之防，不可不戒。"① 苏轼在制科对策中也主张攻取灵武："古之制北狄者，未始不通西域。今之所以不能通者，是夏人为人障也。朝廷置灵武于度外，几百年矣。议者以为绝域异方，曾不敢近，而况于取之乎？然臣以为事势有不可不取者。不取灵武，则无以通西域。西域不通，则契丹之强，未有艾也。"②

张方平认为人君之道在于自强不息："夫人君之道，所以配乾而法天者，盖取乎乾体之刚，天行以健也。刚故中正无邪，健故运用不息。"③ 苏轼也借用"天行健"来阐述君王勤勉的重要性："夫天以日运，故健；日月以日行，故明；水以日流，故不竭；人之四肢以日动，故无疾；器以日用，故不蠹。天下者，大器也。久置而不用，则委靡废放，日趋于弊而已矣。"④

苏轼的对策也展现了他好做翻新之论的特点：

> 伏惟制策有"推寻前世，探观治迹，孝文尚老子，而天下富殖；孝武用儒术，而海内虚耗。道非有弊，治奚不同？"臣窃以为不然。孝文之所以为得者，是儒术略用也；其所以得而未尽者，是儒术略用而未纯也；而其所以为失者，则是用老也。何以言之？孝文得贾谊之说，然后待大臣有礼，御诸侯有术，而至于兴礼乐，系单于，则曰未暇。故曰"儒术略用而未纯"也。若夫用老之失，则有之矣。始以区区之仁，坏三代之肉刑，而易之以箠笞；箠笞不足以惩中罪，则又从而杀之。用老之失，岂不过甚矣哉？且夫孝武亦不可谓用儒之主也。博延方士，而多兴妖祠；大兴宫室，而甘心远略。此岂儒者教之？今夫有国者徒知徇其名而不考其实，见孝文之富殖，而以为老子之功；见孝武之虚耗，而以为儒者之罪。则过矣。此唐明皇之所以溺于宴安、彻去禁防，而为天宝之乱也。⑤

① 《全宋文》，第 38 册，第 24 页。
② 《苏轼全集校注》，第 11 册，第 916 页。
③ 《全宋文》，第 38 册，第 25 页。
④ 《苏轼全集校注》，第 11 册，第 913 页。
⑤ 《苏轼全集校注》，第 11 册，第 920－921 页。

苏轼针对策问中的观点，提出截然相反的意见，他认为汉文帝并不是简单地推行黄老之说，而是兼用儒术。汉武帝也不是专用儒术，他有信奉道家方士的行为。这都是基于历史事实的判断，可见苏轼读书广博而又善于提出新见的特点。

二、苏轼《御试制科策》的文章史地位

天才的横空出世，足以创制垂范后世的文章，后人则在他的巨大身影下左右腾挪。由于苏轼自身的文学成就和官方的推崇，他在南宋获得极其崇高的地位和声誉。

乾道九年（1173）闰正月十五日，宋孝宗为苏轼文集作序曰："故赠太师、谥文忠苏轼忠言谠论，立朝大节，一时廷臣无出其右……朕万几余暇，绸绎诗书，他人之文，或得或失，多所取舍。至于轼所著，读之终日，亹亹忘倦，常置左右，以为矜式，信可谓一代文章之宗也欤！"① 可见，宋孝宗既欣赏苏轼立朝大节，又喜读其文章，他是苏轼跨时代的崇拜者。乾道九年二月二十四日，宋孝宗又加封苏轼为太师，在《苏轼赠太师制》中盛赞："人传元祐之学，家有眉山之书。朕三复遗编，久钦高躅。王佐之才可大用，恨不同时；君子之道暗而彰，是以论世。"②

可以想象，在苏轼的文集因崇宁党禁遭到禁毁之时，都有人偷藏其书，而宋孝宗以皇帝之尊为苏轼推扬，其文集将在士林中引发现象级的阅读热潮，陆游在《老学庵笔记》中记载："国初尚《文选》……方其盛时，士子至为之语曰：'文选烂，秀才半。'建炎以来，尚苏氏文章，学者翕然从之，而蜀士尤盛，亦有语曰：'苏文熟，吃羊肉；苏文生，吃菜羹。'"③

吕祖谦是南宋文章评点大家，他编辑的《宋文鉴》卷一百九收录苏轼的《御试制科策》，且把苏轼的制科对策排在第一，吕陶的《制科策》紧随其后，卷一百十一则又是苏轼的《拟进士御试策》，整个《宋文鉴》只收录了三篇考试对策，而苏轼独占两篇。可见吕祖谦对苏文的偏爱。④ 南宋文章总集《国朝二百家名贤文粹》和科举考试辅导书《璧水群英待问会

---

① 《全宋文》，第 236 册，第 299 页。
② 《全宋文》，第 235 册，第 161 页。
③ 陆游：《老学庵笔记》，中华书局，1979 年，第 100 页。
④ 吕祖谦编：《宋文鉴》，四部丛刊景宋刊本。

元》都收录有苏轼的《御试制科策》。南宋其他名目繁多的苏文选本，如《三苏先生文粹》《重广分门三苏先生文粹》《三苏文集》，编选目的本来就是为士子提供科举考试备考的资料，自然会收录苏轼的《御试制科策》。

明清时期，苏轼的这篇《御试制科策》的影响力一直长盛不衰。明代茅坤编纂的《唐宋八大家文钞》，将苏轼的《御试制科策》置于《东坡文钞》的首位。明代贺复征《文章辨体汇选》卷189，收录了苏轼的《御试制科策》。明末清初的孙琮在《山晓阁选古文全集》中评曰："通篇首尾五千余言，将天道人事、古谊今情洗发几无剩义。冒中先将言之轻重，翻作数层；入策士，点出名实二字；至对策，划然分十段。其间有就策顺对者，有驳策作对者，有引古事以对者，有切时事以对者，有以经义对者，有以史书对者，有借喻者，有辨难者，有极痛刻者，有极畅快者，有一二语即止者，有数百语不了者。尤妙在每段中多用折笔、澹笔、冷笔、复笔，使人读去自尔神动意消。至末借人言以讥切时事，尤觉恺切。"① 这是从文章学角度给予的极高评价。

清代桐城派巨子姚鼐的《古文辞类纂》卷二十二收录《苏子瞻对制科策》，他还在《惜抱轩笔记》对苏轼的策文做了考证：

> 东坡《对制科策》云："以代宗之昏愚，程元振之用事，柳沆之贱且疏，一旦去其心腹之患。"王伯厚《困学纪闻》："据翰林记载，沆以太常博士为翰林学士，非贱且疏也。"鼐按：唐元宗时，翰林学士无贵贱皆居之。肃代时，尚沿其制。与宪宗以后，翰林学士即为尊职，不同太常博士，官不为贵。东坡谓之贱亦可，但不可谓之疏耳。②

明末清初沈寿民编撰的《闲道录》卷十，摘录苏轼的《御试制科策》的一段："伏惟制策有'推寻前世，探观治迹，孝文尚老子，而天下富殖；孝武用儒术，而海内虚耗。道非有弊，治奚不同'。臣窃以为不然……"③ 可见，沈寿民是很欣赏苏东坡这段翻新出奇之论的。

---

① 孙琮选：《山晓阁选古文全集》卷二十八，礼庵定本。
② 姚鼐：《惜抱轩笔记》卷八，清同治五年省心阁刻惜抱轩全集本。
③ 沈寿民：《闲道录》卷十，《四库全书存目丛书》子部第15册，齐鲁书社，1995年，第643页。

三、苏轼《御试制科策》在宋代科场的影响

苏轼的典范地位，从他的《御试制科策》可见一斑，苏轼《御试制科策》开篇云："臣闻：天下无事则公卿之言轻于鸿毛；天下有事则匹夫之言重于泰山。"① 这是阐述天下形势对臣子进谏效果的重大影响，道理浅显易懂，但是，苏轼并没有抽象申述论点，而是发挥他善用比喻的天分，匠心独运，自创千古名句。论点从天下无事和有事两方面展开，"公卿"与"匹夫"地位悬殊，"鸿毛"与"泰山"轻重迥异，从常理而言，公卿之言应该是重于泰山，匹夫之言应该是轻于鸿毛，而国家形势的巨变，则造成公卿与匹夫的地位逆转，强烈的对比，令读者印象深刻，既具有先声夺人之效，又让读者信服。而后苏轼又引用历史事件来论证：天下无事，君臣相得的管仲不能劝齐桓公攘奸；天下有事，低贱的柳伉能助唐代宗除恶。随后进一步总结忠臣进谏的悲剧性："夫言之于无事之世者，足以有所改为，而常患于不信；言之于有事之世者，易以见信，而常患于不及改为。"②

当然，"臣闻天下无事，则公卿之言轻于鸿毛；天下有事，则匹夫之言重于泰山"，这虽然是苏轼在应制科考试时临场创作的，但这种构思模式似乎早在他少年时期在苏洵指导下读书习作时就萌发了，苏洵命他写《夏侯太初论》，苏轼写出"人能碎千金之璧，不能无失声于破釜；能搏猛虎，不能无变色于蜂虿。"苏洵大为赞赏。

相比之下，与苏轼同场作答的苏辙的开篇语则显得用语平实，中规中矩，无出彩之处。其对策云："臣不佞，陛下过听，策臣于庭，使得竭愚衷以奉大对。臣性狂愚，不识忌讳，伏读陛下制策，凡所以问臣之事数十条者，臣已详闻之矣。然臣内省愚诚，欲先以闻，而后答陛下之所问。"

苏轼《答刘巨济书》云："仆老拙百无堪，向在科场时，不得已作应用文，不幸为人传写，深可羞愧，以此得虚名。"③ 但是，这只是苏轼的自谦，朱刚指出："实际上，若考察宋代策论的发展，我们一直可以看到

---

① 《苏轼全集校注》，第 11 册，第 912 页。
② 《苏轼全集校注》，第 11 册，第 912 页。
③ 《苏轼全集校注》，第 16 册，第 5350 页。

二苏示范作用的存在。陆游记录南宋流行语'苏文熟，吃羊肉'，盖亦就场屋文章能否成功取得科第而言，则所谓'苏文'主要就指策论了。"①苏轼的示范作用，从他的制科对策在南宋的流行可以略窥一二。南宋人在撰写各种考试对策时，经常模仿甚至直接引用苏轼的《御试制科策》。

两宋之际的周紫芝在《拟廷试策一道》中写道："臣闻：天下多事则匹夫之言重于太山；无事则公卿之言轻于鸿毛。今天下可谓多事矣，此匹夫之言得以自达之秋也。"② 这是对苏轼名句的直接引用，只不过调换了两个分句的顺序。

绍兴二十四年（1154）状元张孝祥在他的殿试对策中云："臣闻求言于多事之时为甚易，求言于无事之时为甚难。方天下多事，众贤驰骛，方是之时，利有所未兴，害有所未除，国家有大谋谟，民俗有大休戚，形格势禁，言之为不难而听之亦甚易也。及天下既定，兵甲已休矣，礼乐既兴矣，朝廷既宁谧矣，宴安之毒可怀而苦口逆耳之言为难入矣。方是之时，乃能不倦招延，广开言路，无所忌讳，俾之悉意以陈，岂不甚难矣哉！尧之时可谓治矣，稽于众，舍己从人，《书》所以美之者，以其求言于无事之时也。舜之时亦可谓治矣，好问好察迩言，《记》所以美之者，以其求言于无事之时也。"③ 张孝祥之论，立意是沿袭苏轼的，只不过做了些自己的发挥。

南宋蔡戡的《馆职策》开篇云："愚闻人臣之进言，正犹医者之用药。医于未病之前，易于取效，而常患于不听；医于已危之后，易于见信，而常患于不及。"④ 这种立意与苏轼《御试制科策》开篇非常相似："夫言之于无事之世者，足以有所改为，而常患于不信。言之于有事之世者，易以见信，而常患于不及改为。"其后的举例论证也能看出苏轼的影响。蔡戡的《馆职策》论证自己的以上观点，一方面，举出齐桓公不听管仲临死之言导致奸佞祸国以及苻坚不听王猛之言导致身死国灭的历史教训；另一方面，又举出国家危难之时，唐代宗贬斥程元振和唐德宗罢免卢杞的历史。而在苏轼的《御试制科策》中，举出的也是齐桓公和唐代宗的事例。从立

① 朱刚：《唐宋"古文运动"与士大夫文学》，复旦大学出版社，2013 年，第 286－287 页。
② 《全宋文》，第 162 册，第 76 页。
③ 《全宋文》，第 253 册，第 360 页。
④ 《全宋文》，第 276 册，第 289 页。

意到举例，都具有如此高度的相似性，蔡戡这段文字无疑是对苏轼的《御试制科策》的模仿。

朱熹的高足黄榦的《与金陵制使李梦闻书之九》云："人之情，言之于安平无事之日则轻于鸿毛；谏之于祸变将至之日则重于千金。"① 黄榦这句话较之苏轼原文，删掉了"公卿"和"匹夫"，表现力稍弱。

以上诸君都是暗引或化用苏轼的名句，而咸淳七年（1271）的状元张镇孙甚至在他的御试对策中直接道出他引用的是苏轼对策："苏轼《对策》曰：天下无事，公卿之言轻于鸿毛；天下多事，公卿之言重于泰山"②，其所引苏轼对策的后一分句应为"天下多事，匹夫之言重于泰山"，这是张镇孙考场笔误。无论如何，都可看出苏轼这篇制科对策在南宋士人中传诵不衰，影响深远。

四、二苏制科对策的文风差异

苏轼和苏辙在制科考试中都获得好成绩，但是为什么苏轼能在南宋获得典范地位，苏辙却默默无闻？比较他们的制科对策的文风，可以看出，苏轼文风成熟稳重，苏辙的文风凌厉无匹，苏轼的文风更适合作为科场学习的典范。苏氏兄弟参加的制科考试，科目为"贤良方正能直言极谏"，顾名思义，该科目是选拔敢于直言批评朝政的人才的，所以，在御试对策中两人都对朝政有所批评，苏氏兄弟的个性差异，一般认为是哥哥锋芒毕露，言无不尽，弟弟含蓄内敛，老成持重，但是这次写作对策，苏轼对皇帝的批评比较委婉，苏辙则非常严厉，可能苏辙居京师数年，又与张方平、欧阳修等大臣有交谊，闻听皇帝的宽仁大度之名，而苏辙本人"天资狠戾"，故在对策中直言无忌。

苏轼批评皇帝未得御臣之术："凡此陛下之所忧数十条者，臣皆能为陛下历数而备言之，然而未敢为陛下道也。何者？陛下诚得御臣之术而固执之，则向之所忧数十条者，皆可以捐之大臣，而已不与。今陛下区区以向之数十条为已忧者，则是陛下未得御臣之术也。"③ 这种批评，层层铺

① 《全宋文》，第 288 册，第 107 页。
② 《全宋文》，第 360 册，第 145 页。
③ 《苏轼全集校注》，第 11 册，第 914 页。

垫，有理有据，容易为皇帝所接受。

相比之下，苏辙对皇帝的批评就有剑走偏锋之嫌。苏辙首先指责仁宗做表面功夫，有"忧惧之言"，"未有忧惧之诚"，"无事则不忧，有事则大惧"就是说皇帝缺乏深谋远虑，只知道被动地应付突发事件，离"无事则深忧，有事则不惧"的圣人标准差得远。他还直陈道听途说的宫闱之事："陛下自近岁以来，宫中贵姬至以千数。歌舞饮酒，欢乐失节；坐朝不闻咨谟，便殿无所顾问。夫三代之衰，汉唐之季，其所以召乱之由，陛下已知之矣。久而不正，百蠹将由之而出。内则将为蛊惑之所污，以伤和伐性；外则将为请谒之所乱，以败政害事。妇人之情，无有厌足，迭相夸尚，争为侈靡。赐予不足以自给，则不惮于受赂贿。赂贿既至，则不惮于私谒。私谒既行，则内外将乱。"① 批评之严厉和大胆，是宋立国以来罕见的，难怪主考官胡宿会认为他出言不逊，即使皇帝最后裁决录取他，知制诰王安石也拒绝为他草拟任命状。苏辙的这篇对策，在他刚刚踏入仕途时带来严重的负面影响。

总之，苏轼的对策的典范地位的确立，原因是多方面的，南渡以来"最爱元祐"的时代思潮下，苏轼获得了崇高的历史地位，他的文集成为南宋朝野广受欢迎的典范作品。而苏轼的科场文章，据他自述作文心得，是"高下抑扬，如龙蛇捉不住"②，文章写得新意迭出、波澜横生，文风平和稳重，自然是科场中人学习的典范作品。

---

① 《全宋文》，第 95 册，第 72—73 页。
② 《苏轼全集校注》，第 20 册，第 8664 页。

第四章　宋代馆职试策

馆阁，即三馆秘阁，三馆是昭文馆、史馆、集贤院的统称。① 馆阁是储才之地，欧阳修《又论馆阁取士札子》："臣窃以馆阁之职，号为育材之地。今两府阙人，则必取于两制；两制阙人，则必取于馆阁。然则馆阁，辅相养材之地也。材既难得而又难知，故当博采广求而多畜之，时冀一得于其间，则杰然而出为名臣矣。其余中人以上，优游养育以奖成之，亦不失为佳士也。自祖宗以来，所用两府大臣多矣，其间名臣贤相出于馆阁者，十常八九也。"② 两府，指掌管最高政务的中书门下和掌管最高军事的枢密院。两制，指负责起草皇帝诏令的翰林学士和中书舍人、知制诰。从欧阳修的论述可以看出，馆阁是通往翰林学士乃至宰辅的基地，这对文人来讲是非常高的政治生涯起点。欧阳修的这种说法，也能从宋高宗的说法中得到证实，宋高宗欣赏周必大的馆职对策，视其为日后起草两制的人选。周必大《玉堂类稿序》："始事光尧皇帝，对馆职策偶合圣意，明谕辅臣，他日当令掌制。"③ 可见，文人经过馆阁的历练，出任翰林学士和中书舍人是大概率事件。

王十朋《除馆职谢宰相》云："名兼三馆之崇，事异群司之比。书藏延阁，富不减于开元；人到瀛洲，荣愈加于贞观。有下笔如神之士，无上车不落之流。器业于是乎成，公卿多自兹出。"④ 王十朋的谢表，说明馆阁藏书宏富，馆职地位荣显。朱熹《答石子重》云："且如自己为学官，

---

① 宋代馆阁的详情，参见陈元锋：《北宋馆阁翰苑与诗坛研究》，中华书局，2005 年。成明明：《北宋馆阁与文学研究》，中国社会科学出版社，2007 年。

② 《全宋文》，第 32 册，第 301 页。

③ 《全宋文》，第 230 册，第 192 页。

④ 《全宋文》，第 208 册，第 310 页。

为馆职，遇朝廷有利害得失，或是宰执台谏所当理会者，它不理会，自己要缄默，又不忍国家受祸，要出来说，又有出位谋政之嫌，如之何则可？曰：若任他事却不可，若以其理告君，何故不可？若是大事，系国家安危、生灵休戚，岂容缄默？馆职又与学官不同，神宗固尝许其论事矣，但事之小者，则亦不必每事数言也。"① 由于宋神宗曾经允许馆职上书言事，在遵从祖宗家法的宋代，宋神宗的旨意就成了后世必须遵守的规矩。馆职人员就有对国家大事表达自己意见的权利，这无疑会极大增强馆阁人员积极参政的使命感。

关于宋代馆职考试内容，唐春生先生的《翰林学士与宋代士人文化》有详细的考述，参照其文，概言之，北宋时期，在宋神宗之前，馆职试考诗赋或策论，而以考诗赋为主；宋神宗熙宁二年（1069）到元祐二年（1087），罢诗赋，试策论。南宋时期，馆职只试策。可以看出，馆职考试与科举考试是同步的，都经历了策论地位逐步上升的过程。馆阁考试自宋神宗开始考策问，并一直延续到南宋，实在是情理之中，因为策问是最适合用来考察考生的治国理政素养的文体，从现存的馆阁策问和对策来看，时政一直是馆阁考试的重点，有些策问即使不是考时政，也是结合历史治乱的经验来考察考生对政治原则的理解，具有非常强的实用性。《宋史全文》记载："（淳熙二年）三月己丑，进呈何澹试馆职策，有御笔勾处，奏审取旨。上出文字一纸，乃录其策中所言：'堂阙归部亦有未便。旧法，吏部长贰得以铨量年老不堪厘务之人，今不复有所进退，近来引见选人改官，未闻有不许改官者。'上曰：'恐所言有可采者，不欲遗之。'后五日，检照条例将上，申严旧法，令吏部从实铨量，并引见选人改官，于进卷内具出举主所荐事状，如系捕盗人，即详具所得功赏之因。从之。"② 可见，宋孝宗很欣赏何澹在其馆职策中提出的政策建议，并将其付诸实行。

馆职试策是宋代试策的一种重要类型。现存的馆职策问和对策都相当丰富，馆职策问保留在宋人文集中，如苏轼、周必大的文集中都有大量的馆职策题，宋人文集中的馆职对策则有 14 篇，其中，有一部分堪称鸿篇

---

① 朱熹撰，朱杰人、严佐之、刘永翔主编：《朱子全书》，第 22 册，上海古籍出版社，2002 年，第 1928 页。

② 汪圣铎点校：《宋史全文》，中华书局，2016 年，第 2161 页。

巨制，如周南的馆职对策，长达万言，文辞宏放，雄辩滔滔，赢得叶适的极高评价。但是，馆职试策目前还没有进入学术研究的视野，目前没有专题研究馆职试策的文献发表。因此，本章拟对馆职策问的命题模式，馆职策问与政治的关系，馆职对策的答题策略，馆职对策的文章学价值做详细探讨。

第一节　馆职策问的命题模式

一、单一的主题

馆职考试和科举考试都有策问这项内容，应该说，馆职策问是由科举策问派生出来的，所以两者在内容和形式上都有相似之处，内容上，大体都有政治得失、吏治、灾异、军事、财政等时务；形式上，都是首先阐述观点，然后发问，最后鼓励考生作答。当然，两者亦有重大差别：

从考生的身份而言，参加科举考试的举子一般都是没有仕宦履历的读书人，他们的知识来源全部在于书本，所以，他们在审题之后构思对策时，脑子里首先出现的就是儒家经典，儒家经典中的政治理念就是他们答题的依据。如王十朋在殿试对策中阐述"法天揽权"的中心论点，全部是依据《春秋》立论。参加馆职考试的考生基本都是进士出身的官员，虽然官位不算太高，但已经具备一定的行政经验。从目前有据可考的馆职考生来看，毕仲游、刘一止、林光朝、周必大、吕祖谦、蔡戡、周南、真德秀、魏了翁、王迈等人，都具备基层行政工作经验。所以他们在应考时，较少谈抽象的政治原则和理念，更多地讨论实际政务。这种倾向，到了宋末越发明显。魏了翁《答馆职策一道》："姑以财用言之，中兴以来，以十六路百七十郡之地，不能当天下全盛之半，岁入乃增至六千五百余万，而经制月椿等钱二千万不预焉。两浙之岁输缗钱千二百万，四川之盐钱九百五十余万又不预焉。校之祖宗取民之数不知凡几倍矣。"[①] 魏了翁对南宋财政情况的精准阐述，体现了他作为有行政经验的官员的知识水平。

① 《全宋文》，第310册，第202页。

在结构上，科举考试策问的主题较为复杂。可以包含诸如儒家经义、典章制度、政治、经济、军事、灾异等多方面的内容，要求考生就每一方面的问题依次作答，这样虽然能全面考察考生的知识和能力，但因为考场条件的限制，也容易造成考生答题时平均用力，平均用力也就意味着平淡无奇，四平八稳，虽然有些考生能有所取舍，详略分明，在某些特定问题上多做挥洒，但许多问题只能浅尝辄止，不能充分展现考生的思想深度和文辞才华。正如方苞对苏轼的《御试制科策》的批评："条对策问，而言皆凿凿，不异于凤构，是作者资材杰特处。后半散漫少精采，以所问本肤且杂也。"① 由于策问的条目繁复杂乱，即便是如苏轼之奇才，也受到限制，致使其对策未能臻于尽善尽美。

馆职策问的命题，往往有一个集中的主题，要求答题者围绕主题展开深入论述，周必大的文集中保留有八道完整的馆职策问，都是按照这个模式来命题的，测试刘光祖的馆职策题如下：

> 问：自乡举里选之法废，取士未有不以言者也。三代而下其可论者，汉、唐耳。汉重经术，故虽有孝弟，有力田，有茂材，有孝廉，有四科，有贤良，而明经得人为多。唐重词章，故虽设制科至八十有六，又有宏词，有明经诸科，而进士得人为盛。此其大略也。本朝取人之制实倣焉，治平而上专用诗赋，近于唐矣，雕篆之工疑若不适于用，然元臣大老、通经博古之士布满中外，累圣赖之以致太平，其故何也？熙宁、元丰以后，经术造士殆过于汉矣，是宜得圣人之传，备贤人之业，校短量长，乃或未然，此又何也？岂人材盛多，有相之道，初不系于科举耶？抑诗赋经义均无益于政事，未易优劣耶？主上慨然将大有为于天下，而患无真才实能可以仰副任使，不于科举取之，将孰取之？三代远矣，其制殊未易复。今欲一之以词章，则虑学者舍本而逐末，固不可也；一之以经术，则人占一艺，百余年间命题已徧，平时既可预备，一旦全用他人之作，未易辨也。无已，则兼是二者或庶几焉。然而元祐、绍兴皆尝力行，行未久辄罢。盖志分而习不专，艺业所以难工。能者寡，不能者众，主司所以难考易摇，亟改不在兹乎？若乃词科应用之文，视诗赋论策无大相远，而用力尤省，

---

① 吴孟复、蒋立甫主编：《古文辞类纂评注》，安徽教育出版社，2004 年，第 693 页。

剽袭尤多，不过稍取其记问耳，此固非通行之法也。然则由今之制革前之弊，而欲得人如汉唐、如祖宗，为国家立功名著事业于他日，其必有道矣。至于郡国解试之日，真伪杂进，动以万计，而考官不过数人，又皆漕臣按籍而差者。计一道之官数且不足，能否何择？毋怪乎遗才之多也。欲救其弊，顾岂无术？盍极陈之？将以献于上。①

全篇都是讨论科举取士问题，首先回顾汉唐取士制度：汉朝重视经术，明经最强；唐朝重视词章，进士科最盛。但命题人回顾历史并非基于古人一贯的崇古理念，而是为评述本朝取士制度做铺垫。命题人提出疑问：本朝治平以前专用诗赋取士，造就了一批通经博古的人才，而熙丰之后以经义取士，反而贤人不多。策问既论及本朝科举中的诗赋、经义、策论之争，又涉及词科和发解试的弊端，可以说相当全面。

周必大命制的《太常博士许苍舒召试馆职策题》如下：

问：三代以还，中原未定，而夷狄亦弱；及其定也，彼亦盛焉。借汉而论，略可见矣。冒顿单于不陆梁于刘、项交战之时，而崛强于垓下混一之后。元、成之间，汉业微矣，顾乃保塞来朝，曾无风尘之警。光武中兴，更通旧好，而单于骄倨凶暴，视柔怀而弗顾，至于诸部争乱，南北分庭，然后或破或臣，始伸国威。此汉氏周旋北狄之大要也。岂所谓内宁必有外患者耶？抑待之以宽，则狼子野心不可驯耶？将乘其弱者易为力，折其暴者难为功耶？不然，设施驾驭自有得失也。昔战国亦多故矣，而区区燕、赵不难于制胡，此与刘、项之际何异？若乃秦并天下，而胡屏迹长城之外，是又与两汉之初不同矣。意者华自华，夷自夷，其兴衰治否初不相关欤？抑天时人事未易以常理推欤？愿因汉事，并考周、唐之旧而极陈之，将以复于上。②

在这道策问里，周必大提出一个值得深思的历史现象：中原王朝的兴衰与北方夷狄的强弱是正相关的。以此为基础，他提出了一系列问题，但是在这些问题里，命题人已经显示出了自己的倾向，如"岂所谓内宁必有外患者耶？"这明显是希望考生给出肯定的回答，考生只需要就策问敷衍

① 《全宋文》，第 231 册，第 99—100 页。
② 《全宋文》，第 231 册，第 94—95 页。

展开即可。

周必大《宏词人赵彦中召试馆职策题》以朋党之争为主题：

> 问：朋党之名不著于帝王之时，而见于汉、唐之季，其故何也？
> 二帝三王缉熙光明之学，足以昭知群下之贤否，故其臣亦皆精白一
> 心，以承休德，有善则相师，有过则相规，尚何党之有？逮夫汉、唐
> 之君，学术不足以辨邪正，君子小人杂进于朝，自相倾轧，遂使甘陵
> 分部，牛李争权，其害卒至于横流而莫之止，非万世之龟鉴欤？恭惟
> 皇上圣学高妙，迈迹乎帝王，比因议政，深辟文宗难易之说，以为朋
> 党之起由主听之不明，而其原始于时君不知学。又曰：惟贤是进，惟
> 不肖是退，则党论自消。大哉，圣谟真与六经相为表里！士大夫获际
> 盛时，安心营职，可谓幸矣。抑尝考本朝名儒，惟欧阳修、苏轼尤长
> 于议论。修著《朋党论》，轼从而续之，师友渊源，疑无异辞。然修
> 之言曰："小人无朋，同利则暂相党引，见利则反相贼害。惟君子修
> 身则同道相益，事国则同心共济。"其后为《五代史》六臣赞，又反
> 覆言之。是盖以君子为有朋，而谓小人无朋也。轼之言曰："君子如
> 嘉木，封植甚难，去之甚易。小人如恶草，不种而生，去之最难。斥
> 其一则援之者众，尽其类则致怨也深。"是盖以君子无党，而谓小人
> 有党也。不识二者之论其果异乎？抑殊涂而同归乎？不然因事立言，
> 各有攸当乎？愿具陈之，将以复于上。①

这道策问的开头就提出了问题：为什么上古二帝三王之时没有朋党之
争，而汉唐之际则为祸甚烈？但策问随后就给出了答案：问题的源头在于
君王，二帝三王明辨贤愚，汉唐之君不辨邪正。策问随后引出欧阳修、苏
轼看似对立的观点，要求考生予以辨析。

南宋后期的馆职策问，在内容上已经有了相当的专业水平，如端平二
年（1235）的馆职策问：

> 问：楮币至是术穷矣，其将何以救之欤？非楮之不便民用也，其
> 法贵少而今多焉故也。物视轻重为相权，使黄金满天下多于土，而楮
> 之难得甚于金，则金土易价矣。然则，天下非物之贵也。楮之多也，

---

① 《全宋文》，第231册，第98—99页。

国之贫也。忧世者谓将深惟国之贫，反从其源治之，而顾不然，上下日夜所讲切，乃专在秤提，何见之陋也。夫国贫则取诸民，民竭无可取，则惟痛自节耳。今议者乃猥谓内有某事某事例当举，外有某事某事势当备。加费且不赡，而节何从施，若是则束手坐待颠沛乎？《王制》言国无三年蓄者，谓非其国。孟子谓三征尽用，则父子离。无三年蓄者，所余少也；三征尽用者，无复余也。今国家罄一岁所入，曾不支旬月，而又日不辍造十数万楮币，乃仅得济，是不止无余矣，其可为岌岌寒心，盖又甚于《王制》、孟子所云矣。而搢绅先生方且雍雍然峨峨然交诵致知格物之微言，深赞佳兵辟土之伟画。此愚心所窃怪而绝不喻者也。仲尼言为政在兵食信，至不得已而去，则兵与食犹在所舍，而用顾不可节乎？绍兴、隆兴间世未知用楮也，其时国计初不见匮缺，民生亦无所苦。自楮币行于今未七十年，而调度狼狈，禁令频数，遂至此极。且今天下非小于绍兴、隆兴之天下也。赋取则固倍之矣，而若是焉者，独可不讨求其故哉！按支费必有目，其创而增于前，孰最重？蠹坏必有源，其积而至于今，孰最深？广废因何论而兴，积坏至何事而见？今修复用何策是，欲撙约自何道始？子大夫负经济之学有闻矣，幸悉心科别其条，会而析诸理以对，觊于世有补焉。其勿习为书生迂谈，而使区区者慨然重叹也。①

这道策问的篇幅不短，体现了馆职策问的典型特点：发问者就一个主题做多方面的深入讨论，要求答题者详尽回答。这道策问集中讨论的是纸币滥发引发的通货膨胀问题，南宋末年因宋蒙战争导致军费开支庞大，国家经济相当困难。策问也显示了作者对于理学家空谈格物致知而不通实际政务的厌弃，明确要求考生不要发表迂腐的言论，应该求真务实。宋末元初的刘壎在其《隐居通议》中记载："理宗始亲政，起诸贤，更革弊政，一时翕然，号小元祐，引领以望太平，而诸贤议论迂疏，国计匮乏，是时十六界楮币寖轻，咸以为病，端平二年己未，召江万里为馆职，故事必先试策而后除。是年南塘赵公汝谈直翰苑，命题发策，以楮为问，问意不满诸贤之罔功，赵公当时儒宗，笔力高简，朝野称之，世变以来，失去三纪矣，偶从朋友闲见之，如遇故人，辄录于此，江丞相对策尤妙，实为近代

---

① 《全宋文》，第 324 册，第 339—340 页。

馆职策之冠，予旧诵之甚习，然浩浩数千言，难以尽录，谩志策问于此而已。"① 可见，这道策问的命题人是赵汝谈，刘壎虽然声称江万里的馆职对策非常精妙，可称近代馆职策第一，可惜其馆职策没有流传下来。王迈也参加了此次馆职考试，他的馆职对策流传至今。

考生参加馆职考试，还有个考试规定上的优势，《齐东野语》记载了熊克参加馆职考试的曲折过程："未几召试。故时，学士院发策，率先示大略，试者得为之备。赵乃以喻周子充云：'此非佳士也。'克屡造请求问目，子充不答，及对策殊略，克大以为恨。"② 可以看出，在制度规定上，馆职考试之前，考生可以了解题目，提前准备，这也是馆职策问与殿试策问的一大不同之处，殿试策问是不允许提前泄题的。制度规定上的优势，也就导致馆职对策的面目与殿试对策大不一样。

馆职策问给考生留下了驰骋才华的广阔空间，考生的学养功底、思想深度和辞章才艺能在馆职对策中展示得淋漓尽致。比较突出的就是周南和王迈的馆职对策，周南的《丁卯召试馆职策》围绕江淮军事问题，洋洋洒洒近万言，雄辩滔滔，一泻千里，文势极盛，堪称贾谊重生。王迈的《乙未馆职策》则集中讨论楮币问题，纵论古今，探本清源，具有相当高的专业水准。王迈，字贯之，兴化军仙游人，嘉定十年进士，从《宋史》本传的履历来看，在参加端平二年的馆职考试之前，他做过潭州观察推官、浙西安抚司干官等职，并辅佐真德秀治理福州。"俄召试学士院，策以楮币（纸币），迈援据古今，考究本末，谓：'国贫楮多，弊始于兵。乾、淳初行楮币，止二千万，时南北方休息也。开禧兵兴，增至一亿四千万矣。绍定有事山东，增至二亿九千万矣。议者徒患楮穷，而弗惩兵祸。姑以今之尺籍校之，嘉定增至二十八万八千有奇。用寡谋之人，试直突之说，能发而不能收，能取而不能守。今无他策，核军实，窒边衅，救楮币第一义也。'又言：'修内司营缮广，内帑宣索多，厚施缁黄，滥予嫔御，若此未尝裁搏，徒闻有括田、榷盐之议者。向使二事可行，故相行之久矣。更化伊始，奈何取前日所不屑行者而行之乎？'又因楮以及时事，言：'君子之类虽进，而其道未行；小人之迹虽屏，而其心未服。'真德秀病危，闻迈

---

① 刘壎：《隐居通议》，中华书局，1985 年，第 201 页。
② 周密：《齐东野语》，中华书局，1983 年，第 149 页。

所对,善之。"① 从王迈的对策来看,他对纸币的发行量有极为精准的了解。

二、馆职策问的变体

现存的馆职策问,一般都只有一个主题,但是,南宋中后期的馆职策问也有包含多个主题的情况,这是主流馆职策问之外的变体,这种命题方式遵循严格的模式:策问包含的若干主题是并列关系,分论的各个主题之间形成整饬的结构。如洪遵撰写的《馆职策问》:

> 祖宗以三馆育天下之英材,推择之重,视汉之藏室、唐之瀛洲为不足道,故必阅试其人,然后命之。则有事于此者,非但若场屋进士为以取科级而已。今天下之事多矣,而其大者三焉。曰兵、曰吏、曰财。兵自比年狃于无事,阅习之不以时,豢养之不以道。将姑息而不变欤,则解弛因循,不足以致一日之用。议者或欲汰癃弱,革冒滥,作而新之,则张皇纷更之虞在所虑。吏员猥并,文武官在选过二千辈,率以三人守一官而不足。置之而不问欤,则淹滞失职,非足以待四方之士。议者或欲裁任子,柅流品,改而张之,则少恩变古之讥在所恤。岁入有限,调度日增,有司供亿之不支,民力困匮而无已。一意于爱民欤,则养兵赡国,不能以为卒岁之计。议者或欲谨逋敛,严征权,权以济之,则竭泽无鱼之忧在所先。此皆今日之急务,吾君为之寝而不寐,当馈而叹,亦学士大夫所宜有献也。愿闻至当之说,将以复于上。②

这道策问主要是谈练兵、择吏、聚财三个方面的问题,命题人指出,无论是保守现状还是激进的改革,都让人觉得不太合适,左右为难,这就需要应试者提出一个完善的方案,来解决上述难题。

许应龙撰写的《召试馆职策问》篇幅很长,根据其行文逻辑,笔者将其分段后,录出全文如下:

> 问:当天下多事之秋而欲兴起治功者,其大要有四,曰国论,曰

---

① 《宋史》卷423,第12635页。
② 《全宋文》,第219册,第164—165页。

人才，曰民心，曰军政。盖国论不定则无以为立治之规，人才不择则无以为济时之用，民心不固、军政不修，则何以理内而御外哉！

今之国论何如也，言战者则曰整师修戎可以挫敌锋而强国势，而和岂足恃；言守者则曰深沟固垒可以捍外侮而安边境，而战未可轻；言和者则曰与其驱民于锋镝而胜负未可知，孰若结好以金缯而战争为可息。而或者又曰和虽不足恃，可以款敌而为备御之图，战固不可轻，然或遭侵扰必不免兵刃之接，又安能自守耶？异论迭起，规模不定，其将何所适从欤？

今之人才何如也，静重者或讥其缄默，论辨者或指为沽激。夫无所可否固无益于成败，若不激不随则似是而实非者也。以讦为直，固未免于矫亢，而尽言无隐，则又若同而实异者也。使功不如使过，以其必能立功以自赎也，然奔军之将不可以语勇，其果足使乎？才胜德为小人，以其恃才而妄作也，然非才不足以办天下之事，其果可弃乎？知人则哲，自古所难，又将何以处此欤？

民心不可以不结，今日赈流移之民，恤焚毁之家，固足以示德意矣，然恐小惠之未孚；减斛面之征，蠲荒旱之赋，亦足以宽民力矣，复虑郡计之不给。秤提楮币而奉行太亟，反至于折阅；纠集保伍而处置失宜，或至于纷挠。

军政不可以不修，今日招募虽多，徒耗廪稍而脆弱难用，岂训练之不精耶？抑纪律之不严耶？官资多转而兵不激励，遇敌辄退，岂赏罚之不明耶？抑号令之未孚耶？以民兵而补官军之阙额，就使戍边而口券之费可省，不知其果乐从乎？募民船以防江海之要冲，分番更代，而舟师之势益壮，不知其果无扰乎？

夫国论明则人才皆为吾用，既为吾用则结民心、修军政，当有任其责者，何患治功之不立哉？然天下无不可为之事，特患乎人主无必为之志。今励精思治，广览兼听，不为不勤，而悠悠岁月，未睹成效，岂徇名失实而是非之未明耶？抑惑于群议而施行之不力耶？作而新之，必有至当之论，悉著于篇，以备上之采择。①

许应龙是嘉定元年（1208）进士，宋理宗嘉熙三年（1239）任端明殿

---

① 《全宋文》，第303册，第354—356页。

学士，签书枢密院事，这道策问当作于此时。其主要内容是讨论宋朝和蒙古战争问题。这道策问结构非常清晰，包含国论、人才、民心、军政四个方面的内容。所谓"国论"，又称"国是"，指国家的基本大政方针，在许应龙这道策问里，就是宋朝与蒙古的战争中，应该采取主战、议和还是防守。余下的三个方面，人才、民心、军政都是服务于"国论"的，所以，这道策问虽然包含四个问题，毕竟其性质是馆职策问，也有统一的主题。

卫泾撰写的《召试馆职策》如下：

> 问：国家规画长策，思殄武功，综核庶政，尽革平世具文之习，将以恢王略而饬戎备，敢问今之急务，孰缓孰切？夫建事以择材为本，经武以强兵为先，调度以裕财为难，储峙以足食为重。朝廷议论所及，皆已次第举行矣。荐举之诏，首加于将帅之选，又及于文武小大之臣，不知可以博尽群材否乎？或谓介胄之所长，搢绅之论岂能尽谂其优劣？下僚之寒滞，而上官之荐进未免有所遗遗。则将何以开抡材之路欤？中都简试，严良家之选；诸路招募，广效用之额；徒隶起戍，收勇敢之士。不知可以增儆军实否乎？或谓选汰子弟，拘于等则之不齐，至反遗其技艺；招刺新兵，虽可充尺籍之数，而仓卒岂容责其练习？迸成征行，动为民扰，安能使之循纪律而用命？则它何以为整兵之计欤？军须供亿，支费寖广，常赋不可辄加矣。置国用参计之司，以核天下之财，广鬻爵度牒之数，以为权宜之策，不知可以佐调度之乏否乎？然州郡私其所入，未必以出纳之实上闻或迫之太急，必至并缘为欺。恩命优于旧比，而应令者殊鲜。异时劝诱不至，宁免敷抑之病？则裕民之道，本末犹有当讲者欤？通融常平以济转输之不给，分委和籴以为蓄积之先具，不知可以实塞下之备否乎？然官吏苟且目前，增补不能以足。脱若小歉，荒政何所倚赖？近甸籴数太多，商贾辐凑逐利民间能无续食之忧？则足食之方，先后犹有可虑者欤？伊欲使时材奋兴而有适用之实，王师精锐而有必胜之形，版计周裕而源流无壅，兵食充羡而公私无害，子大夫当有深长之思，以裨今日济时之略。其详陈之，将以复于上。[1]

----

[1] 《全宋文》，第292册，第35—36页。

　　这道策问谈到四个方面的主题：择材、强兵、裕财、足食。就每一个主题，命题人都提出了三个小问题，这样，这道策问就包含了十二道小问题，如此密集的提问方式，让这道馆职策问显得与众不同。

　　吴泳的《召试馆职策问》篇幅极长，依据其行文逻辑，笔者将其分段后，全文照录如下：

　　　　洪惟国朝以武戡乱，以文致平，以王道御军，以儒术理国。士马不如汉之强，盐铁不如唐之富，勋臣贵将不如云台凌烟九侯八叶之盛，而国势隐然如泰山磐石之固者，要必有道也。

　　　　论相，人主之职。我祖宗时斋居正虑，先志后占，或以德选，或以才用，或以器量学术取，或从沿边帅臣及曾历三司诸路转运使而择。故命下之日，士庆于朝，农歌于野，夷人相戒，不敢生事于边，其勋业光明磊落如此。近世以来，何相才之难得也？若以资论，则筑岩钓渭之叟径登上相，何必有扬历耶？若以望言，则削书操笔之吏遂冠列侯，又岂必皆德望耶？诿曰黜陟拜罢由于独断，则罢者既免，召者未至，揆席其可久虚耶？

　　　　命将帅，天子之事。乾、淳盛时，或召对玉陛临遣，或亲酌卮酒宠行。每边帅缺，则于近地监司郡守选差；制置使阙，则于诸路安抚使内推择。故有自姑孰而镇金陵者，有自静江而开襄阃者，有自长沙而移荆州者，有自山阳而留帅维扬者，有自兴、沔、梓、遂而备除益帅者，将帅之才，随取随足如此。比日以来，何临事而乏使也？若取之出入边关，经历事任，则舍未投笔之夫，岂不能将上军、护绝塞耶？若选之亲履行阵，躬冒矢石，则雅歌缓带之士，岂不能征强兵、挫坚敌耶？若谓荐举选用必须实才，则夸者似勇诞者似忠帅才又何能得实耶？

　　　　国初养兵仅有十二万，太祖南征北伐，乃有百万之用。孝宗中兴，虽曾至四十余万，然一年拣军兵，二年拣效用，三年拣使臣，甚至欲省江池一军以宽民力，初不患兵少也。今内而三衙，外而江上，远而蜀口，连营列灶，数黟于昔，而又创游击，增忠义，招刺北人，请益兵不已，曾未闻俘一级、斩一馘以献，其病安在？

　　　　国初赋入仅一千六百余万，而征行调度未尝有乏兴之忧。淳熙岁计较之先朝虽多，然罢献羡，却宽剩，不科降度牒而封桩之积至于贯朽，建康京口江上诸处寄桩率数百万，未闻其财乏也。今版曹所入，朝廷所储，四总领所分拨窠名色额不减于旧，而增印诸料，更易钞法，科敷仕牒、僧符，议生财不已，曾未见上用足而下不匮，厥敝何繇？

夫相，国之良医也；帅，民之司命也；兵，社稷之卫；而财，人之心也。必欲开诚布公，经事综物，镇拊夷夏，统一官府，则任相之道何以？集思广益，绥远折冲，保安三边，调御诸将，则储帅之方何先？淮之兵分而趣戍新边，蜀之兵敛而退屯内郡，或分或合，欲使部分归一，攘却劲敌，则理兵之务何急？甲言战则弃资粮如丘山，乙言和则捐金帛如粪土，或敛或散，欲使用度均节，实利国家，则裕财之策何上？昔人有言，欲济世务，譬犹同舟涉海，一事不牢，俱受其败。今天下所同忧者，非但一事而已，而四事为尤大。子大夫以俊杰自命，岂无高识宏论裨补于时？况给札玉堂，非弄翰科场比也，其悉陈之，以备上采择。①

这道策问呈现极为精密的结构，这是南宋后期馆职策问经过上百年的历史发展后的必然形态，策问谈到了宰相、将帅、养兵、财政四个方面的问题，四个主题其实是按照同一个模式来展开论述和提问的，首先陈述祖宗成法，特别是宋孝宗时期的具体施政方案，然后指出今不如昔的现状，要求考生给出解决方案，以考察其政治见识。而在策问的结尾，他又再次就这四个主题提问，这种策问可以说是精心布局谋篇的结晶。

第二节　时政的投射：馆职策问的内容

殿试策问的命题方式比较模式化，方笑一先生指出：殿试策问中皇帝表现出的焦虑是一种模式化焦虑："上古圣王、汉唐明君、本朝先皇、儒家经典和自然灾害，从正反两方面给宋代皇帝的统治带来了压力和焦虑，促使他们追慕理想的统治，反思自己在现实中的统治行为，而摒弃不良的

---

① 《全宋文》，第 316 册，第 334—336 页。

举措与作为。"① 馆职策问与殿试策问大异其趣，馆职策问的命题，与时政结合最为紧密。馆职策问中反映出来的皇帝的焦虑来源，都是皇帝真实操心的国家大事。

宋高宗绍兴年间早期，馆职策问都是围绕"中兴"这个主题进行。这自然是由于宋高宗即位不久，国家大局未稳，宋高宗最为焦虑的大事必然是如何实现中兴，他需要借助"中兴"这一宏大主题来统一思想，聚拢人心，巩固其统治基础。

这一时期的馆职策问，枚举历代堪称中兴之主的帝王，如少康、盘庚、周宣王、光武帝、晋元帝、唐肃宗等，历数他们的功绩，要求考生陈述他们实现中兴大业的经验教训，为宋廷提供具有操作性的建议。但是，在中兴这个最重要的主题笼罩下，宋高宗绍兴年间的馆职策问还是各具面貌，细读绍兴年间的四道馆职策问，可以看出细微的不同，这些差异自然都与时局相关。

绍兴元年（1131）的馆职考试，命题人是汪藻，考生是刘一止。策问云：

> 问：王者之有天下，一曰创业，二曰守文，三曰中兴，而议者以守文为易，创业次之，中兴为难。周之宣王，汉之光武，晋之元帝，唐之肃、代，皆中兴之君也。其一时所用豪杰，国家恃以为废兴存亡者，盖粲然于今，有不可揜者矣。宣王所任者仲山甫，光武所任者邓禹，元帝所任者王导，而肃、代无闻焉。然唐卒复旧物，与周汉并隆，而元帝立国之基顾反不及之者，何也？或谓唐所以中兴者，李光弼、郭子仪之功。然是二臣者，皆武夫提兵，未尝得预庙谟之胜者也，亦可与仲山甫、邓禹、王导比耶？光武之诸将，未必皆为李、郭下者，而后世以再造汉室，禹为元勋。观禹暮年，威望亦少损矣，而耿、贾、吴、祭之徒，卒不敢与之齿者，岂有说乎？主上系隆大统，求贤如不及，将屈群策、复中原，凡在朝廷者，于康济之画，所当讲求而献也。敢问四代之君，任人之方，与其将相救时之术，孰得孰失，孰可以为法于今，孰于当时有遗恨而可为后世鉴者，愿悉著于

---

① 方笑一：《经学、科举与宋代古文》，浙江大学出版社，2017 年，第 200 页。

篇，毋隐。①

北宋之灭亡，最直接的原因在于军事守备。宋高宗要完成中兴大业，首要解决的依然是军事问题，但是该策题依然秉承宋朝立国重文轻武的基本国策，轻视郭子仪、李光弼这类统兵将领，认为他们不能与仲山甫、邓禹、王导这些文官相比。建炎三年（1129）的苗刘兵变发生不久，高宗对武将自然还是心有疑忌。这些在策问中都有隐晦的表达。

绍兴二年（1132），沈与求撰写的《召试馆职策题》②曰：

> 自古拨乱之主未有如周宣王者，而《诗》之所称，在《车攻》则曰内修政事，外攘夷狄；在《烝民》则曰任贤使能，周室中兴。夫唯政事既修矣，而又分别贤能而任使之，故能攘夷狄，复境土，绍文武之绝业而致中兴也。国家遭中微之运，夷狄内侵，盖八年于兹矣。主上圣神英武，自足以运动六合，傥因天意人心之归，恢复中原不为难事；然犹励精图治，虚己用人，兢兢焉日不遑眠。仰惟圣虑，必以上策自治，莫先于政事人才之间故耶？夫政事之在天下，可则因，否则革，不可胶也。揆之于时措之宜，尚有可施行者欤？参之于救弊扶偏之说，尚有可更张者欤？贤能并用，济济在列，然临事有乏才之叹。其或济时之才隐而未用，尚有可以博搜访而广储养者欤？凡此，皆当今之切务，而中兴之功特以成者。今发策以试三馆之士，将为时用，非直取其空言而已。愿条其利害之实，悉著于篇，以观所蕴。③

该策题的主题依然是如何实现中兴，但该年策题的重心在于任贤使能，选拔人才，这应该与绍兴二年三月举行进士科殿试有关系，宋高宗在该年的殿试上对辅臣说："朕此举将以作成人才，为异日之用。若其言鲠亮切直，他日必端方不回之士。自崇宁以来，恶人敢言，士气不作，流弊至今，不可不革。"④ 宋高宗已经做了这样的表态，不论宋高宗是真心实

---

① 《全宋文》，第 157 册，第 156—157 页。

② 该策题未标考试时间，策题中有"国家遭中微之运，夷狄内侵，盖八年于兹矣"之语，金兵南侵始于靖康元年（1126），故策题考试时间当为绍兴二年。另外，馆职策问的命题人的身份一般是翰林学士，绍兴二年七月，沈与求试吏部尚书兼权翰林学士，亦可证明该策题作于绍兴二年。

③ 《全宋文》，第 176 册，第 365 页。

④ 《建炎以来系年要录》卷 52，第 1077 页。

意想收纳忠直之士还是做出求贤若渴的样子，馆职策的命题人沈与求自当在策题中与皇帝同步。

绍兴三年（1133）的馆职策问，命题人是綦崇礼①，策问云：

> 问：自古帝王创业垂统，必乘天下之极乱；而蘖牙芽生，必因天下之极治。故世无常治，亦无常乱。治或生乱，乱或资治，治乱相循于大化无穷之中，犹日月相推而为昼夜，寒暑相推而为冬夏也。今天下之乱亦已极矣，意者适所以为圣明中兴垂创之资欤？然而拨乱世反之正，为功甚难，必有其道。敢问今日振弊之策，其施为之序何所缓急先后，而能顺趋于兴治也哉？昔三代之世尝中衰矣，少康承有扈之祸，以一旅谋夏，而复禹之绩，不失旧物；盘庚承九世之乱，由五迁治亳，而行汤之政，商道复兴；至于宣王，承大坏之余，能中兴周室，然《诗》之二《雅》已不纯乎文武之序，其得失可知也。汉、晋与唐亦尝中衰矣，光武以宗室子起田里，诛新莽，夷群盗，十余年间，身致太平，功德之隆，同符高祖，何其盛欤！及乎元帝，以琅邪王起江左，虽重兴晋祚，然尽其力而不能得中原；肃宗以皇太子起灵武，虽克复两京，然当其势，不能定河北，泰始、贞观之风遂不复见，其得失亦可知矣。考之于古，鉴之于今，则其所以得失之迹，正上之所欲闻也，愿并论之。②

该策题依然是历数中兴之主的功绩，要求考生阐述其政治得失，值得注意的是，策题只提中兴帝王少康、盘庚、周宣王、光武帝、晋元帝、唐肃宗，对于文武功臣一概置之不论，这种刻意彰显君主业绩而隐没将相功劳的做法，应该是与绍兴二年秦桧罢相有关，秦桧罢相制是綦崇礼撰写的，对秦桧的指摘极其严厉："自诡得权而举事，当耸动于四方；逮兹居位以陈谋，首建明于二策。罔烛厥理，殊乖素期。念方委听之专，更责寅恭之劾。而乃凭恃其党，排抵所憎。进用臣邻，率面从而称善；稽留命令，辄阴訹以交攻。岂实汝心，殆为众误。顾窃弄于威柄，虑或长于奸

---

① 策题未署撰写年份，策题前有"翰林学士左奉议郎知制诰兼侍读臣綦某进"，綦崇礼任翰林学士兼侍读在绍兴三年，故可判定该策题作于绍兴三年。
② 《全宋文》，第 168 册，第 23—24 页。

萌，方悉屏除，尚图改事。"① 这种严厉的措辞自然是出于宋高宗授意，相信綦崇礼对这次君相矛盾印象深刻，所以，一年之后，綦崇礼命题的馆职策只能回避君相问题，因为，馆职策都要给皇帝审核批准才能正式使用，触及宋高宗忌讳的事情，綦崇礼也不会干。

绍兴五年（1135）的馆职策问云：

> 问：古帝王遭时艰虞，扶危救弊，图回治安者，虽在圣哲，不敢以易。必深思长虑，审所当务，研极其至，以定其不易之规模。然后举而措之，见于施设，则动无废事，众功日兴，而大业以建。爰稽其始，究观其终，若合符节者，盖出于此。子产谓政如农功，日夜以思之。思其始而图其终，朝夕而行之，行无越思，如农之有畔。盖不思其始终，而为之无畔，徒欲力行，虽勤无补。若子产，可谓知此道者。周之宣王，当《小雅》尽废之时，兴衰拨乱，一时修攘之事，大略载于《诗·雅》，灿然可考，亦未有不先规画而后从事。及要其成，内外之治，莫不毕举，遂致中兴之隆，岂非其成效大验耶？主上纂累圣之图，履艰难之运，宵旰焦劳，临朝愿治，有年于兹矣。总揽群策，讲求政理，常若不及。然兵戈之余，流冗未复，州县之间，沃壤多旷。欲生聚之富，而版籍未充；欲藏用于民，而赋敛未省。荆襄淮甸，控制之冲也，而屏藩未强；诸道帅府，方伯之职也，而名实不副。凡经理天下、图回恢复之计者，其事固不可疏举，所当定其规模，按而行之，待以岁月，使算计见效，不愆于素，以辑成中兴之功者，宜有必然之画。愿条列而详言之，以竢上之采择焉。②

绍兴五年的馆职策问，已经不像绍兴元年至绍兴三年的馆职策问那样只是引述古代中兴之主泛泛而论中兴问题，而开始涉及具体的流民、赋税、军事、吏治问题，这是因为绍兴四年南宋军队取得一系列对金战争的胜利，吴阶在仙人关大败金军，岳飞收复襄汉六郡，并在淮南击败金和伪齐联军，南宋朝廷逐渐解除了金军的军事威胁，自然就要开始考虑国家建设问题。

---

① 《全宋文》，第167册，第183页。
② 《全宋文》，第187册，第187—188页。该策问与考生张嵲的对策一同保留在其《紫微集》中，张嵲参加馆职考试的时间为绍兴五年。

南宋立国以来，初期与金国战火连绵，后期又长期面临蒙古的军事威胁。这些国家大事在馆职策问中都有所反映。如洪咨夔所撰写的《召试馆职策》：

> 天下大势，首蜀尾淮，而腰脊荆襄，自昔所甚重也。诸葛亮之用蜀，祖逖、谢玄之用淮，羊祜、陆逊之用荆襄，规摹具在。得其人善用之，则抚机酬变，进退阖辟，岂不在我？而犹患备守之匪易，蜀方告警，襄又戒严，且蔓延于淮。贼虏为三师以观所应，故我之应敌不容出于一术。诸阃交相为援，如常山之蛇，力非不合也。或虑趋前不能无后顾，画境人自为守，可无连鸡之患。然同舟遇风，又虑一处不牢则俱受其害。分建三数大镇聚，甲兵糗粮以重中权，似可熊卧虎视，而并塞列城护风寒之地，恐难于敛戍。使寸而守之，则备多力分，抑兵家之所忌。挟初郡以为外扞，庶增藩篱之固，而鞭长或不及于马腹。委鸡肋而弃之，又几前功之俱废。沿江诸大屯招兵增戍而练舟师，门户之急务也。或谓守淮襄自能蔽江原，堡绵亘于凤沔，所以保蜀也。移三关之戍而扼三泉，得无已迫乎？督府进驻荆鄂，上流壮矣。金房联蜀，海道接淮，延袤数千里，或虞运掉之难。随地分立莫府，则大费又未易支也，以至南北军何以相制，官民兵何以相使，屯田于新疆何以能不资敌，调夫于边郡何以能不重扰？子大夫熟于观时，切于忧国，其举三边备守之要，悉意陈之，将复于上。[①]

端平二年（1235）十月，蒙古军攻陷枣阳，立马进攻南宋军事重镇襄阳，魏了翁督师江淮、京湖军马，调兵驰援襄阳，端平三年（1236），洪咨夔为翰林学士，这道策问当作于此时，它以国家最为紧急的军务发问，体现了试策最具特色的功能。

可见，与殿试策问相比，馆职策问的时政针对性更强，每一道馆职策问都折射了朝野关注的重大政治议题，在这个意义上，馆职策问应该引起我们的高度重视。

---

① 《全宋文》，第 307 册，第 195—196 页。

第三节　馆职策问与政治斗争

馆职策问的命题，一般都会密切关联时政，或评述历代政治得失，最终依然落脚到为当代政治提供镜鉴；或要求考生就当代重大政治、经济、军事等问题发表意见。馆职策问的命题人并非泛泛之辈，一般是有很高的政治地位和士林声望的翰林学士。宋代党争绵延不绝，在政治斗争激烈的形势下，由于馆职策问的内容和命题人身份的特殊性，馆职策问这种本来是用来选拔人才的试题，就会被政治环境异化，它不只是单纯的考试题目，会被别有用心者作为攻击政敌的工具。王安石变法期间，司马光撰写的馆职策问就以传说中的"天命不足畏，祖宗不足法，流俗不足恤"为题，攻击王安石，致使宋神宗否决了这道策题；洛蜀党争期间，苏轼撰写的馆职策问更是多次遭到政敌的弹劾，使他不堪其扰。

一、"三不足"说的始作俑者：司马光策题

宋神宗熙宁三年（1070），李清臣参加馆职考试，司马光拟了一道《学士院试李清臣等策目》：

> 问：先王之治盛矣，其遗文余事可见于今者，《诗》《书》而已矣。《诗》曰："文王陟降，在帝左右。"《书》曰："面稽天若。"盖言王者造次动静，未尝不考察天心而严畏之也。《诗》曰："毋念尔祖，聿修厥德。"《书》曰："有典有则，贻厥子孙。"盖言三代嗣王未有不遵禹、汤、文、武之法，而能为政者也。《诗》曰："先民有言，询于刍荛。"《书》曰："有废有兴，出入自尔师虞，庶言同则绎。"盖言与众同欲，则令无不行、功无不成也。今之论者或曰："天地与人了不相关，薄食震摇，皆有常数，不足畏忌。祖宗之法，未必尽善，可革则革，不足循守。庸人之情，喜因循而惮改为，可与乐成，难与虑始。纷纭之议，不足听采。"意者，古今异宜，《诗》《书》陈迹，不可尽信邪？将圣人之言，深微高远，非常人所能知，先儒之解，或未

得其旨邪！愿闻所以辨之。①

该策题前有小序云："熙宁三年三月二十八日。时王介甫言于上，以为'天命不足畏，祖宗不足法，流俗不足恤'，故因策目，以此三事质于所试者。范景仁后至，曰：'流俗不足恤一事，我已为策目矣。'遂删之。明日，禁中以纸帖其上，别出策目试清臣等。"②

"天命"是帝王君临天下的合法性来源，按照"五德始终说"，宋是以火德继承正统，故又称"炎宋"；"祖宗之法"是宋太祖等宋朝先帝开创的一系列政治、经济、军事制度，被宋代君臣视为不可动摇的施政原则；至于"流俗"，又称"人言"，自古就有"防民之口，甚于防川"的训诫，而宋朝一贯鼓励臣民上书论政。王安石的"三不足"之说，若广为流布，无疑会极大动摇宋王朝的统治基础，破坏宋王朝的政治秩序。司马光以"三不足"为策题，是出于其保守派立场，试图坐实王安石的"三不足"说，给其施加舆论压力，造成王安石个人政治生涯危机，宋神宗敏锐地意识到这道策题可能带来的政治后果，封杀了这道策题。

二、苏轼策题与洛蜀党争

洛蜀党争是宋哲宗元祐时期以程颐为首的洛党和以苏轼为首的蜀党的意气之争。程颐为人严肃古板，不近人情，而苏轼活泼通达，雅好戏谑，得罪了程颐。两人在士林都颇有声望，门生故友众多，引发了连绵不断的党争风波。元祐元年（1086）十二月，苏轼为学士院试馆职撰写策题云：

《传》曰："秦失之强，周失之弱。"昔周公治鲁，亲亲而尊尊，至其后也，有寖微之忧。太公治齐，举贤而上功，而其末流，亦有争夺之祸。夫亲亲而尊尊，举贤而上功，三代之所共也。而齐鲁行之，皆不免于衰乱。其故何哉？国家承平百年，六圣相授，为治不同，同归于仁。今朝廷欲师仁祖之忠厚，而患百官有司不举其职，或至于偷；欲法神考之励精，而恐监司守令不识其意，流入于刻。夫使忠厚而不偷，励精而不刻，亦必有道矣。昔汉文宽仁长者，至于朝廷之

① 《全宋文》，第56册，第173页。
② 《全宋文》，第56册，第173页。

间，耻言人过，而不闻其有怠废不举之病。宣帝综核名实，至于文学理法之士，咸精其能，而不闻其有督责过甚之失。何修何营可以及此？愿深明所以然之故，而条具所当行之事，悉著于篇，以备采择。①

该策问简明扼要地点出宋仁宗和宋神宗两朝的施政作风的利弊，即"忠厚"和"偷"的矛盾，"励精"和"刻"的矛盾，并本着策问一贯的崇古的精神，称颂汉文帝和汉宣帝的施政的完美，不料却引发政敌持续不断的攻击。

程颐门人朱光庭随即上《乞正学士院策题撰者之罪奏》，认为这道题涉嫌对先帝不敬，要求朝廷定苏轼的罪：

> 学士院试馆职策题云："欲师仁祖之忠厚，而患百官有司不举其职，或至于偷；欲法神考之励精，而恐监司守令不识其意，流入于刻。"又称"汉文宽大长者，不闻有怠废不举之病；宣帝综核名实，不闻有督察过甚之失"。臣以谓仁祖之深仁厚德，如天之为大，汉文不足以过也；神考之雄才大略，如神之不测，宣帝不足以过也。后之为人臣者，惟当盛扬其先烈，不当更置之议论也。今来学士院考试不识大体，以仁祖难名之盛德，神考有为之善志，反以偷刻为议论，独称汉文、宣帝之全美，以谓仁祖、神考不足以师法，不忠莫大焉。伏望圣慈察臣之言，特奋睿断，正考试官之罪，以戒人臣之不忠者。②

这篇上疏截取苏轼策题中对于汉宋君主施政风格的判断，随意发挥，上纲上线，给苏轼扣上"不忠"的大罪，这其实是效仿"乌台诗案"中舒亶、李定等人的故伎，意图置苏轼于死地。

苏轼上《辩试馆职策问札子》自辩："臣之所谓'偷'与'刻'者，专指今之百官有司及监司守令不能奉行，恐致此病，于二帝何与焉？至于前论周公、太公，后论文帝、宣帝，皆是为文引证之常，亦无比拟二帝之意。"③

但是，苏轼的辩解却招致御史中丞傅尧俞、侍御史王岩叟附和朱光庭

---

① 《苏轼全集校注》，第11册，第706页。
② 《续资治通鉴长编》卷393，第16册，第9564—9565页。
③ 《苏轼全集校注》，第13册，第3100页。

继续攻击苏轼，苏轼同乡吕陶则上疏为苏轼辩解，点破这次策问风波的要害："程颐与朱光庭有亲，而苏轼尝戏薄程颐，所以光庭为程颐报怨而屡攻苏轼。"最后朝廷下诏平息了这场争端。

元祐二年（1087）十二月，苏轼为学士院撰写的策题又一次遭到政敌弹劾，策题云：

> 古之君子，见礼而知俗，闻乐而知政，于以论兴亡之先后。考古以证今，盖学士大夫之职，而人主与群臣之所欲闻也。请借汉而论之。西汉十二世，而有道之君六，虽成、哀失德，祸不及民，宜其立国之势，强固不拔。而王莽以斗筲穿窬之才，谈笑而取之。东汉自安、顺以降，日趋于衰乱，而桓、灵之虐，甚于三季，其势宜易动，而董、吕、二袁，皆以绝人之姿，欲取而不敢。曹操功盖天下，其才百倍王莽，尽其智力，终身莫能得。夫治乱相绝，而安危之效，相反如此。愿考其政，察其俗，悉陈其所以然者。[①]

这道策题通篇谈论两汉政治，并没有直接评论当朝政治，应该没有可指摘之处，但因为提到王莽、董卓、袁绍、曹操这些篡国之臣，又招致政敌的攻击。监察御史杨康国、赵挺之，侍御史王觌先后上疏弹劾苏轼。苏轼为了远离政治漩涡，自请外放杭州。

第四节　宋代馆职对策的书写策略

现存的宋代馆职考试对策，作者身份明确又可以准确系年的有 14 篇，分别是：毕仲游《召试馆职策》（元祐元年）、李昭玘《试馆职策一道》（元祐元年）、刘一止《试馆职策》（绍兴元年）、朱松《试馆职策一道》（绍兴四年）、张嵲《试馆职策》（绍兴五年）、周必大《试馆职策》（绍兴三十年）、员兴宗《馆职策》（乾道三年）、林光朝《召试馆职策》（乾道五年）、吕祖谦《馆职策》（乾道七年）、蔡戡《馆职策》（乾道七年）、魏了翁《答馆职策一道》（开禧元年）、周南《丁卯召试馆职策》（开禧三年）、

---

① 《苏轼全集校注》，第 11 册，第 709—710 页.

真德秀《馆职策》（嘉定元年）、王迈《乙未馆职策》（端平二年）。这里有两组同题馆职策：毕仲游和李昭玘的馆职策都是元祐元年策题，吕祖谦和蔡戡的馆职策都是乾道七年策题。

殿试对策的书写要求非常严格，首先要引用策问的原文，然后再针对策问作答。相比之下，馆职对策的书写，没有这种严格要求。这样，我们就无法像殿试对策那样，从馆职对策中看到策问的原貌，上文所述 14 篇馆职对策，只有毕仲游、李昭玘、刘一止、张嵲、林光朝、吕祖谦、蔡戡、真德秀、王迈的对策的策问保留，依据这 9 篇配套的策问和对策，我们可以分析馆职对策的书写策略。

一、吕祖谦、蔡戡的书写策略

馆职对策的开篇，一般是作者精心撰写的立论精警的语句，它具有统摄全篇的功能。从作者的写作心理出发，这应该是作者审题之后，在脑海中形成了基本答题纲要，再提炼出高屋建瓴的中心论点。蔡戡的《馆职策》开篇立意就是模仿苏轼的《御试制科策》，为了使文章做得波澜横生，还需要立论刻意翻新出奇，在文章中上周下延，使得文章枝节横生。

宋孝宗乾道七年（1171），吕祖谦、蔡戡同时参加馆职考试[①]，试策问一道，两人的馆职对策都保存在各自的文集中，蔡戡的《定斋集》中还保留有这次馆职考试的策问。

乾道七年的馆职策问云：

> 问：自古进言之臣，竭诚毕议，莫不欲其言之行也；求言之君，广览兼听，莫不愿其言之可行也。如汉之贾谊，号通达国体者，其上疏陈政事，可为痛哭流涕、长太息者凡九条，史略其三。前人谓古之伊、管未能远过，盖其言固可行也。唐之姚崇知明皇锐意于治，欲命之相，乃设为目，要说天子者凡十事，至曰"陛下度不能行，臣敢辞"，而其言固亦可行者也。然史之言谊也，则曰："追观孝文玄默躬行，以移风俗，谊之所陈，略施行矣。"言崇也，则曰："旧史所传，开元初皆已施行，信不诬矣。"今以二臣之所言，参二帝之所行，于

---

① 《宋会要辑稿·选举》三一之二三："（乾道）七年七月十九日，诏右宣教郎吕祖谦、左宣教郎蔡戡并召试馆职。"

一代中可考者多矣。愿悉举以告，可乎？于谊言"略施行"，岂当时偶行之之略耶？抑其果不可尽行耶？于崇言"皆已施行，不诬"，岂行之者尽而无遗耶？抑真不可遗耶？又岂崇之说尤中时病，实有优于谊耶？抑岂谊自信直道，而崇要君或有术耶？夫行于古而有验，亦必可施于今，试于榷略二子之际，撅其在今可行者果何事乎？有司承诏策馆阁之彦于斯，其易知矣，愿敷陈之，以闻于上。①

这道策问以贾谊上疏汉文帝和姚崇以十事要求唐玄宗这两件历史事件为例，要求考生分析臣子进言被皇帝不同程度采用实施的原因。以下分析蔡戡和吕祖谦的馆职对策的答题策略。

蔡戡的《馆职策》开篇立论非常精警："愚闻人臣之进言，正犹医者之用药。医于未病之前，易于取效，而常患于不听；医于已危之后，易于见信，而常患于不及。"虽然蔡戡这段话的立意应该是来源于苏轼的《御试制科策》："臣闻天下无事，则公卿之言轻于鸿毛；天下有事，则匹夫之言重于泰山。"但师法前贤又能自出机杼，仍然不失为好文章。

然后举出史实论证自己的观点：齐桓公之于管仲，苻坚之于王猛，都是君臣相得的典型，然而国家危机未萌，君主都没有听忠臣临终之言，致使小人祸乱国家。代宗之于程元振，德宗之于卢杞，君臣如胶似漆，然而国家形势危急之时，君主都能迅速从谏如流，罢免奸佞。

以充分的史实有力地论证了自己立论后，文章开始正式切入策问，策问中提出：史书评述贾谊和姚崇进言的效果，分别是"略施行"和"皆施行"。这就需要作者调动历史知识储备来阐释策问中的观点。对比贾谊和姚崇上书献政的政治背景：

汉文帝承高、惠之后，天下尚安，洛阳少年上书言事，痛哭流涕。当是时，匈奴尝侵边矣，固未若平城之危；诸侯盖逾制矣，固未有七国之变。而生以为寝积薪之上，而火其下，惴然常若有不测之忧，近在朝夕，此固帝之所难信也。又况帝以宽仁之资，务在涵养斯民，稽古礼文之事且有所不遑，生欲制匈奴之命，分诸侯之地，此又帝之所难行也。夫生之所陈者九，史遗其三，而帝所行者四耳。生欲

---

① 《全宋文》，第 276 册，第 288－289 页。

尚礼义，而帝以德化民；生欲厚风俗，而帝以敦朴示天下；生欲教太
子，而帝训太子以恭俭；生欲敬大臣，而帝养臣下以礼节。生力言
之，帝躬行之，史臣所谓"略施行"者此也。

唐明皇惩武后、中宗之乱，思欲痛革之，广成猎师乘时投合，乃
先设事，以坚帝意。当是时，狱吏深文，边臣幸功，阉人与政事，戚
属任台省，猥亵狎大臣，摧沮谏者，以至贡献无度，营造无节，壬佞
冒宪而不诛，后家擅权而不抑，此数者帝之所亲见也。而况帝以英敏
之资，锐于图治，扫除积习之弊，兴起太平之功，此又帝之所乐行
也。夫崇之所陈者十事，而帝皆行之。帝鉴女祸，远后族，放周利正
之酷吏，抑郝灵荃之边功，长孙昕犯法则诛之，张廷珪善谏则赏之，
宋广平之正则敬之，杨思勉之诉则沮之。焚珠玉锦绣，示却内外贡献
也；汰天下僧尼，示罢寺观营造也。崇历历而言，帝一一而行。史臣
所谓"皆施行"者此也。①

贾谊上书汉文帝之时，天下虽未海晏河清，但大体上是安宁的，所以
汉文帝只是选择具有可行性的政策来施行；唐明皇启用姚崇为相之时，国
家正处于朝纲混乱、奸佞当道的危急时刻，所以唐明皇全盘接受了姚崇的
施政方案。蔡戡对于贾谊上书汉文帝和姚崇建言唐明皇这两件事的分析，
是顺着开篇立论的思路展开的，所以，蔡戡这篇馆职对策的开篇立论实非
泛泛而谈，而是具有统摄全篇的作用的中心论点。

策论性质的文章，按照苏轼的看法，行文要做到"高下抑扬，如龙蛇
捉不住"②。就是说文章要做到波澜起伏，姿态横生。而策论的议论文性
质，就要求作者的观点不能一味平实，必须能在有理有据的基础上发表新
奇的观点，在这样的指导思想下，蔡戡又有翻新之论："谊之言虽不尽行
于文帝之时，而行于武帝之世；崇之言虽能行之于开元之初，而不能行于
天宝之末。武帝攘却夷狄，则谊所以制诸侯之术也。当时虽略施行，而后
世尽行之，不足以为深恨。明皇天宝以后，惑女宠，任宦官，相杨国忠，
杀周子谅，好大喜功，穷奢极侈，与崇之所陈，前后相反。始虽行而不能

---

① 《全宋文》，第276册，第290—291页。
② 《苏轼全集校注》，第20册，第8664页。

终行之，不足以为深喜。"① 议论虽然出新，却是以史实为依据，而不是寻常文人的强做翻案文章。

然后文章由评述历史进入当朝时务，这是对策问"夫行于古而有验，亦必可施于今，试于榷略二子之际，摭其在今可行者果何事乎？"的回应，蔡戡尖锐指出：

> 主上未明求衣，日昃不食，遑遑焉思中兴之治，于今十年矣，主上之心未尝一日不在中原也。然而主上有恢复之心，而无恢复之实；群臣有恢复之言，而无恢复之志。群臣之心观望迎合，入对便殿，慷慨敷陈，莫不有万全之策；出见侪辈，从容议论，莫不持两端之言。乘机抵巇，以要权利，听其说则侈大而可乐，要其归则汗漫而无成。②

最后，蔡戡提出"夫欲除外患，莫若尽自治之策；欲弭内忧，莫若行救灾之政"的应对策略。

蔡戡的《馆职策》紧扣策题，思路清晰，层层推进，结构严密，毫无枝蔓，作为应试的答卷，应该说是非常符合考试要求的。

吕祖谦的《馆职策》以"治道大原"统摄全篇：

> 治道有大原，不本其原，徒欲以力救斯世，君子许其志不许其学。天下之事，要不可以力为也。忧世之士、喜功名之人，慷慨摩厉，将欲挽一世而回之，其意气岂不甚壮矣哉？激之欲其急而听者愈缓；邀之欲其坚而守者终渝。未逢其原而倚办于区区之力，固不可耶。③

开宗明义宣示：治理国家有"大原"，也就是治理国家的基本原则。统观吕祖谦《馆职策》全文，"大原"有如下内涵：治国以内政为先，外忧为后，也就是所谓"攘外必先安内"；君臣应当同心同德，赤诚相待，不可互相要挟。当然，吕祖谦并没有直接阐述"大原"的内涵，所以，朱熹批评他："伯恭策止缘里面说大原不分明，只自恁地依傍说，更不直截

---

① 《全宋文》，第276册，第291页。
② 《全宋文》，第276册，第292页。
③ 《全宋文》，第261册，第336页。

指出。"① 作为考试对策，它没有直接指出核心概念的内涵，却要阅卷官费力寻找，这确实是作答的大忌。

然后扣题，指出贾谊未能知"大原"：

> 谊序天下之事，所先者外忧，所后者内治，于为治之大原似未深讲也。当是时，近有专土桀骜之诸侯，远有乘边侵侮之匈奴，汉廷公卿玩细娱而忘远虑，谊之忧亦岂可厚非哉？至于不寻其原，遽欲斧其髀而系其颈，则疏矣。天下之患，懦者常欲一切不为，锐者常欲一切亟为。甲兵朽，鈇钺钝，养痈护疽，偷取爵秩，各饱其欲，而日朘月削之患，独归国家，是滔滔者既不可胜诛，号为有意斯世者，又复不审前后，不量彼已而轻发之，终无于是。两者之间，参订审裁，立其本，循其序，摹之于前而收之于后者，此谊与汉庭公卿俱堕一偏，文帝卒罔知所倚，虽略行其策，迄不能并三五之隆也……今览其疏，或泛数而置四五之间，或遗落而无一言之及，谊尚得为知大原乎？大原既失，无惑乎用力虽劳，言者急而听者缓也。②

吕祖谦认定的治国"大原"是先修明内政，再处理外患。这其实也是针对吕祖谦时代的国家大事而发，他秉持大宋北伐必须做好充分准备的观点。

吕祖谦随后指出姚崇也没有明了"大原"：

> 玄宗始初，清明求治之意如川之方至，钦迟崇之旧德凤望，起于藩维而相之，徯于崇者何如也？崇苟学知大原，则一举其纲而天下定矣。方且逡巡不拜，历述十事，邀其诺而后就位。仇敌相交则有盟，市道相质则有券，君相聚精会神之际，而用要约焉，吁，何薄也！将开端垂统，基一代之治，而君相畀付之初，已恃要约以为固，则为治之大原已隳矣。③

可见，吕祖谦认为君臣应该坦诚相待，不应玩弄权术，这也是宋儒一贯的观念，欧阳修在《纵囚论》里就对唐太宗释放囚犯一事表达了自己的

---

① 《朱子全书》，第18册，第3856页。
② 《全宋文》，第261册，第337页。
③ 《全宋文》，第261册，第337-338页。

看法："吾见上下交相贼以成此名也，乌有所谓施恩德与夫知信义者哉？"①

　　随后吕祖谦分述贾谊和姚崇的不同：

　　　　谊虽气激辞愤，阔于事情，姑善之以劝来者。自时厥后，冯唐、申屠嘉之属，规儆辅拂，不绝于朝，终置文帝于寡过之地，是固有以召之也。②

　　　　史称姚崇善应变，以成天下之务。然变或非正，失亦随之，其尤大章明者两端焉。……崇矫诬上天，一旦破其扃镭而芟夷之，使其君荡然无所顾忌，驯致渔阳之变，撤其防而导其侈者，实崇也。③

　　然后吕祖谦继续强调贾谊、姚崇的问题都在于"未知大原"："参谊、崇而论之，所到固有浅深，其未知大原之所在则一也。"④

　　最后仍以"大原"结束全文："诚储神为治之大原，提其统，据其会，则出治者无一出一入之累，而观治者亦无一喜一惧之移矣。讲大原之所在，闲燕咨访，将有人焉，愚不敢躐等而议。"⑤

　　相比于蔡戡的馆职对策，吕祖谦的对策显得比较枝蔓，前文中他指出贾谊未能知晓"大原"后，运用三联排比句发挥他的治国之道："必将首明帝学，大定其本，而嗜卑惮高，令今可行之言不肯出也；必将继论储贰，趣择师傅，而刑名惨刻、术数临制之习不能入也；必将深绝私昵，防微杜渐，而近戚幸臣、干法嫚朝之恶不敢肆也。"⑥ 这就使得行文不够精练。《朱子语类》卷122："伯恭是个宽厚底人，不知如何做得文字却似个轻儇底人。如省试义大段闹装，说得尧舜大段胁肩谄笑，反不若黄德润辞虽窘，却质实尊重。馆职策亦说得慢，不分晓，后面全无紧要。伯恭寻常议论亦缘读书多，肚里有义理多。恰似念得条贯多底人，要主张一做好时，便自有许多道理升之九天之上；要主张做不好时亦然。"⑦ 陆九渊评

---

① 《欧阳修诗文集校笺》，第563页。
② 《全宋文》，第261册，第339页。
③ 《全宋文》，第261册，第339—340页。
④ 《全宋文》，第261册，第340页。
⑤ 《全宋文》，第261册，第341页。
⑥ 《全宋文》，第261册，第337页。
⑦ 《朱子全书》，第18册，第3856页。

曰："吕正字馆职策，直是失了眼目，只是术。然孟子亦激作，却不离正道。"① 当然，吕祖谦本人并不认为写文章枝节横生是毛病，他曾在《左氏博议》序中说："枝辞赘喻，举子所以资课试者也。"他认同在文章中上周下延，运用大量的比喻，使得文章不显得呆板，他认为这样更能获得考官的青睐。

二、匠心独运：张嵲和真德秀的对策的特殊结构

宋代馆职对策的开篇语，一般是作者苦心孤诣撰写的警句，这成为一种写作馆职对策的规范，如毕仲游的《召试馆职策》开篇语："臣闻不循于理，不合于变，不适于用而使之言，则行道之人皆自以为晁、董；先循于理，次合于变，卒适于用而使之言，则虽晁、董有所不能尽。"② 毕仲游的警句，揭示了这样的道理：逞口舌之快，发表空洞无用的言论，是很容易的事情，但要使言论切于实用则非常难。开篇造警句，确有新人耳目之用，但也有突破这一规范的写作方法。绍兴五年（1135），张嵲参加馆职考试，他的馆职策开篇就不循常规，显示出独特的构思：

> 愚尝观富人大家之作室也，必先略基址，具糇粮，鸠材榦，议版筑，相面势之阴阳，审堂室之高下，然后度其材而用之，大者为楹栋，小者为榱楣，又负偃植，各安所施。如是，则不待劳筋苦骨，可以坐享广厦之安矣。

> 又尝观良农之治田也，必先相衍沃，表原隰，辨丘陵，度肥瘠，视土地之宜，审稑秬之种，高者以艺稷黍，下者以植粳稌。雨之沾足也，则谨其耕；苗之猥大也，则谨其耘；实之坚好也，则谨其获。如是，则不俟沾体涂足，服枱芟衣，袯襫袖手，而获仓箱之积矣。

> 夫作室，细务也，治田，鄙事也，富人、老农非有绝人之智识也，而且能区处规画于其前，享成劳于后，又况圣人之治天下，开基创业，垂无穷之统，兴衰拨乱，而骤救倾危以时者哉！虽然，富人之作室也，身不亲斤斧，而有其安；良农之治田也，手不事穮蓘，而有其利。何者？有梓匠隶农为之服勤劳而致其力故也。然则圣人之致

① 陆九渊：《陆九渊集》，中华书局，1980年，第434页。
② 《全宋文》，第111册，第83页。

治，亦在于得人而已矣。①

张嵲的对策开头很特殊，是以两个寓言来说明治国之道。这跟一般的馆职策以造警句开头大异其趣。作文虽有模式，但也有人不断突破模式。

嘉定元年（1208），真德秀参加馆职考试，这次馆职考试策问有些不同寻常，涉及了当前时政方方面面的问题，策问云：

> 问：尧舜之盛，野无遗贤，而用人之际，犹曰"试可乃已"，又曰"明试以功"，吾夫子亦曰"其有所试矣。"今之仕者，鲜不由试而进，寒畯之试固详，而任子亦试于铨选。至若宏词博学，既中科目，将登之储材之地，宜无待于试，而给札玉堂，厥有故事。正欲详询当世之务，上裨国论，合于古而宜于今，以见有用之学非止角空言而已也。厥今多故，类非一端，圣上宵旰于上，二三大臣百执事相与图回于下，未始于日不孜孜也。邻邦革心，寻复和好，谓三边粗有息肩之望则可耳，体国之士，方怀忧隐。夫竭民力以养兵，正以备一日之用，及其御敌，乃骄惰而无功。暴露者以时升转，既与蒙犯矢石者无以异，而供亿浸广，殆未知善后之计。召募敢勇，尝赖其力，讲解之后，何以为驾御之方？招收雄淮，未见于用，名数实繁，何以为赡给之费？糇粮既无赢蓄，漕运又多不通，然则欲为久远之图，莫留屯若也。数十年来，大略可睹，至于今日，又有甚难。将委之民则土旷人稀，必至卤莽；将责之兵则操戈负耒，未免扞格。又况流离颠顿之余，或役驱驰之久，其谁任此？无已则复力田之科，尽捐赋租，劝之垦辟，然必藩篱既固，民生安堵而后可为，非可以遽纾目前之急也。裁楮为币而价日削，藏粟多阅而籴日增，时雨方通，遗蝗复起，事至而应则虑有噬脐之悔，先事而图则孰为彻桑之急？伊欲用李悝之平籴，采晁错之实边，萧何、诸葛之馈运，充国、枣祗之屯田，以至昭义步兵，雄边子弟，择而用之，岂无其说？矧今更化方新而治效未著，求言甚切而士气未伸，讲明有素，毋惮敷陈，硕画嘉谋，不患不见于用也。②

---

① 《全宋文》，第187册，第188—189页。
② 《全宋文》，第313册，第297—298页。

策问可以分解为如下问题：士兵骄惰无功，应该如何处理？赏赐无度，应该如何善后？如何驾驭敢勇？如何供给雄淮？真德秀的馆职对策避开了通行的应答模式，他的对策结构模仿贾谊的《陈政事疏》："臣窃惟事势，可为痛哭者一，可为流涕者二，可为长太息者六。"[1] 真德秀的馆职对策以如下四段文字作为文章的骨架：

> 愚窃惟今日事势，有深可畏者二，亟当图者三，有不足虑者四。[2]

> 何谓不足虑者四？曰兵骄惰而无用也，赏轻滥而亡节也，敢勇之招难于控御也，雄淮之招难于赡给也。[3]

> 何谓深可畏者二？更化以来将半载矣，以乡者国势之杌陧，今当转之以安强；以乡者人心之惊危，今当易之以帖泰。然自其国势观之，形体虽安而命脉则未固，枝叶虽茂而根本则未充。敌人窥觎，要索亡已，俛首请命，屈意买和，削弱之形，荼然其不振也。自其人心观之，则畿甸之间，忧疑转甚，远近之众，愁痛未瘳，讹言喧腾，殊骇观听，物情汹汹，几不皇安，危乱之兆，凛乎其可惧也。[4]

> 何谓亟当图者三？曰戒近习，曰畏小人，曰拯民命。[5]

在这个框架下，他对于每段骨架做了细致的阐述，所以，他的对策逻辑非常清晰，阅读效果极为流畅。真德秀的馆职对策，不仅全篇脉络清晰，呈现出极为严密的结构，在一个小段落中也布置严密：

> 敢勇之招，雄淮之招，固将为竦戎容、壮边备计也，然徒赖其力而纪律不严，欲多其数而差择不审。昔人未尝不募民兵也，然既募之后则有纪律焉，马燧之练成精卒是也。方募之始则有差择焉，马隆之立标简试是也。

> 曩者申命诸州发徒隶，召骁勇，繇江湖福建来者，嚣嚣躘突，鸡犬一空，道路萧条，亡异寇掠。迫至辕门，乳臭之将，拥以自卫，养

---

① 贾谊著，王洲明、徐超校注：《贾谊集校注》，人民文学出版社，1996年版，第427页。
② 《全宋文》，第313册，第298页。
③ 《全宋文》，第313册，第299页。
④ 《全宋文》，第313册，第302页。
⑤ 《全宋文》，第313册，第304页。

如骄子，不敢谁何。虽其守御粗立寸功，而意气陆梁，寖不可制。是以偏俾小校敢陵主帅，一旦执而戮之，众怨交哗，则纪律素亡之失也。

　　曩者漕臣急于增戍，创雄淮之额，优廪给之数，揆之他军，厥费三倍，冀诱其来，而不知民之可为兵者不若是之伙，故浮脆屑弱得以挂名尺籍间。旧兵失亡者未除，新兵增益而亡艺，举十余万之众而廪食县官，不待智者知其难继矣。是以瞋目语难，攻剽迭起，前者诛夷，后者靡戒，恣睢为患，未知所终，此则差择不严之过也。①

　　"敢勇"和"雄淮"都是南宋地方官招募的民兵，难免有纪律不严、不加裁汰的毛病，真德秀首先指出民兵存在的这两大问题，然后举出马燧和马隆为例，说明严格纪律和审慎裁汰的益处，而后分别详细阐述纪律不严和差择不审的情状，均使用"曩者……是以……则……也"这样的句式结构。

　　从真德秀的馆职对策可以看出，南宋后期的士大夫，在馆职考试上已经积累了相当多的应试经验，通过借鉴前人的文章布局方式，他们就有能力撰写结构严密的文章。

三、毕仲游的书写策略

　　元祐元年（1086），苏轼命制馆职策题《师仁祖之忠厚，法神考之励精》②，四库馆臣云："仲游少负隽名，其试馆职时，所与同策问者，乃黄庭坚、张耒、晁补之诸人，而苏轼独异所作，擢为第一，他日又举以自代。"③张耒、晁补之是名列"苏门四学士"的杰出文人，与苏轼交游亲厚，相比之下，毕仲游与苏轼的关系较为疏离，苏轼为什么对毕仲游的馆职策青睐有加？从保留在毕仲游的《西台集》中的对策可以略窥一二。毕仲游的对策，采取了激进的写作策略：大胆评述朝野关注的政治大事，并且在观点上与考官苏轼基本一致。而与毕仲游同时考试的李昭玘，从他的

---

①　《全宋文》，第 313 册，第 300 页。
②　苏轼策题全文见上文"馆职策问与政争"。
③　见《四库全书总目》卷 155 集部 8，崔铭《〈黄庭坚年谱新编〉献疑》认为黄庭坚并未参加元祐元年的馆职考试，文见《中国学研究》第四辑，今从其说。

对策来看，仅仅是就事论事，从考试角度来讲，这种中规中矩的应答方式是安全的，但只能被评判为合格，而不能达到让考官特别欣赏的水准。

毕仲游的馆职对策云："自嘉祐以来，天下之士常患乎科举之累，而尤以诗赋为无用，故废去偶俪破碎之辞，而进以通经义理之学，庶几乎有用。而十数年之间，缀文之士号为通经者，偶俪破碎反甚于诗赋。至合天下为一体，如适莽苍之野，而观蓬蒜之多，第见同色耳，孰能形小大美恶于其间哉？诗赋则曼词以自售，经义则曲论而求通。取士之法虽分，而科举之累如一。无他故也，上之人道之不善尔。"①

这是在讨论宋代科举史上的诗赋和经义之争，毕仲游的立场很明确：科举考试废除诗赋改试经义并不是取善之道，显然，这是反对王安石的熙宁科举改革的，这与苏轼熙宁四年（1071）所上的《议学校贡举状》中的意见一致。值得注意的是：苏轼的馆职策问讨论的是宋仁宗和宋神宗两位皇帝不同的施政风格，并不涉及科举的内容，毕仲游在这里以很大的篇幅谈自己对科举考试内容变革的看法，似乎也有刻意追步苏轼之嫌。

苏轼《议学校贡举状》云："夫欲兴德行，在于君人者修身以格物，审好恶以表俗。孟子所谓'君仁莫不仁，君义莫不义'。君之所向，天下趋焉。若欲设科立名以取之，则是教天下相率而为伪也。上以孝取人，则勇者割股，怯者庐墓；上以廉取人，则弊车羸马，恶衣菲食，凡可以中上意，无所不至矣。德行之弊。一至于此！自文章而言之，则策论为有用，诗赋为无益；自政事言之，则诗赋、策论均为无用矣。"② 苏轼指出，君主的好恶对于世人的德行有巨大影响，为了迎合上意，世人常常矫揉作伪，导致世风败坏。

毕仲游承接苏轼的观点，批评趋炎附势、见风使舵的世风：

> 然师仁祖则有偷之防，法神考则有刻之虑者，以风俗出于观望之致尔。故有言某事之利民者，上不知其利而使视之，视之者必为观望曰："是欲我言利也。"则言其利，不言其害。上不知其害而行之，故朝廷以为利者，天下以为害。有言某事之害民者，上不知其害而使视之，视之者必又为观望曰："是欲我言害也。"则言其害，不言其利。

① 《全宋文》，第111册，第83页。
② 《苏轼全集校注》，第13册，第2846—2847页。

上不知其利而去之，故朝廷以为害者，天下以为利。推本而言，岂朝廷之所望于下哉？且天下之士，固有赞青苗，誉免役，歌市易，颂盐法。至于今日，闺门之内，道路之间，皆以为青苗为可除，免役为可罢，市易为可改，盐法为可废。至于其它新法，无不言可更者。是岂真知其不善而可更哉？亦出于观望而已。盖今日之言不善，有前日以为善而欲奉行之人也。则朝廷明日欲复新法，彼又将言青苗可举，免役可行，市易可置，盐法可作。至于其它新法，无不言可为者也。由观望之心，成观望之俗，故师仁祖则事或至于偷，法神考则虑或入于刻，盖皆不在偷、刻之间，而观望使之然也。①

毕仲游指出：仁宗朝政治风气偷怠，神宗朝政治风气严苛，最核心的原因在于"风俗出于观望"，即世人不发表独立意见，一味迎合上意。毕仲游的这种解释避免了就事论事。苏轼在王安石变法这场影响极其深远的政治改革中一贯保有自己的立场，他既反对王安石过于激进猛烈的改革，又反对司马光不分青红皂白一概废除王安石改革措施的做法，特别是对免役法多有辩护，所以苏轼既不见容于以王安石为首的激进改革派，又与司马光等保守派矛盾甚深。毕仲游批评趋炎附势、见风使舵的小人，与苏轼的政治态度是高度一致的。所以，苏轼看到毕仲游的这篇馆职对策，自然会将其定为第一名。只是，虽然苏轼和毕仲游都对刻意迎合上位者的做法提出批评，但毕仲游获得此次馆职考试的第一名，似乎也是他刻意迎合苏轼的结果。

第五节　馆职对策的文学化

考试对策是应用文体，其最重要的功能是议论时政，考生要严格按照策问的要求，就时政发表见解，这就决定了考试对策的文风平实，审美性不强。但是，南宋的馆职对策，出现了明显的文学化趋势，主要表现在两个方面：一是馆职对策中骈俪句增多，二是馆职对策中铺排成分加强。

---

① 《全宋文》，第111册，第84—85页。

一、南宋馆职对策中的骈俪成分

南宋中后期的馆职对策，存在一个很突出的现象，就是在散体行文中融入了较多的骈句。这些骈句，有些是较为工整的四六，有些则是以超长分句来形成骈俪结构。究其原因，首先，这些馆职对策的作者，如周必大、周南、王迈等人，都是写作四六文的高手。周必大在绍兴二十七年（1157）通过博学宏词科考试，长期担任负责撰写内外制的权中书舍人、翰林学士，具有相当高的写作四六文的素养。周必大于绍兴三十年（1160）参加馆职考试，其馆职对策获得宋高宗的欣赏，周必大《玉堂类稿序》："始事光尧皇帝，对馆职策偶合圣意，明谕辅臣，他日当令掌制。"① 高宗为什么认为周必大是未来撰写朝廷制诰文书的人选？朝廷制诰文书从其文体要求而言，讲究对仗工稳，用典妥帖。因此，周必大的馆职策必定是在这两方面做得相当出色。周南也擅长写作四六文，"以俊逸流丽见称，制诰诸篇，尤得训词之体"。周南参加馆职考试的缘起，吴子良《林下偶谈》中《水心荐周南仲》云："韩侂胄当国，欲以水心直学士院，草用兵诏，水心谢不能为四六。易彦章见水心言：'院吏自有见成本子，何难？'盖儿童之论，非知水心者。既而卫清叔被命，草诏云：'百年为墟，谁任诸人之责；一日纵敌，遂贻数世之忧。'清叔见水心举似，误以'为墟'为'成墟'，水心问之，卫惘然。他日周南仲至，水心谓：'清叔文字近颇长进，然"成墟"字可疑。'南仲愕曰：'本为墟字何改也？'水心方知南仲实代作，盖南仲，其姻家也。水心因荐南仲宜为文字官，遂召试馆职。"② 卫清叔就是南宋状元卫泾，他都要请周南帮助代写诏书，可见周南的文学才华得到当世之人的普遍认可。宋末的王迈也是写作四六文的高手，有《臞轩先生四六》传世。

另外，从官方要求来看，馆职对策与四六有着天然的关系，《齐东野语》记载宋孝宗召试熊克的缘起：

> 一日，后殿奏事毕，阜陵从容曰："卿见近日有作四六者乎？"时学士院阙官，上不访之赵丞相而访之季海，于是以陆务观等数人对。

① 《全宋文》，第 230 册，第 192 页。
② 吴子良：《林下偶谈》卷三，中华书局，1985 年，第 28 页。

上云："朕自知之，今欲得在下僚未知名者尔。"季海遂及子复姓名。
上云："此人有近作可进来。"季海退以所献缴入。翌日，上谓季海
曰："熊克之文，朕尝观之，可喜。"盖欲置之三馆兼翰苑也。季海奏
云："如此恐太骤，不如且除院辖，徐召试。使克文声著于士大夫间，
则人无间言。"阜陵然之，遂除提辖文思院。①

宋孝宗欣赏熊克的四六文，就想把他安排到馆阁中去，这就说明，馆
阁成员的一个重要选拔标准，就是四六文写得好，由于南宋时期策问是馆
阁考试的唯一选拔方式，考生必然会在回答馆职策时展现自己写作四六文
的才华。

周必大《馆职策》开篇就是以骈句行文："臣闻有弊可言，不害为治
世；无弊可指，君子惧焉。昔贾谊太息流涕于文帝之时，而牛僧孺称太平
无象于文宗之世。汉宜衰也，而礼义之俗成，小大之刑措；唐宜盛也，而
太和、开成之政后世无传焉。"② 虽然不是对仗工整的骈句，但具备骈句
的对举结构。以贾谊陈情汉文帝和牛僧孺应对唐文宗来论证自己的观点，
用事相当妥帖。

其后则是以三联整齐的排比句行文："顾天下之事犹有可言者焉，盖
除患御侮莫如兵，而选练之未精；趋事赴功莫如吏，而猥并之未清；足国
裕民莫如财，而邦赋之未盈。"③ 可以看出他造句之整饬工稳。

周必大如此论证帝王统御将领之道：

> 夫一仞之墙，民不得踰；百仞之山，童子升而游焉。何者？凌迟
> 故也。明乎此，则堂陛之势不可以不严。

> 操舟之人，楫维在手，以之临三峡，泛洞庭，委蛇曲折无不如
> 志。苟樯倾楫摧，则虽断港绝潢之间覆矣。明乎此，则臂指之势不可
> 以不运。

> 夫惟堂陛之势严，则姑息之患自去。姑息之患去，则为将者方且

---

① 周密：《齐东野语》，中华书局，1983年，第148页。
② 《全宋文》，第231册，第66页。《资治通鉴》卷244《唐纪》："（唐文宗）谓宰相曰：
'天下何时当太平，卿等亦有意于此乎！'僧孺对曰：'太平无象，今四夷不至交侵，百姓不至流
散，虽非至理，亦谓小康。陛下若别求太平，非臣等所及。'退，谓同列曰：'主上责望如此，吾
曹岂得久居此地乎！'因累表请罢。"
③ 《全宋文》，第231册，第66—67页。

畏威率众之不暇，而为兵者亦安得不投石超距以奋其勇力哉！

惟臂指之势运，则可汰汰之，可革革之，而何张皇纷更之有？此御将之所以为尤急也。[1]

从日常生活经验出发，身强力壮的成年人无法越过低矮的墙壁，体力弱小的儿童却能翻越崇山峻岭，这是因为墙壁是竖直的，而山岭有斜坡。以此论证"堂陛之势不可以不严"的道理，相当有说服力。同样的构思方式，以船帆和船桨对于航行的重要性来论证"臂指之势不可以不运"，周必大可谓深谙比喻论证的作用。从逻辑关系上讲，第一段和第三段应该组合在一起，第二段和第四段也是如此。但是，因为第一段和第二段的构思方式一致，将之并列，双线并进，既便于读者互相参证加深理解，又有利于增强文章的气势。

周必大熟悉历史掌故，他引用汉朝皇帝与军事将领的故事来说明"尊君卑将"之道，引证故事准确，密切合乎其论点。

今朝廷清明，纲纪不紊，彼提尺籍伍符于外者，犹懈弛因循不能作士气，偃蹇傲睨不能体上德。假令幽障之烽起，插羽之檄驰，虽使兵精，适足资其飞扬耳。《诗》曰："迨天之未阴雨，彻彼桑土，绸缪牖户。"在今日固当汲汲也，请借汉以为喻。

高祖之困于成皋也，共车者惟滕公耳，自汉称使，驰入张耳、韩信之壁，即其卧内夺其符印，麾召诸将而易置之。信、耳虽惊，无能为也。

周亚夫屯军霸上，文帝劳军，先驱至乃不得入，至谓军中闻将军之令，不闻天子之诏，帝反改容式车，使人称谢。

呜呼！信耳虎将也，而高祖之术能行于败衄之余。亚夫平平耳，孝文乃不能伸威于畿甸。幸亚夫无反相耳，向使稍怀顾望，岂可不为寒心哉！明主鉴二者之得失，则尊君卑将之道默然而意传矣。[2]

汉高祖夺印和汉文帝劳军之事，后人一般解读为刘邦之勇猛果决和周亚夫治军之严厉以及文帝之宽容。而周必大却由此生发出"尊君卑将"之

---

① 《全宋文》，第231册，第67—68页。
② 《全宋文》，第231册，第68页。

理，议论很出新，但又让人信服。

王迈的馆职对策里，运用的四六相当工整：

> 因兵费之一事，以次及于浮费之可省，愚又不能已于言焉。盖筑台九层，非一朝之役也；障流大川，非一篑之功也。今日而言省费，固非一节目一条例而止也。后宫居处，不施丹雘之华，秀邸赐第，姑仍相府之旧，此高、孝二朝盛德事也。今修内有司，日兴土木之工；内藏宣索，多溢常比之数。阉童持片纸，名曰内批；胥吏按凭由，名曰应奉。宰臣无所施其均节，版曹无所致其勾稽。仙经藏室，金璧交辉，何异乎国计已穷而造金真玉仙之观？荣邸轮奂，拟费巨万，何异乎军兴多事而营禁中百尺之楼？其他嫔御之横恩，缁黄之厚施，予以驭幸，此为何名？[①]

这是以高、孝两朝的节俭与当下的铺张浪费做对比，王迈在论述中多用四六，同类性质的两股并举，起到了强化烘托之用。

王迈的下面这段论述则是运用超长分句形成骈俪结构：

> 君子之类易服，小人之心难知，姬公治周，效以期年，孔子变鲁，期以期月。今阳刚焕采，阴气销铄，近二期矣，朝纲虽振而有弛之渐，公道虽开而有窒之萌。执政大臣虽至公无我，而委曲调护于事之所难行，宛转推挽于己之所私荐。乌台骑省虽直言无忌，而言不见听，非惟不能决去，甚至顾惜退缩。朝阳不见其再鸣，故庙堂举措岂不大异于前？而此际蹉跌，则入于彼，不可以不畏也。台谏风采岂不远过于昔，而丈夫所为，要不止此，不可以自满也。闽蜀二老同时入觐，文富并拜，公论望之，而今则未尽然也。荆襄二帅被劾不行，台省并奏，善类期之，而今则寂乎无闻也。于是往来君子小人之间，如杨畏辈得以相与窃议。曰儒术行则天下富，今术行矣，而市井萧条，气象荒落，富之效何在？有德进则朝廷尊，今德进矣，而外敌鸱张，叛卒蜂起，尊之势何如？盖君子之类虽进，而其道未行，小人之迹虽屏，而其心难使之屈服也。昔者吕公著荐二范为谏官，章子厚面奏，以执政举人为台谏非祖宗法，是小人而能为君子之言，今安知无为訾

者乎？司马光改雇役而复差役，蔡京为尹，极意奉行，能令公喜，是小人而能迎君子之意，今安知无若人乎？范纯仁以国用不足，又欲复青苗法，是君子而未免效小人之尤，今其事骎骎见矣。譬之奕棋，局面虽改，而其间一二着数，未免犹似前日。此小人所以不为心服，而君子亦不能以自恕也。愚愿大臣以主张公道为心，台谏以维持正论为贵，群工百执事以忧勤清忠为念，同舟而期于共济，推车而主于必行，使朝廷有九鼎之重，国势有泰山之安。此盖天下所望，而为君子之宗主者也。不然，国有大事，君子或不胜其任，而长国家、务财用，小人得以乘间而售其说。此其为患，岂特国用不足一事而已哉！①

这段论述基本是以骈俪句式推进，如"执政大臣虽至公无我，而委曲调护于事之所难行，宛转推挽于己之所私荐。乌台骑省虽直言无忌，而言不见听，非惟不能决去，甚至顾惜退缩。"这是以"执政大臣"与"乌台骑省"两两并举；"闽蜀二老同时入觐，文富并拜，公论望之，而今则未尽然也。荆襄二帅被劾不行，台省并奏，善类期之，而今则寂乎无闻也。"这是以"闽蜀二老"与"荆襄二帅"两两并举。两两并举，是长期写作四六养成的思维习惯，而每一个分句都用超长的散句行文，则是表达清晰的需要。

魏了翁的馆职对策，既有两股并进，也有三股并举：

我国家之有天下也，以仁厚立治体，以宏大植规模，真儒硕才，肩袂摩接，相与修明纪纲，以为子孙帝王凭借扶持之计。奸憸权慝，胥史舆隶，不得以挠宪章；后宫阉宦，宠昵嬖幸，不得以干朝政。国论出于一，而士大夫以名义自检，不以枉进，不以苟偷立人之朝。一政事之失，则大臣请对面列，台谏留班伏阁，小臣封章扣匦，随即正救。诚以大纲之或紊，则败法乱纪，纷裂四出。任使非人，而军政堕矣；耗蠹无艺，而财力殚矣；有司失职，而刑狱繁矣。一丝之棼，而头绪如猬，是安可不循其本而为之忧乎？当是时选用将帅，内则拔之禁近大臣，试以藩岳而后用；外则取之都漕待制杂学士，迟以岁月而

① 《全宋文》，第324册，第350—351页。

后授。武臣不过为总管，领兵马，受节制，未尝俾之得专制一道也。纪纲一定，故择帅不挠于私，而绩用咸著，况祁若水能使老帅宿将屏气慑息，韩、范诸人能使悍羌黠贼骨寒胆破。其将帅之效，有如此者。财用悉归三司，内外帑藏非条例之有定数者，不得擅支。而军器土木河防之费，皆有专案，以关防出纳之名数，人主不得与知，宰臣不敢取索，计相不肯供具，皆所以防微杜渐，不欲以启横恩滥赏之门也。纪纲一定，故财用不病于耗，而公私俱利。①

"奸憸权愿，胥史舆隶，不得以挠宪章；后宫阉宦，宠昵嬖幸，不得以干朝政"是两股并进；"任使非人，而军政堕矣；耗蠹无艺，而财力殚矣；有司失职，而刑狱繁矣"就是三股并举。两股或者三股并行，互相映照，显得气势凌厉，既谨严又畅达。

二、以赋为策：南宋馆职对策中的铺排之风

南宋的馆职对策，有些篇幅极其长，如周南的《丁卯召试馆职策》，这是目前笔者所见宋代馆职对策中篇幅最长的，洋洋洒洒近万字，作为专题讨论军事的文章，既能精辟地阐述军事问题，娴熟地征引故实来佐证自己的观点，又能以汹涌澎湃的文势一以贯之，读之动人心魄，实在是不同凡响。在这篇对策里，周南极尽铺排之能事，使得这篇策有了辞赋的特征，可以说是"以赋为策"。叶适对周南的对策评价极高："诸文廷对、馆职策为冠，往东莱吕氏评余廷对，谓自有策以来，其不上印板即不可知，己上印板皆莫如也。嗟夫，予何足以及此，若南仲乃能当之耳。"② 从周南的对策中展现的文学才华来看，实为当之无愧。就笔者阅读的所有现存宋人对策来说，周南的作品在辞章艺术上的成就是最高的，可惜，周南因享年不永，官品不高，文名不显。

周南的馆职对策开头云：

善为国者不执理以强势之所难，常顺势以伸理之所易。理者，公是非也。势者，实利害也。公是非固不可泯，实利害尤为可畏。执不

---

① 《全宋文》，第 310 册，第 199—200 页。
② 周南：《山房集》卷七，民国涵芬楼秘笈本。标点为笔者所加。

可泯之理而忘甚可畏之势，则安危胜败之大计疏矣。然则敛众说以救独弊，置已往而善将来，则前日之举非失于执理以强势之所难乎！今日之救不当顺势以伸理之所易乎！晋元帝、宋文帝或克期进发而不果行，或悉师再举而不克捷，桓温、谢玄驰逐经略而不遂，非名不正而辞不顺也，以不接之声势而当重大，以浅效之规模而支深入，以分裂之偏隅而欲混并，其理则是而其势则难矣。高祖不报平城之围，太宗修结颉利之好，祖逖之通使石勒，澶渊之许盟契丹，非志不足而气不锐也，士卒之罢极者可以休养，资实之衰耗者得以振赡，边鄙之绎骚者赖以救辑，其势既顺，其理亦易矣。①

"理者，公是非也。"这里的"理"，大致相当于现代社会常说的"政治正确"，在周南所处的开禧时代，不顾一切地北伐就是政治正确。但是，周南曾经游学于叶适门下，叶适是永嘉功利学派之集大成者，自然不会死守着"理"，而要看"势"。"势者，实利害也。"就是以敌我双方的力量对比来抉择和战。周南先举反例：晋元帝、宋文帝、桓温、谢玄贸然进军，功败垂成，又接连举出汉高祖、唐太宗、祖逖、宋真宗与外敌修好的史实，文气特盛，有贾谊《过秦论》"秦孝公据崤函之固，拥雍州之地，君臣固守以窥周室，有席卷天下，包举宇内，囊括四海之意，并吞八荒之心"之余风。排比铺张，气势如虹，足见周南的文辞才华。四库馆臣评其文"俊逸流丽"，看来并非溢美之词。

在文章中用多重排比，以强化文章气势，苏轼最为擅长，苏轼《论管仲》："故吾以为楚成王知晋之必霸，而不杀重耳；汉高祖以东南之必乱，而不杀吴王濞；晋武帝闻齐王攸之言，而不杀刘元海；苻坚信王猛，而不杀慕容垂；唐明皇用张九龄，而不杀安禄山。皆盛德之事也。"②周南这篇对策的开篇，就可看到苏轼文章的流风余韵。

周南的馆职对策谈了六个方面的军事问题："夫西北以骑乘为能，东南为步卒为长。"③"夫兵有必以众克者，亦有以寡胜者。"④"夫省馈莫如

---

① 《全宋文》，第 294 册，第 117 页。
② 《苏轼全集校注》，第 10 册，第 486 页。
③ 《全宋文》，第 294 册，第 118 页。
④ 《全宋文》，第 294 册，第 119 页。

营屯，因屯可以实基。"① "夫敌长于野战，我工于城守。"② "夫古人制官而后用民，后世用民而后议官。"③ "夫古无汰兵之事而有蒐练之法，后世谓古人民无非兵者非也。"④ 这六个方面的问题，他都讨论得极为详细。为了方便论述，以下引述周南讨论的第二个军事问题的部分内容：

> 夫兵有必以众克者，亦有以寡胜者。昔城濮之战，七百乘而已，其后鞌之战则已增，至平丘则又大增。然至于四千乘，欲以无道行之，而诸侯之服于晋者衰焉。况强敌盈骄，非初兴比。彼以金刷而强民，虽众而其杂难用；此以教士而御敌，虽寡而其整足当。且与其冗多则易溃，岂如精少而有纪？此言兵者所以急于以少而击众也。
>
> 然羌寇三万，冯奉世必欲以四万人当之；滑台之役，沈庆之以五千人独救，辞以兵少轻往无益也。夫众之不可已也久矣，且使先据胜地，用吾长技，以南兵一当北兵之三，我未遽不敌也。至于裹创力战，更进迭出，以南兵三而支北兵之十，则我始惫矣。故掩其间道，冲其方虚，如李勣以数千而袭碛石，曹公潜行而倾乌巢，则寡可用，是出奇之策也。伺其尘起，击其阵动，若谢玄因其众乱而济师，韦孝宽乘敌小却而取胜，则寡可用，是伺间之策也。其次则伏戎于莽，阻隘而邀，若慕容垂隐千兵于深涧，于谨匿轻骑于丛薄，则寡亦可用，是据险设伏之策也。
>
> 今将用出奇之策与，则敌坚而未易入，入而无后援，则何以返？是陈庆之跳身独返之事可监也，而可冒进哉！将用伺间之策与，则敌诈而名谲，谲而有不审，则堕其计，是栾枝曳柴阳遁之事可戒也，而可轻袭哉！独有据险设伏，鼓儳而出，则恐关隘崎岖之地，陂湖洳沮之中，鹜匿而狙击，必能以一而殪十。⑤

此部分专门讨论敌我兵力对比问题，这一部分较为精彩之处是分别阐述"出奇之策""伺间之策""据险设伏之策"的内涵，值得注意的是，周南在阐述每一条计策时，虽然是用的散句，但他阐述三条计策时使用了统

---

① 《全宋文》，第294册，第121页。
② 《全宋文》，第294册，第122页。
③ 《全宋文》，第294册，第123页。
④ 《全宋文》，第294册，第125页。
⑤ 《全宋文》，第294册，第119—120页。

一的句式，这样就使得这一段落在总体上呈现出极为整饬的风貌。而后依次评述这三条计策，依然是使用较为整齐的句式。

周南很偏爱这种行文方式，为了论证其"古之英雄欲振其军声者，必先自治其不常有之兵，而后不藉夫常蓄之士"的观点，他依次举出曹操、谢玄、高欢三位英雄治军的事迹，分述每位英雄时使用散句行文，总体上则是采用统一的句式：

> 盖古者虽配民为兵，其实多力之虎士、禽敌之枭俊则必取之奇杰材豪之中，而非间阎窭人弱丁之所能有也。故古之英雄欲振其军声者，必先自治其不常有之兵，而后不藉夫常蓄之士。夫不常有之兵为我用，则疲惰者不择而自去矣。故曹操之兵非强也，许褚为之聚少年及宗族数千家，其人皆淮蔡间所畏惮侠客武士，故曹得之而兵强。谢玄之兵非强也，刘牢之为募劲勇，何谦之徒皆以骁猛应选，号北府兵，能百战百胜，敌人畏之，故谢玄得之而兵强。齐高欢之初起，兵亦非强也。高敖曹兄弟为之自练乡曲部里，得东方老等三千人。当时以敖曹为项籍，而其左右亦无不一当百者。高欢得之，兵又强焉。夫此三人以能先得夫不常有之兵，使之征伐四克，无藉于所素蓄之卒，故其去留多寡皆不能为轻重。①

周南的馆职对策之铺陈艺术尚能表现在如下段落中：

> 何谓求助未广？夫势转急则思之当益精，患既深则虑之当益至，咨询不徧则无以察议论之偏，图揆未周则无以得事情之实。昔费祎往救汉中，于时羽檄交驰，人马严驾，祎与来敏围棋自若。敏曰："君信可人，必能办贼。"观祎所为，亦何异于谢安？然虞喜著论，以为君子当临事而惧，好谋而成。祎当大敌，不宜示己有余。乃知作事虽以静镇为先，静镇必以广谋为本。
>
> 今庙胜潜运，庸庶难窥。若采负薪之谋，则尚多恤纬之虑。且西土既平敌气慑夺，和固可必矣。或谓筑室反耕，奸谋虽沮，彼方愤愧，和或未可知。天时将热，所余遗寇驱之诚易矣。或谓堙堑周严，郭闉重闭，既非蹑行窃步所能入，复恐以小害大而妨于和。汉东残

---

① 《全宋文》，第294册，第125—126页。

弊，兵将孤怯，形候懘弱。或谓向去御寇，尚可寒心。某郡糗粮当及时而峙积，某所薪刍当先期而计置。旌擢统帅，恩固优矣。或谓士卒赏缓，他时警息，尤欲使人津遣流庸，费固多矣。或谓已去复来，委厄捐弃不绝于路。淮东之漕运近者水浅舟涸而民重扰，江东之给馈苦于地广民稀而人惮行，以至斥堠不明，失亡隐蔽，楼舰重迟，铠仗不全。凡此多端，独视难周，独听难徧。①

连续使用五个"或谓"作为划分标志，铺叙众人的多种意见，颇有汉赋之铺陈东西南北中不同方位之景的神韵。

他的对策也有严密的推理：

> 盖致易之理内必有以固其本，外必有以弭其争。
> 严卫其四隅，厚植其遮障，所以固本也。遵养于时晦，申合其盟好，所以弭争也。
> 争端弭而后民之力可以息，本圉固而后敌之情不敢骄。
> 民得息则我之国不耸，敌不骄则彼之谋自消。②

这段推理共有四个层次，每一个层次都分为两股，两股构成骈偶关系，四个层次之间则运用顶针的修辞手法，层层推进，又在第三层次故意变换两股的顺序，使之不过于整饬而显得呆板。

以上截取周南的馆职对策中的若干片段分析其行文的铺陈艺术，窥一斑而知全豹，周南的这篇对策实在是宋代所有考试对策中不可多得的雄文，他以无与伦比的铺陈手法，形成饱满的文势，雄辩滔滔，一泻千里，读之令人目眩神摇。可以说，周南的这篇对策不仅是宋代馆职对策中的杰作，在宋代现存所有类型的对策中，都堪称辞章艺术的顶峰。宋代常有认为某个著名文人是前朝文人转世的说法，在这个意义上，周南可以称得上是贾谊转世，周南的对策，最大限度重现了贾谊政论文那种汹涌澎湃、气势特盛的文风。

王迈《乙未馆职策》也有将同类之事予以铺排的段落：

> 请以汉、唐明之。汉初以家人子起田中为兵，犹不失寓兵于农之

① 《全宋文》，第294册，第128—129页。
② 《全宋文》，第294册，第118页。

旧；卫士材官之更戍，往来道间，衣装自给，犹未取费于县官。其后财匮于兵，武帝实始之。胡越劲骑屯于诸官列殿，谓之八校，京师自是有养兵之渐；荆楚勇士习射于酒泉、张掖，谓之五校，边郡自是有养兵之所。自其兴马邑之师，窘于赍送也，则入钱补官有令矣；自其发巴蜀之卒，以通西南夷也，则算商车有额矣；自其取河南之地以至朔方郡也，则武功之置爵有差矣。自封狼、居胥赏赐亡度，于是有五铢之铸；自浑邪来降，供亿不赀，于是有白金之造。鹿皮之币与告缗而并行，盐铁之官与平准而并置。厥后扬雄议捐府库之财以填庐山之壑，忍百万之师以摧饥虎之喙者，盖三十年从事干戈，故虽承贯朽粟腐之余，山林亦不足以供野烧也。

唐初府兵番上入卫，衣粮自备，而官未有费也。至元宗变为彍骑，而长从宿卫官始资给之，而费昉于此矣。初，诸道出兵给于度支，费犹未广也；至德宗优恤士卒，一夫出戍，尽廪其家，费于是乎广矣。自安史变起，无以给士，而始度僧尼；自两京未平，民物凋耗，而始籍富商右族。自吐蕃内迫，淮甸分屯，而始行率户之敛；自大盗群起，财用益殚，而始行定税之令。自朱滔、王武俊合从以叛，用度不给，而借商之禁严矣；自吴元济、王承宗连衡拒命，军费一竭，而盐铁之数增矣。南北置供军之院，馈饷不继，而挟铜有议矣；禁卒有脱巾之变，彷徨无策，而相臣餐钱亦减矣。盐之榷既繁，而商人以绢代盐，疋加百斤，以备将士之衣。酒之利既涸，而淮南、河北变为榷曲，以赡军卒之食。元和中李吉甫造为国计簿，以三分劳筋苦骨之人，养七分坐待衣食之辈。盖三百年间恃兵立国，故空国之力以奉之，已张之弓不可得而弛也。①

这段文字，在阐述汉朝的情况时，以"自"为标志，铺叙了五种用兵导致财务紧张的史实；在阐述唐朝的情况时，也是以"自"为标志，铺叙了六种用兵导致用度增加的史实。在考试对策中使用大段的铺叙，既能展示作者的史学功底，又能形成一气贯注的文势，自然能吸引考官的青睐。

---

① 《全宋文》，第 324 册，第 343 页。

第六节　南宋馆职对策文风的变化

南宋早期的馆职策问集中讨论经史问题，南宋后期的策问则集中于当下的紧急政务。馆职对策的内容是受策问严密控制的，文风则与文章的内容高度关联。南宋早期的馆职对策，以冷静从容的文风表达考生对于经史的看法；南宋晚期的士大夫的馆职对策，一改前辈平和雍容的文风，慷慨激昂，笔势峭拔，凌厉无匹。

儒家经典作为中国古代的官方意识形态，以儒家经典为命题依据，是试策源远流长的一个传统。如乾道五年（1169）汪应辰命题，考核林光朝的策问：

> 问：帝王之功，莫大于用人。盖必知其人矣，然后可得而用也。皋陶之谟，周公之立政，其知皆在于知人，此固万世不易之理也。为天下国家者，岂不欲得如皋陶所谓九德，周公所谓三俊，而列于庶位，以收用人之效哉？患在夫端窥真伪凌杂贸乱，莫知其孰为可用也。然则知人必有道矣。皋陶周公之书，其反复曲折，殆亦详矣，独不曰如之何其知人也，岂其不可言邪？抑亦有所未尽邪？世之欲取圣人之言，以为致治之成法者，其将何以为准邪？则又即孔子所尝言者，而参之夫言行，未必相应也。毁誉好恶未必皆可信也，人之难忘，此其大概也。今也听其言则观其行，有所誉则有所试，众好之则察焉，众恶之则察焉，若是者则亦足以知之乎！然观之察之，乃能有所别，白而得其是非之实，又岂易哉？周公于有夏，则曰："迪知忱恂于九德之行。"汤则曰："克用三宅三俊。"文武则曰："克知三有宅心，灼见三有俊心。"以圣人而优为之，固其宜矣。而禹乃曰："知人之哲，惟帝其难之。"岂尧所有不能哉？道至于圣人而犹有二邪？此皆学士大夫所当讲究而推明也，其详言之。[①]

这道策问是依据《尚书》中的选拔官员的标准来展开论述的，考生自

---

① 汪应辰：《汪文定公集》卷四，《四库全书存目丛书》集部第 15 册，齐鲁书社，1997 年，第 336－337 页。标点为笔者所加。

然只能依据《尚书》来回答问题。这种命题方式，就使得这一时期的对策呈现依经立论的特点。

如朱松的馆职对策，就是大量依《诗经》立论的内容：

> 夫生民以来，天下之变备矣。积功累仁，享国长久，莫如周，而宣王号中兴。本末终始，见于《诗》之二《雅》。然核左氏之语，则南国有败绩之师；验范晔之论，则克戎淹历岁之久。盖虽未能纯于文武之序，而岂后世遭变之君所能及哉。诵《云汉》之诗，其辞忧迫勤恳，则有以见其侧身修行，恻然有应天感民之实，百姓所以爱戴归往而不忍忘也。诵南征北伐之诗，其词切直而奋厉，则有以见其将卒协心，卒乘辑睦。此蛮荆、玁狁所以莫敢不震动叠息而华夏乂安也。诵"侯谁在矣，张仲孝友"之章，则有以见在人主之左右者，咸怀忠良以善王心，而无阻挠事机、妨功害能之行也。诵"吉甫作颂，穆如清风"之章，则有以见谋谟帷幄之臣，莫不相与协和，精白以图事功，而无权利相轧、冒疾诡惎之行也。以至民不安其居，大夫为之还定安集，劬劳于野而不怨，则见于《诗》之《鸿雁》；君臣相与爱日待旦以乐事劝功，而无玩岁愒日之意，则见于《诗》之《庭燎》。此其所以承厉王之烈，而文武之业未坠于地，赫然中兴，播于咏歌。①

这是以《诗经》中的各类诗歌来阐述周宣王时期的政治生态，朱松展示了自己的《诗经》学修养，以平和理性的笔触构建周宣王中兴的理想政治局面。

员兴宗的馆职对策也是依据《诗经》立论：

> 逮夫周道世衰，《南陔》之义日以慝，《北风》之思日以忘，所可道者皆言之丑也。列国豪士，脱于父母之怀，趋于名利之域，去亲者类亡其亲，甚乎弓人之忘其弓也。行行然恣于绳墨之外，不仕于齐则官于楚，不啮其母臂而去卫，则射其父命而奔吴，其心如此，其事如此，其孝安在哉？至于《白华》之作则欲为蔽，《伐檀》之刺则贪为蔽。且窃人之财犹谓之盗，愚不知当时士大夫何以自名也？②

---

① 《全宋文》，第188册，第268—269页。
② 《全宋文》，第218册，第209页。

考生依据儒家经典来立论，讨论的是上古时期的政治生态，在宋人的语境中，夏商周三代一直是他们最高的政治理想，在这种充满歆羡感的心态下，其对策文风显得雍容平和，无剑拔弩张之态。

南宋中后期的馆职对策，如真德秀、魏了翁、王迈的对策，讨论的都是国家面临的最紧迫的问题，举凡国势安危、君主收权、奸臣误国等，士大夫的家国情怀，对国家前途命运的忧虑，变成考场上的文章，就是放言无忌，直击要害，这使得其文风极为凌厉。

真德秀作于嘉定元年（1208）的《馆职策》，指出国势和人心是两大最需要忧虑的问题：

> 何谓深可畏者二？更化以来将半载矣，以乡者国势之机榜，今当转之以安强；以乡者人心之惊危，今当易之以帖泰。然自其国势观之，形体虽安而命脉则未固，枝叶虽茂而根本则未充。夷狄窥觎，要索亡已，俛首请命，屈意买和，削弱之形，苶然其不振也。自其人心观之，则畿甸之间，忧疑转甚，远近之众，愁痛未瘳，讹言喧腾，殊骇观听，物情汹汹，几不皇安，危乱之兆，凛乎其可惧也。
>
> 夫纲维国势，虽非一端，究极其源，未有不自大权之不分始。今日之权诚归矣，然窃弄之私，依凭之巧，顾岂无可虑者乎？自昔人主，不必奋然独运而后为权归于上也，政令出于公朝而不使有由中之渐，耳目寄于言责而不挠于近幸之私，则权虽在人，未尝不在己也。非必靡然不自总揽而后为权散于下也，内庭外朝之势隔而信任有所偏，宦官女谒之情亲而听受有不察，则权虽在己，未尝不在人也。迺者柄臣气焰薰燎，岂一旦所能为哉？渐渍之深，弥缝之久，人主堕其中而不自觉焉耳。此大权之易分，愚所以忧国势之未振也。
>
> 统系人心，非有他技，揆诸圣贤之论，所欲与之，所恶勿施耳。自权幸用事，愎谏遂非，凡所罢行，惟意是徇。北伐之举，童稚忧其必败；债帅之遣，奴隶知其非材。而狠心自庸，曾弗之恤。前车之覆，今可戒矣。夫天下之势，如一身然，血气周流，亡所底壅，则身安而疾去。公论在人，亦犹是也，防川之溃，不如徐导，恶人之谤，不如勿为。愚不知日者槛送降附之人，函发奸臣之首，通国哗然以为不可，而上之人冒行弗顾何也！谚曰断决大事，不容道谋，常人之

情，难与虑始，则衢室之问，外朝之询，不若商鞅治秦之为得也。军兴以来，民病极矣，内地罢于转饷，边甿毙于干戈，民虽慗慗不忍怨畔者，以权臣实为之，而上弗与耳。今九重厉精，众正协赞，独奈何为此重失人心之举乎？辇毂之下，口语万端，更相扇摇，如难将作，虽张为幻，盛世所无，而吾固有以召之也。小人怨詈，无皇自敬德之意，而有司以严刑峻罚止之，果何异于偶语之禁邪？此下情之尚郁，愚所以虑人心之易动也。①

真德秀指出：当前最值得忧虑的两大问题是国势不振和人心不稳。国势不振的源头在于大权不分，表面上大权已经收归天子，但奸佞弄权，导致权力下移；人心不稳的源头在于权相掌权，妄动干戈。这样，夷狄入侵的危险依然存在。

魏了翁《答馆职策一道》对于朝政弊端做了激烈的批判：

> 人主恭俭寡欲，渊默临朝，固未尝有失德，而立政造事，未闻与外廷之士推诚临问，熟议而后行。虽日御经筵，亲近儒生，而罕垂咨访。日御便殿，轮对百官，而未尝可否。政令之阙失，纪纲之废弛，宵旰之忧，亦尝及此否也？庙堂，政本所出也。今体貌浸轻，威望不著。旬岁之间，免两执政，如逐奴隶。异时犹曲示宽假，俾之自为去就。今一封朝奏，则仓皇就道矣，殆非所以重朝廷也。台谏，公论之所系也。今论监司则反为所诋，甚至诬抗台臣，而快其私。论一郡守，则反为所慢，甚至迁延岁月而不肯去。简墨未干，而已昇祠廪矣；烦言在耳，而复造班行矣。事势陵夷，殆非所以崇国体也。进一贤焉，惟恐用之或后也，未及施置，寻即罢去。退一不肖焉，惟恐去之不速也，未及旋踵，寻即收用，则贤否混殽矣。②

魏了翁在这段文字里，指出朝政诸多问题：皇帝虽然每日参加经筵学习，却不向儒生咨询治国之道；虽每日上朝，却临朝不作为；庙堂丧失威望，随意罢免宰执；台谏日趋弱势，进贤退不肖失序。这些都是国家政治生活中急需解决的重大问题。

---

① 《全宋文》，第313册，第302—303页。
② 《全宋文》，第310册，第204—205页。

王迈的馆职对策，指斥权奸相当严厉：

> 自权奸柄国，前韩后史，垂四十年，氛祲蔽日。韩开兵衅，实生厉阶，凶于而家，自诒伊慼，不必深论。前日之相，舞小数以弄大权，专欲以犯众怒，莫大于天而不之畏也，莫尊于君而不之畏也。不畏士夫之议论，不畏小民之怨詈，而其心之所深畏者，外寇之陆梁、悍卒之偃蹇耳。狼子野心，奸计叵测，蜂屯蚁聚，扶携来归，待以赤心，抚以恩信，辇安边之财以给之，惟恐不赡，航东南之粟以饷之，惟恐失期。甚者高爵峻秩，宠华其身，金珠玉帛，悦媚其妻，弃如泥沙，不甚爱惜。闻其帖然恭顺，则喜见颜色；或拒之而不吾与，则恐恐然食不下咽也。故当金人垂亡之时，竟为苟且偷安之岁月。江淮巨镇，委之肺腑之亲；襄汉上流，畀之膏粱之子。殿岩重寄，庸夫尸之；总饷要权，浊吏领之。纪律不设，疲弱不除，主帅挟威，公肆掊克，悉力市宠，与贿生死。朝廷竭天下之财力以养兵，只为主帅刻剥之资，权门厚积之助，至于今日，则军民俱贫，公私交困，黾勉支撑而不可得也。①

王迈指出，权相不畏惧舆论，只畏惧外寇，付出巨大代价来招抚，只想苟且偷安，任人唯亲，中饱私囊。如此大胆犀利的指责，使得其文风凌厉无比。

---

① 《全宋文》，第324册，第344—345页。

第五章　宋代试策与学术思潮

宋代是中国思想史上极为重要的发展时期。宋仁宗庆历时期是经学转变的关键期。这一时期，经学观念和解释经学的方法与汉唐大异其趣，其中与汉唐经学最大的区别则是"疑经惑传"，自出新意。受庆历学术思潮的影响，科场的策问鼓励考生大胆疑经，现存的北宋制科对策中随处可见疑经的思想倾向。南渡时期，因国家形势巨变，新生政权面临金国的强大威胁，适应新形势的需要，这一时期的《春秋》学相当繁荣，胡安国、萧楚等学者通过对《春秋》微言大义的阐释，重提尊王攘夷的思想，而宋高宗又以皇帝之尊推崇《春秋》，殿试对策中依照《春秋》立论成为风气。理学是宋代的国家学术，南宋殿试对策中的理学因素，随着时代的发展逐渐增多，到了南宋末年，理学成为官方意识形态，举子为获取高第，只能在殿试对策中敷衍理学，形成理学一统科场的局面。

第一节　疑经惑传：北宋试策与庆历学术思潮

宋仁宗庆历时期，中国儒学发展进入新的历史阶段，庆历时期以欧阳修为首的文人士大夫，以革故鼎新的勇气，破除人们对汉唐注疏的迷信，疑经惑传，自出机杼。这股疑经思潮深刻影响了宋代的读书人，北宋的试策对此多有反映。

庆历时代的疑经风气，是一场波及整个知识界的学术思潮，科场自然也深受影响，在北宋的诸多考试策问中，考官都有意识地引导考生怀疑经典。欧阳修嘉祐二年（1057）知贡举，他撰写的《南省试进士策问》第三首云：

> 问：六十四卦所谓《易》者，圣人之书也。今谓之《系辞》，昔
> 谓之《大传》者，亦皆曰圣人之作也。其言曰："两仪生四象，四象
> 生八卦。"又曰："河出图，圣人则之。"又曰："庖牺氏之王天下也，
> 仰观于天，俯察于地，观鸟兽之文，近取身，远取物，始作八卦。"
> 又曰："昔者圣人之作《易》也，幽赞于神明而生蓍，参天两地而倚
> 数，观变于阴阳而立卦。"一书而四说，则八卦者果何从而有乎？若
> 曰河图之说信然乎，则是天生神马负八卦出于水中，乃天地自然之文
> 尔，何假庖牺始自作之也？如幽赞生蓍之说，又似八卦直因蓍数而生
> 尔。至于两仪四象，相生而成，则又无待于三说而有卦也。故一说苟
> 胜，则三说可以废也。然孰从而为是乎？卜筮，自尧、舜、三代以来
> 用之，盖古圣人之法也，不必穷其始于古远茫昧之前。然《系辞》，
> 圣人之作也，必有深旨，幸决其疑。①

在这道策问里，欧阳修指出：关于八卦的产生，《系辞》里有四种说
法，同一部著作中，出现四种截然不同的观点，这就让人无所适从。欧阳
修实际在引导考生怀疑《系辞》的权威性。他以省试命题人的身份，引领
了科场疑经的风气。

但是，在科场策问的指挥棒下，一些学风不甚踏实的士子，一味追捧
时尚，逐渐走上肆意疑经的邪路。司马光在《论风俗札子》中批评科场的
浮躁风气："窃见近岁公卿大夫好为高奇之论，喜诵老庄之言，流及科场，
亦相习尚。新进后生，未知臧否，口传耳剽，翕然成风。至有读《易》未
识卦、爻，已谓《十翼》非孔子之言；读《礼》未知篇数，已谓《周官》
为战国之书。读《诗》未尽《周南》《召南》，已谓毛、郑为章句之学。读
《春秋》未知十二公，已谓三《传》可束之高阁。循守注疏者，谓之腐儒；
穿凿臆说者，谓之精义。"②

疑经风气对制科考试的影响，主要体现在制科对策中，李清臣于治平
二年（1065）参加制科考试，《资政殿大学士李公行状》云："时大雨霖京

---

① 欧阳修著，洪本健校笺：《欧阳修诗文集校笺》，上海古籍出版社，2009 年，第 1198—
1199 页。

② 司马光：《温国文正司马公文集》卷 45，四部丛刊本。标点为笔者所加。

师，旦异数见，言者多咎濮邸议。及廷试，同发策者四人。或语公宜以《五行传》'简宗庙，水不润下'为证，则必优等矣。公曰：'此汉儒说。以某异应某事，清臣不能知。民间得无疾痛不乐可上者乎?'因言：'天地之大，譬之于人，腹心肺腑有所攻塞，则五官不宁。民人生聚，天地之腹心肺腑也；日月星宿，天地之五官也。善止天地之异者，不止其异，而止民之疾痛不乐者而已。'……竟以不附时议，在次等。授秘书郎、签书苏州节度判官。"① 可见，李清臣对于汉朝儒生的灾异观直接予以批驳，而是把水灾与百姓的痛苦联系起来，表现了其民本思想。李清臣对汉朝儒生的经学观念的不屑一顾，明显是受到庆历学术思潮的影响。

吕陶参加熙宁三年（1070）的制科考试，其《御试对策》云："臣闻天人之际，精禨有以相感，《洪范》之陈五事，《春秋》之书灾异，皆其微也。然世之说者有两端焉，一曰彼穹然居上者，何预于人事乎? 日月星辰之凌错，阴阳水旱之愆亢，皆大数使之然，未必发于政事，是天之与人离为二而言，非严恭寅畏之道也。一曰灾变之来，率以类应，某政之失，则召某祥，某事之非，则感某异。盖自两汉诸儒，若刘向、董仲舒、郎颛、襄楷之徒，皆指时事一二以明之，牵连迁合，务必其验，是不能推明天人之端以启导世主，而徒溺于禨祥也。臣则谓之不然。夫天之降命于君而付以大器者，必有扶持全安之心，警惧告戒之意矣。示以灾渗，谕以变怪者，欲其饬躬而务德，慎事而图宁也，非无预于人事也，非指其一二之失而致也，天人之际如是而已。"② 吕陶点名批评了汉代儒生的牵强附会，他认为自然界的各种灾异是"大数使之然"，这是他对自然界运行规律的一种认识。

汉代儒生一般都把日食和水灾、旱灾等灾异现象和皇帝失德联系起来，以此警告君主励精图治，不可荒废朝政。但苏轼在《御试制科策》中否定了汉代儒生的说法，对于日食和水灾提出了自己的解释，他把这些灾异与阴阳的消长变化联系起来。苏轼的《御试制科策》云："策有'仍岁以来，灾异数见，乃六月壬子，日食于朔，淫雨过节，燠气不效，江河溃决，百川腾溢。永思厥咎，深切在予。变不虚生，缘政而起。'此岂非陛

① 《全宋文》，第 127 册，第 61—62 页。
② 《全宋文》，第 73 册，第 318 页。

下厌闻诸儒牵合之论,而欲闻其自然之说乎? 臣不敢复取《洪范传》《五行志》以为对,直以意推之。夫日食者,是阳气不能履险也。……夫淫雨大水者,是阳气融液汗漫而不能收也。"① 孔文仲的《御试对策》也有同样的解释:"圣策曰:'盖人君即位,必求端于天,而正诸己。惟五事得其常,则庶征协其应。有国以来,靡敢自肆,而和气犹郁,大异数见。乃元年日蚀三朝,洎仲秋地震数路,而冀方之广,为灾最甚,自处于'弗德之致,夙瘝晨兴,思其所以',此见陛下畏天饬己、恐惧修省之盛德也。臣闻日食地震者,阳微阴盛也。而或曰:日食者,历之常数也。臣请辨之。一百七十三日有余而为一交,然后食,此历家之说也。而《春秋》襄公二十一年之九月、十月,二十四年之七月、八月,皆未及一交则食,此历之不合,一也。二汉之政,西京为盛,东京为衰,大率皆二百余年尔。而西京四十五食,东京七十四食,食之疏密,应政之盛衰而然,曾无定数,此历之不合,二也。"② 孔文仲的这种解释可以视为对苏轼的解释的一种继承。

从苏轼、孔文仲、吕陶的考试成绩来看,苏轼获得了第三等的最高分,孔文仲也被考官宋敏求定为第三等,吕陶获得第四等的成绩,都可以看出北宋官方对于考生在答卷中质疑汉儒、直抒己见的鼓励态度。

第二节　尊王攘夷:南渡时期的对策与《春秋》学

宋代是《春秋》学极为繁盛的时代,宋初著名学者孙复的《春秋尊王发微》阐发尊王攘夷的思想,与宋王朝加强中央集权、抵抗外敌的时代要求相符,获得欧阳修、朱熹等著名学者的普遍赞誉,对后世学者影响很大。欧阳修在《孙明复先生墓志铭》序中云:"先生治《春秋》,不惑传注,不为曲说以乱经。其言简易,明于诸侯、大夫功罪,以考时之盛衰,而推见王道之治乱,得于经之本义为多。"③ 南渡时期,新生的赵构政权

---

① 《全宋文》,第 90 册,第 262 页。
② 《全宋文》,第 81 册,第 8 页。
③ 欧阳修著,洪本健校笺:《欧阳修诗文集校笺》,上海古籍出版社,2009 年,第 747 页。

面临金国强大军事威胁，国势危如累卵，民族矛盾尖锐，在这样的历史环境下，胡安国、萧楚等学者通过对《春秋》微言大义的阐释，重提尊王攘夷的思想，获得知识阶层的深切认同。

宋高宗更是对《春秋》情有独钟，他认为："为君不知《春秋》，昧为君之道；为臣不知《春秋》，昧为臣之道。此书褒贬甚严。真万世之法。"① 由于王安石当政期间，贬抑《春秋》，宋高宗在追废王安石配享德诏书中将王安石视为乱贼，胡寅《追废王安石配享诏》："昔者世衰道微，暴行有作，孔子拨乱反正，寓王法于《春秋》，以俟后世。朕临政愿治，表章斯文，将以正人心，息邪说，使不沦胥于异学。荆舒祸本，可不惩乎？安石废绝《春秋》，实与乱贼造始。"② 在这样的背景下，南渡时期的应举之人自觉地把《春秋》置于至高无上的经典地位，考试对策本来就有依经立论的传统，胡铨、王十朋等人的殿试对策就具有依《春秋》立论的时代特色。

建炎二年（1128），高宗在扬州策试举子，胡铨（1102—1180）的《御试策》洋洋洒洒万余言，获得考官的高度评价。周必大《资政殿学士赠通奉大夫胡忠简公神道碑》云："建炎二年廷对行在所，考官初以冠多士，或畏其切直，置第五，授左文林郎、抚州军事判官。"③ 虽然考官仅仅将胡铨的殿试对策置于第五名，但胡铨的这篇对策毕竟适应了时代最为迫切的需求，故既能获称赏于当时，又能流传后世。

胡铨曾师从萧楚学习《春秋》，胡铨撰写的《清节先生墓志铭》追述萧楚生平事迹："绍圣间，以母夫人命预螺川贤书，不中礼部程，留太学。时方校声律，已独穷经，于《春秋》尤深。"④

胡铨的殿试对策的显著特点就是全篇依《春秋》立论，体现了极其精深的《春秋》学修养，引用《春秋》原文达到纤毫不差的娴熟水平，如"谨按昭十一年，楚子虔诱蔡侯般，杀之于申"⑤，"谨按僖二十六年，齐人伐我北鄙，公子遂如楚乞师。公以楚师伐齐，取谷"⑥ 等。考虑到对策

---

① 《建炎以来系年要录》，第 2795 页。
② 《全宋文》，第 189 册，第 106—107 页。
③ 《全宋文》，第 232 册，第 231 页。
④ 《全宋文》，第 196 册，第 153 页。
⑤ 《全宋文》，第 195 册，第 73 页。
⑥ 《全宋文》，第 195 册，第 76 页。

是在考场上答题，不能随时翻阅参考资料以便核对，而《春秋》是曾被王安石称为"断烂朝报"的编年史，叙述相当简洁，胡铨对《春秋》原文的熟稔程度让人惊叹。

胡铨如此解释《春秋》的要旨："臣谨按《春秋》祸变之由与祖宗已然之故事，为陛下陈之。为《春秋》之说者，曰：'正次王，王次春，王者上承天之所为，而下以正其所为。'此汉儒傅会之论，臣谓不然。臣闻圣人作《春秋》，尊一王之法，为万代之训，未尝有明言天者，盖谓天道难测，若深言之，则遂以为茫昧莫究而忽于天；若浅言之，则天下后世遂溺于阴阳灾异而蔽于天。圣人推其变于天常，与人事杂而书之，至其变见祸败，或应于数十年之后，甚则或不旋踵而应。国家将有失道之败，天乃出灾异以谴告之；不知自省，又出怪异以警惧之；尚不改悔，覆败乃至。苟无其事，变不虚生。若痛自惕惧，侧身修行，则祸灾灭塞，可转为福。此春秋之大凡也。"① 可见其《春秋》观念依然是以上天的灾异来比附人事。

胡铨阐发《春秋》义理，有其深切的现实关怀，在阐述《春秋》中"夷狄主盟华夏，天下日趋于亡矣"的道理后，他对于金国入侵导致的巨大灾难做了细致的描述："比年以来，丑虏横行，干戈烂熳而不息，未尝一年间不战，生民日委顿，四夷日恣肆，天下不知有生之乐，几年于此矣。疮痍之民，肝脑涂地，丘陇发掘，暴露枯骨，齰腐血流者，不知几亿万生灵之命，陛下不得而见也。士卒死边野之外，妇哭其夫，母哭其子，寡妇弱子抱负辒车，望冤吊哀于千里之外，途悲巷哭，怨痛彻天，陛下不得而闻也。"② 战乱给民众带来的巨大痛苦跃然纸上。

"尊王"这一政治理念，牵涉的不仅是中央和地方的关系，还有皇权和相权的关系，绍兴二十七年（1157），状元王十朋的《廷试策》用《春秋》"尊王"说阐述帝王揽权的统治之道。长期专权的秦桧已经在绍兴二十五年（1155）去世，但是他专权造成的恶劣影响尚未清除，所以，王十朋的这篇对策，依据《春秋》"尊王"说，反复强调帝王揽权，有非常强的现实针对性，应该说，王十朋揣摩到了宋高宗的心理，提出了宋高宗最

---

① 《全宋文》，第195册，第68—69页。
② 《全宋文》，第195册，第80页。

为关心的政治议题，故能凭借这篇对策博得状元头衔。

该科的殿试策问中提出要遵守祖宗之法，王十朋首先在对策中提出遵守祖宗之法的要诀在于总揽福威之权，并以汉宣帝、光武帝、唐明皇、唐宪宗等堪称中兴之君为例来论证自己的观点。然后开宗明义提出"五经泛言治道，而《春秋》者，人主揽权之书也"。《春秋》的政治意义是不是教人主揽权，这个王十朋没有多做探讨，他斩钉截铁、不容置疑地判定《春秋》是"人主揽权之书"，全是为结撰对策服务。《春秋》为何是皇帝揽权之书？王十朋利用自己精深的《春秋》学修养，予以详细阐述："《春秋》书王曰'天王'者，所以为人君法天揽权之法；有书'王'不书'天'者，所以为人君不能法天揽权之戒。书朝、书会者，欲朝会之权必出于天子也；书侵、书伐者，欲征伐之权必出于天子也。书僭礼乱乐者，欲其收礼乐之权也；书僭赏滥罚者，欲其收赏罚之权也。权在诸侯则讥之，如践土之盟之类是也；权在大夫则刺之，如鸡泽之盟之类是也。先王人而后诸侯者，欲权在王人也；内中国而外夷狄者，欲权在中国也。书盗一字者，所以戒小人之窃权也；书阍一字者，所以防刑人之弄权也。凡一字之褒重于华衮者，皆所以劝人君揽权以作福；凡一字之贬重于斧钺者，皆所以劝人君揽权以作威。"① 可以看出，他对《春秋》中每一个概念的阐释，全部都是围绕君主揽权这个主题展开的。由于北宋士人早就破除了对汉唐旧疏的迷信，王十朋就有足够的勇气和信心对《春秋》中的概念做极有个人特色的解读，《春秋》成了他阐发君主揽权思想的经典依据。

第三节　正心诚意：南宋理学思潮与试策

理学的产生和兴盛是中国文化史上具有深远意义的大事。理学由"北宋五子"创立，南宋朱熹集理学之大成，南宋后期经理学名臣真德秀、魏了翁等力推，成为官方意识形态。宋代理学对宋代科举产生了极其重要的影响，试策作为科举考试的重要组成部分，本身又与经学关联密切，自然更容易受理学的直接影响。翻阅宋代试策，可以直观感受到理学对科举试

---

① 《全宋文》，第208册，第159—160页。

策的巨大影响，这种影响甚至是决定性的。理学的核心概念"正心诚意"正式进入策问和对策之中，理学成为国家学术之后，考生唯有在对策中阐释理学概念，方能获得高第。

绍兴五年（1135）殿试策问云：

> 朕德菲陋，绍承大统。遭家多难，求济未获。是以博延豪俊，咸造在廷，觊闻治道之要。子大夫其必尽精极虑，乐为朕言之。盖闻在昔圣人之治天下，正心诚意，躬行乎上者，固自有道；而措诸事业之间，则或宽或猛，或质或文，变通随时，不胶于迹，故其成效布在方册，昭昭乎其可观也，朕甚慕之。越自即位，九年于此矣，思欲雪父兄之耻而复祖宗之烈，夙夜祗惧，罔敢荒宁。而施为缪盭，治效缺然，深惟其故，不惮改作。间者乃下铨量之令以择吏，而真才犹未显也；严科敛之禁以恤民，而实惠犹未孚也；谨简练之法以治兵，而冗食犹未革也。夫吏道未肃，民力未苏，兵势未强，朕之治所以未效也，顾何以辑事功，弭祸乱哉？而建议之臣并欲考课以核殿最，省官以抑奉稍。力役不足以供饷馈也，为之屯戍营田以宽之；赋入不足以给调度也，为之平准均输以佐之。爵赏未艾也，为之定武功之等；纪律未明也，为之参府卫之制。凡若此者，其合于古，便于今乎？其或有不然者邪？虽然，此治之迹也，上之欲三辰明，四时序，灾沴不生而动植遂性；下之欲风化行，习俗厚，奸宄不作而中外协心。兹可以占天人之助矣，夫何敌不克，何难不济，兴复大业，其庶几乎。子大夫以为何修何营而可以臻此，其条列而茂明之，务适于用，朕将有稽焉。①

该科策问中出现了"在昔圣人之治天下，正心诚意"的字眼，"正心诚意"是理学的核心概念，这是现存宋代殿试策问中最早出现理学元素的策问。通观这篇策问，主要还是咨询国家实际事务，毕竟在宋高宗时代，理学并没有成为国家意识形态。

该科状元汪应辰首先在策头开门见山提出自己的核心论点："窃以为为治之要，特在于反求诸己而已。盖天下之事，未有不本于一人之躬行

①《宋会要辑稿》，第 5410—5411 页。

也。天下皆不仁，宜不可为也，然人君一为仁，则天下相率而趋于仁矣。天下皆不义，宜不可为也，然人君一为义，则天下相率而趋于义矣。故爱人而人不亲，则是仁有所未至也，能反吾之仁，则人自亲矣。治人而人不治，则是智有所未至也，能反吾之智，则人自治矣。凡行有不得，皆反求诸己。吾之一身既正，则天下心悦而诚服，若风草之必偃，自然之理也。"① 所谓"行有不得，反求诸己"，就是要皇帝反省自己的人格缺陷，加强自身的修养，做天下人的表率。随后，在策项中，汪应辰针对策问中的问题，分五个部分来依次作答，他不避冗繁地在每一道小问题后都要求皇帝"反求诸己"，当然，他并没有一直停留在"反求诸己"这个较为抽象的命题上敷衍，而是对策问中涉及的实际政务都做了正面回答。

蔡戡是乾道二年（1166）进士，该科殿试策问云："朕以不敏，嗣承大宝，循尧之道，于兹五载，寤寐俊秀，始得亲策于庭。子大夫衰然待问，必有崇论远虑，副朕详延。盖闻唐虞之世，法度彰，礼乐著，不赏而民劝，画像而刑措，都俞赓歌，不下堂而天下治，朕甚慕之。朕夙兴具食，兢兢业业，惧无以协帝华而绳祖武，若涉渊水，未知攸济。间者设举荐之科，下聘召之命，而实材犹未出也。塞徼幸之门，申奔竞之禁，而公道犹未行也。广言路，恢治具，而纪纲未立。择守令，务宽恤，而民俗未裕。赃墨之刑非不严，而未能使人皆君子之行。钱谷之问非不勤，而未能使国有积年之储。屯田以实塞下，或谓兵不如农；改币以赡邦用，或谓铁不如楮。岂为之不得其要与？抑文胜而弊难革与？何视古之弗及也？夫内修政事，宣王所以兴周；综核名实，中宗所以隆汉。考之方策，其施行之迹何如？子大夫通达古今，明于当世之务，凡可以移风易俗，富国强兵者，悉陈无隐，朕将亲览焉。"② 从这道策问可以看出，当时宋孝宗执政已经五年，非常希望能有一番作为，所以他所提出的问题，都是国家政治生活中急需解决的实际事务。

蔡戡在《廷对策》中开宗明义地提出"为治以正心为本"：

> 盖天下之事，有本有末，其本既正，其末不足治矣。陛下欲知所

---

① 《全宋文》，第 215 册，第 216 页。
② 《宋会要辑稿》，第 5414 页，该科策题的命题人是洪适，洪适《盘洲文集》保留有这道策题。

以求治之实，先求所以为治之本，其本无他，正心而已。臣请推其本
而言之，然后答圣策所问。陛下能正其本，则唐虞不难致，周汉不足
为，八者之弊可以类举矣。夫天下之本在国，国之本在家，家之本在
身，心者又一身之本也。①

而后，他反复申论"正心"的重要性。

首先是把上古帝王尧舜之道总结为"正心"："臣闻尧之所以传舜，舜
之所以受尧者，不过曰正心而已。当时都俞之言曰：'人心惟危，道心惟
微，惟精惟一，允执厥中。'惟其正心于一堂之上，故天下化之，法度彰，
礼乐著，赏刑不用，一正心而天下定也。昔汉武帝上嘉唐虞，汲黯面数之
曰：'陛下内多欲而外行仁义，奈何欲效尧舜之举？'盖尧舜之道自正心
始，不能正其心，而欲效尧舜，是犹立曲木而求其影之正也。臣愿陛下仰
稽尧舜之道，先正其心，以治天下国家，则前圣后圣，异世同符；不然，
徒慕其名，无益也。"②

其次是把宋朝先帝之道也归纳为"正心"："臣谓祖宗所以贻厥孙谋，
太上皇帝所以传之陛下者，亦不过曰正心而已。昔仁宗御书三十五事以为
儆戒，其大要则曰戒喜怒，防满盈，惧贵骄，求中正，斥谄佞，守信义。
此祖宗正心之要也。太上皇帝正心之道得于祖宗之传，虽非愚臣所得而
知，然而三纪之间，上无失德，下无废事，天下庶几于治，非正心之功，
畴克臻此？臣愿陛下仰稽祖宗之道，次守太上皇帝之训，先正其心，以治
天下国家，则可以增帝华、光祖武；不然，求之于他，无益也。"③

在具体的行政措施上，举凡察荐举、察群臣、正台谏、驭吏、节用，
蔡戡都主张从"正心"出发，把"正心"当作解决一切政治问题的灵丹妙
药。这似乎是一种讨巧的作答方法，毕竟，"为治以正心为本"，还是说得
过去的，治理国家的根本，本来就很抽象，以抽象的"正心"来对抽象的
"为治之本"，没有任何问题，但是，举凡察荐举、察群臣、正台谏、驭
吏、节用等实际政务，都用"正心"来应对，实在有敷衍了事、避重就轻
之嫌。在这个意义上，意图实干的宋孝宗鄙薄儒生，确实有其依据。

---

① 《全宋文》，第276册，第279页。
② 《全宋文》，第276册，第281页。
③ 《全宋文》，第276册，第281页。

南宋中兴时期是理学的大发展时期，不过理学家在庆元党禁时期也遭受了打击，理学被称为"伪学"，严重影响到了理学在科举中的地位。叶绍翁《四朝闻见录》："自岁主司自絜以下，曰倪思、刘德秀，策问指安刘氏者乃重厚少文之人，盖阴誉伉胄云。先是，台臣击伪学榜朝堂，未几，张贵谟指论《太极图说》之非，絜、思、德秀在省闱论文弊，复言伪学之魁以匹夫窃人主之柄，鼓动天下，故文风未能丕变，乞将《语录》之类并行除毁。是科取士，稍涉义理者悉见黜落。"① 魏了翁就是"庆元党禁"的受害者，他是南宋与真德秀齐名的理学家，也是写作策论的名家好手，他 22 岁进士及第，因对策涉道学，由第一降为第三，足见其对策文辞颇得考官欣赏，只是因时值"庆元党禁"，道学为政治禁区，遂受牵连。其实，该科的殿试策问已经直接表达了对理学的厌弃："自昔抗议之臣，奏疏之士，文采则富，议论则阔。殆类石田，将孰与耕；有侔画饼，莫济于食。或矜于为异，或一时之见闻；或阴寓其私，规他日之进用。朕固不取，亦岂公言？"②

理学在"庆元党禁"中遭受重大打击，不仅仅体现在科场的评判试卷上，理学家编辑的科举考试辅导书也遭到查禁。宁宗庆元二年（1196），知贡举、吏部尚书叶絜上言："士狃于伪学，专习语录诡诞之说，《中庸》《大学》之书，以文其非，有叶适《进卷》、陈傅良《待遇集》，士人传诵其文，每用辄效。"③ 陈傅良早年在温州城南茶院收徒讲授科举时文的写作技巧，名声大振。"初赴补试，才抵浙江亭，未脱草屦，方外士及太学诸生迓而求见者如云。吴琚，贵公子也，冠带执刺，候见于旅邸，已昏夜矣。既入学，芮祭酒即差为太学举录，令二子拜之斋序。止斋辞不敢当，径遁之天台山国清寺，士友纷然从之者数月。"④ 有趣的是，陈傅良在办科举考试辅导班的时候，并没有获得进士头衔，但大家都愿意热烈追随他，看来他在写作科举时文方面确实有独到的心得。陈傅良和温州举子参加科举考试也获得极大的成功，"公之高弟蔡公幼学为省元，公次之，徐公谊又次之，薛公叔似、鲍君潚、刘君春、胡君时等，皆乡郡人，非公之

---

① 《四朝闻见录》，第 159—160 页。
② 《全宋文》，第 310 册，第 213 页。
③ 《宋史》卷 156，第 11 册，第 3635 页。
④ 吴子良：《林下偶谈》卷四，中华书局，1985 年，第 42 页。

友，则其徒也，尤为一时盛事"①。不过，在庆元党禁期间，他被列入"伪党"，他的著作也遭到了查禁。

随着宋理宗的上台，理学又获得了新的发展，对这一时期的科场试策产生了深远影响。宋理宗绍定五年（1232）状元徐元杰是理学大师朱熹的再传弟子，后又得著名理学家真德秀亲炙，终身服膺理学，他的廷对策以"帝王之心"作为立论的核心概念：

> 臣闻求道有本原，行道有功用，自本原而达之功用，则天下之治可以不劳而举矣。盖道无近功，惟志趣之高远者为足以极其功；道非小用，惟力量之凝定者为足以大其用。自有天地以来，所以脉络世教、纲维人极于不泯不绝之地者，皆非偶然之故也。太极之理，流行散见于万类之殊，常人得之由之，而不知者也。故必有待于超出乎亿兆人之上者为之君师焉。以一人之心融天地之心，以天地之心觉天下之心，帝之所以为帝，王之所以为王，同此心也，亦同此道也，同此学也，亦同此功用也。然则有帝王之心者，斯能有志于帝王之道，有帝王之学者，亦岂不能进于帝王之用哉！②

在对策的末尾，徐元杰提出三大建议："一曰固民心，二曰肃军心，三曰正士大夫之心。"③ 从字面来看，似乎还是"正帝王之心"的延伸，这会给人一种印象，理学家似乎只会喋喋不休地申述诚意正心这一套概念，对于实际政务完全不通，其实，仔细阅读他的对策就会发现，他的提法还是有很强的现实针对性的。他指出民众负担过重："今之所以固民者何如耶？田间困于科率，市井困于征求，商贾困于抽敛，富家大室困于奄没之刑。叠是数困，犹未已焉，远近怨咨不可闻也。乖戾之气上熏于天，激而为江闽之盗，滋而为辅近之奸，涨而为都会之灾，溢而为边陲之警，延而为数千里之旱，岌岌殆哉！国家命脉，一缕千钧，深可虑也。"④ 军队纪律松弛："今之为兵者何如耶？自核实之不加，而兵益以冗；自训练之不精，而兵益以惰；自豢养之不戒，而兵益以脆；自等级之不严，而兵

---

① 《全宋文》，第 265 册，第 314 页。
② 《全宋文》，第 336 册，第 179 页。
③ 《全宋文》，第 336 册，第 188 页。
④ 《全宋文》，第 336 册，第 188 页。

益以骄；自刻剥纵弛之相蒙，而兵又流于叛且溃矣。"① 士大夫贪婪苟且："今之为士大夫者，臣又不知其果何如邪？陛下以培固邦本为心，而监司守令则行之以朘削膏血之政；陛下以运动国势为心，而曰将曰帅则乘之以消沮士卒之私；陛下以兴利除害、信赏必罚为心，而内外大小之臣则应之以虚诞苟且、偷安旦暮之计。"②

他提出的问题都相当尖锐，应该说，皇帝授予他状元头衔，除了表彰理学，也是看到他一片赤诚忠心体国之心。

但是，理学盛行造成相当严重的负面影响，相当多的士大夫，声名卓著，肩负着朝野巨大的期望，却不通实务，只会空谈理学。宋理宗朝的著名理学家真德秀不谙时务，遭到时人的讥讽："真文忠负一时重望，端平更化，人徯其来，若元祐之涑水翁也。是时楮轻物贵，民生颇艰，意谓真儒一用，必有建明，转移之间，立可致治。于是民间为之语曰：'若欲百物贱，直待真直院。'及蜀马入朝，敷陈之际，首以尊崇道学，正心诚意为一义，继而复以《大学衍义》进。愚民无知，乃以其所言为不切于时务，复以俚语足前句云：'吃了西湖水，打作一锅面。'市井小儿，嚣然诵之。士有投公书云：'先生绍道统，辅翼圣经，为天地立心，为生民立命。愚民无知，乃欲以琐琐俗吏之事望公，虽然，负天下之名者，必负天下之责。楮币极坏之际，岂一儒者所可挽回哉？责望者不亦过乎！'公居文昌几一岁，泊除政府，不及拜而薨。"③ 可见，端平更化以来，国家面临的最为紧急的问题是通货膨胀，但是，真德秀虽然是众望所归的治国首选人才，却完全不懂经济，只会大谈"正心诚意"这些理学概念，自然遭到朝野厌弃。

值得注意的是，南宋时期出现了一大批科举考试参考书，如《群书会元截江网》，四库提要云："首题太学增修，中有淳祐端平年号，盖理宗程试策论之本也。"④ 此外还有《璧水群英待问会元》《精选皇宋策学绳尺》等。这些应付策问的参考书在宋理宗朝大量出现，说明当时的策问考试已经走向僵化，读书人无需认真学习经史，只需要走捷径背熟这些科举考试

---

① 《全宋文》，第 336 册，第 188 页。
② 《全宋文》，第 336 册，第 189 页。
③ 周密撰，吴企明点校：《癸辛杂识》，中华书局，1988 年，第 43 页。
④ 永瑢等撰：《四库全书总目》，中华书局，1965 年，第 1149 页。

参考书，就可以在考场上获得好成绩。朱熹当年曾指责吕祖谦编写科举考试辅导书的流弊："近见建阳印一小册，名《精骑》，云出于贤者之手，不知是否？此书流传，恐误后生辈，读书愈不成片段也。"① 朱熹的担忧终于变成现实，罗大经痛心疾首地谈到读书人急功近利的读书方式："近时讲性理者，亦几于舍六经而观语录。甚者将程、朱语录而编之若策括策套，此其于吾身心不知果何益乎！"②"淳祐甲辰，徐霖以书学魁南省，全尚性理，时竞趋之，即可以钓致科第功名。自此非四书、东西铭、太极图、通书、语录不复道矣。"③

王迈端平二年（1235）参加馆职考试，他的策文主要是讨论国家财政问题，体现了相当高的专业水准，但他受时代学术思潮的影响，在馆职对策的结尾，为"格物正心"做辩护，强调了"格君心"的重要性：

> 抑执事发策，无取于开边拓地之言，忠于谋国，谁曰不然，而致知格物正心诚意之言，乃以迂目之，此又愚之所未谕也。人主一心，万理之会、万化之原所从出也。文帝、太宗惟不能制一忍心也，是以尺布有谣，而终累仁孝之德；推刃喋血，而竟贻闺门之惭。明皇、晋惠惟不能降一欲心也，是以《霓裳》一曲旋启渔阳之变，"夕阳"一语竟招刘、石之来。作于其心，害于其事，前代覆辙，何可胜数？其在今日，事有关于纲常之大、风教之本者，见远识微之士，昔尝苦口而今不言，前尝撄鳞而后辄止，岂以君德已修、君心已格，而无所用其规切乎？愚谓心之神明最不可欺，一念少邪，众慝交入。殚民力于官室，此心之侈实为之；戕民命于战争，此心之忿实为之。善乎李沆之论曰："人主当知四方艰难，不然，血气方刚，不留意于声色犬马，则土木甲兵祠祷之事作。"此盖切于人主之身，而为格心之正论也。《大学》一书生财之道，以财发身之仁，以义为利之义，必恳恳言之，曾谓正心诚意之无与于财乎？④

王迈认为：汉文帝、唐太宗之所以兄弟不和，是因为他们不能克制残

---

① 朱熹撰、朱杰人、严佐之、刘永翔主编：《朱子全书》，第 21 册，上海古籍出版社，2002 年，第 1445 页。
② 罗大经撰：《鹤林玉露》，中华书局，1983 年，第 333 页。
③ 周密撰，吴企明点校：《癸辛杂识》，中华书局，1988 年，第 65 页。
④《全宋文》，第 324 册，第 350 页。

忍之心；唐玄宗、晋惠帝之所以祸乱国家，是因为他们不能降服欲望之心。这种对前朝历史的解读，以"格君心"为钥匙，带有浓厚的时代色彩。

到了文天祥参加进士科殿试的宋理宗宝祐四年（1256），理学早已确立其官方意识形态地位，殿试策问已经呈现出跟以往不同的风貌，直接大谈理学："盖闻道之大原出于天。超乎无极太极之妙，而实不离乎日用事物之常；根乎阴阳五行之赜，而实不外乎仁义礼智、刚柔善恶之际。天以澄著，地以靖谧，人极以昭明，何莫由斯道也。圣圣相传，同此一道。由修身而治人，由致知而齐家治国平天下。本之精神心术，达之礼乐刑政，其体甚微，其用则广，历千万世而不可易。"① 这与宋代早期的殿试策问注重时务大相径庭。

文天祥深谙答题之道，他在御试对策中如此论述圣人法天不息："臣闻天地与道同一不息，圣人之心与天地同一不息。上下四方之宇，往古来今之宙，其间百千万变之消息盈虚，百千万事之转移阖辟，何莫非道？所谓道者，一不息而已矣。道之隐于浑沦，藏于未琢未琢之天，当是时，无极太极之体也。自太极分而阴阳，则阴阳不息，道亦不息；阴阳散而五行，则五行不息，道亦不息；自五行又散而为人心之仁义礼智、刚柔善恶，则乾道成男，坤道成女，穹壤间生生化化之不息，而道亦与之相为不息。然则道一不息，天地亦一不息。天地之不息，固道之不息者为之。圣人出而为天地立心，为生民立命，为往圣继绝学，为万世开太平，亦不过以一不息之心充之。充之而修身治人，此一不息也。充之而致知，以至齐家治国平天下，此一不息也。充之而自精神心术，以至于礼乐刑政，亦此一不息也。"② 按照太极生阴阳，阴阳生五行，五行生仁义礼智的思路，文天祥认为宇宙万物的根本属性是动态流转的。

> 臣闻圣人之心，天地之心也；天地之道，圣人之道也。分而言之，则道自道，天地自天地，圣人自圣人；合而言之，则道一不息也，天地一不息也，圣人亦一不息也。臣请遡其本原言之：茫茫堪舆，块圠无垠，浑浑元气，变化无端。人心仁义礼智之性未赋也，人

① 《全宋文》，第359册，第134页。
② 《全宋文》，第359册，第135—136页。

心刚柔善恶之气未禀也。当是时，未有人心，先有五行，未有五行，先有阴阳，未有阴阳，先有无极太极，未有无极太极，则太虚无形，冲漠无朕，而先有此道。未有物之先，而道具焉，道之体也；既有物之后，而道行焉，道之用也。其体则微，其用甚广。即人心，而道在人心；即五行，而道在五行；即阴阳，而道在阴阳；即无极太极，而道在无极太极。贯显微，兼费隐，包小大，通物我。道何以若此哉？道之在天下，犹水之在地中；地中无往而非水，天下无往而非道。水，一不息之流也；道，一不息之用也。天以澄著，则日月星辰循其经；地以靖谧，则山川草木顺其常；人极以昭明，则君臣父子安其伦。流行古今，纲纪造化，何莫由斯道也。一日而道息焉，虽三才不能以自立。道之不息，功用固如此。夫圣人体天地之不息者也，天地以此道而不息，圣人亦以此道而不息。圣人立不息之体，则敛于修身，推不息之用，则散于治人。立不息之体，则寓于致知以下之工夫；推不息之用，则显于齐家、治国、平天下之效验。立不息之体，则本之精神心术之微；推不息之用，则达之礼乐刑政之著。圣人之所以为圣人者，犹天地之所以为天地也。道之在天地间者常久而不息，圣人之于道其可以顷刻息邪？[①]

相当冗繁地论述"圣人法天不息"的道理，道理其实很简单，但文天祥依然要不避冗繁地大谈特谈"法天不息"之道，只能说当时的理学统治地位极为稳固，唯有努力阐发理学方能博取高第。

咸淳七年（1271）的状元是张镇孙，此时国势万分危急，但张镇孙的对策中依然是大谈特谈理学："臣闻帝王之治天下，自积一念之仁始。帝王之仁天下，自积一念之敬始。仁之为道大矣，非敬无以行之。惟无一念而非仁，则有以充其用之大。惟无一念而不敬，则有以极其体之全。故必融乎方寸之微，而后充周乎民物之众，持守于隐微之地，而后显行于运用之天。究诸其端，亦在乎积之而已。"[②] 当然，张镇孙并非只是空谈心性的腐儒，他的对策还是有现实关怀的："府库金帛，皆生民膏血。郡邑官吏鞭捶丁壮，系累老稚，铢铢寸寸以诛求之，以输于帑庾，陛下不可得而

---

① 《全宋文》，第 359 册，第 137—138 页。
② 《全宋文》，第 360 册，第 134 页。

见也。南亩之民黧面涂足，终岁勤动而不厌糠核，陛下不可得而见也。徒吏坐门，叫嚣隳突，吾民伐桑枣、鬻妻子以饱之，愁叹之声载道，陛下不可得而闻也。"① 他如此描述官吏逼迫民众交税的凶狠和百姓的勤勉和愁苦，可见他并非麻木不仁之人，只是在科场应试的环境下，必须以理学为立论的依据才能获得高第。

试策的功能，按照苏轼在《谢梅龙图书》中的说法，是"试之策以观其所以措置于今之世"②，也就是考察举子的政治见识和处理政务的能力，但南宋理学成为国家学术之后，考生唯有在对策中敷衍理学，方能获得高第，这就导致试策原本考察举子政治见识的功能大为衰减。

---

① 《全宋文》，第 360 册，第 142 页。
② 《苏轼全集校注》，第 16 册，第 5314 页。

结　语

　　试策是一种古老的考试文体，试策的诞生比科举考试制度要早，最早的试策是汉文帝的《策贤良文学诏》，这篇诏书和晁错的对策都已经具备较为完整的文体形态。经过千年的发展演变，宋代的殿试策问和对策已经具备极为完善的形式体制。

　　在宋代的殿试对策中，举子展现了多样性的政治品格。一方面，举子出于功利性的考量，往往会在对策中迎合上位者的意志，揣摩他们的心意，刻意撰写主考官希望看到的文章，以获取高第；另一方面，举子都是熟读儒家经典的读书人，他们往往有以治国为己任的儒家理想，这样，他们又会在对策中大胆直陈时弊，要求皇帝兴利除弊，展现了他们正直敢言的政治风骨。南宋殿试对策中还呈现出对宋仁宗的高度推崇，这是殿试策问强调祖宗之法的指挥棒作用所致，也反映了南宋士大夫的内省人格。

　　举子为了获得考官的青睐，想尽一切办法来布局谋篇，遣词造句。宋代的应试高手善于在段落式的作答中紧紧围绕一个中心展开论述，显得一气贯注、浑然一体，这是一种高超的答题技巧。宋代的举子还喜好在对策中逞才使气，排比铺张，形成雄辩滔滔、一泻千里的文风。馆职对策中也不乏这种文风，这使得宋代的对策中出现了相当多的鸿篇巨制。

　　进士科考试、制科考试、馆职考试中的试策，都会被卷入政争的漩涡中，举子出于功利性的考量，往往会在对策中迎合上位者的意志，揣摩他们的心意，刻意撰写主考官希望看到的文章，以获取高第，但是，一旦政局转向，举子获得的功名就成为其原罪，会招致政敌的攻击。宋代的政治斗争中，党争是极为重要的表现形式，在宋神宗时期的新旧党争中，吕陶、孔文仲制科对策，都参与了对王安石变法的攻击。在宋哲宗时期的洛蜀党争中，苏轼所命制的馆职策问也遭到了政敌的持续攻击。

在宋代的策问和对策中，殿试和制科考试的试策受到了较多学者的关注，发表了相当数量的有分量的论文，但是馆职考试对策长期被研究者忽视，到目前为止，笔者没有发现一篇专题研究馆职策问和对策的论文，这可能是因为近年的试策研究中，都是把试策研究作为科举考试研究的一个组成部分，而馆职考试的性质不属于科举考试的范畴，所以，馆职考试受到研究者的关注明显不够，而馆职考试留存的文献是不容忽视的，目前笔者所见的馆职策问和对策都相当丰富，在馆职策问中，举凡国家的重大事项，如科举、经济、军事等都有涉及，在馆职对策中，考生围绕着策问中提出的问题，展开了集中深度论述，其文风亦颇有可赏之处。这是笔者在本书中设置一个专章研究馆职考试策问和对策的原因，馆职考试的策问和对策与科举考试的策问和对策有很多相似之处，但是，馆职策问和对策的历史比科举策问和对策要晚得多，所以它应该是由科举考试的策问和对策派生而出。馆职策问和对策有它自身的特点，馆职策问往往有一个集中的主题，要求考生围绕主题展开深入论述，参加馆职考试的考生一般是具有一定的行政经验的官员，如现存的馆职策问的作者吕祖谦、真德秀、魏了翁、周南、王迈等人，都有地方任职经历，这与科举考试的考生的身份是不一样的，科举考试的考生一般都是读书人，没有仕宦经历，缺乏行政经验。由于存在这种重大差异，所以馆职考生在应考时，较少谈抽象的政治原则和理念，更多地讨论实际政务，仔细阅读有代表性的馆职对策，如周南和王迈的作品，就会发现，他们在馆职对策中既发表了卓越的见识，又展现了高超的文辞才华。在宋代的馆职对策中，周南的文章雄辩滔滔，文势最盛，被著名学者叶适评为古今第一，可谓当之无愧。周南的馆职对策，是南宋馆职对策文学化的硕果。

宋代试策与所处时代的学术思潮也有密切联系。受庆历疑经思潮的影响，在北宋制科对策中随处可见质疑汉唐注疏的思想倾向。南渡时期，因国家形势巨变，殿试对策中多依照《春秋》立论阐发尊王攘夷的思想。南宋时期，理学经过曲折的历程，确立了其官方意识形态地位，这对于南宋的考生影响极大，南宋后期的策问很多都是直接就理学中的理念发问，而南宋举子的对策基本上就成了敷衍理学之文，这样，南宋后期的试策就走向了僵化，举子不通实务，只需要背诵理学辅导教材，就可以在殿试中获得好成绩。这就导致试策考察举子政治见识的功能大为衰减。

附录 《全宋文》失收之宋代试策辑录

　　曾枣庄等先生主编的《全宋文》，2006年由上海辞书出版社和安徽教育出版社联合出版。作为目前最为庞大的宋代文章总集，搜罗整理一代文献，嘉惠学林，影响深远。但《全宋文》毕竟是360册的皇皇巨编，编纂《全宋文》的工作量极为繁重，难免百密一疏。笔者在专题研究宋代试策的过程中，对《全宋文》中的宋代试策引述颇多，也从其他文献中发现三篇《全宋文》失收的宋代试策，分别是保留在《新刊国朝二百家名贤文粹》中的陈公辅《御试策一道》、陈瓘《廷试策》，四库存目丛书本《汪文定公集》中的汪应辰《试林光朝馆职策问》。

一、陈公辅《御试策一道》

　　陈公辅（1077—1142），字国佐，台州临海人。政和三年（1113）上舍及第，调平江府教授。累迁权应天府少尹，除秘书郎。靖康初年，徽宗渡江未还，公辅力陈父子之义，宜遣大臣迎奉，钦宗擢为右司谏。因语触时宰，斥监台州税。高宗即位，召还，除左司员外郎。绍兴六年（1136），为左司谏，上疏请禁伊洛之学。七年（1137），迁礼部侍郎，寻知处州。十二年（1142），提举江州太平观，卒，年六十六。有文集二十卷、奏议十二卷，已佚。《宋史》卷三七九有传。

　　陈公辅是两宋之交的重要人物，在两宋政治史和思想史上都是无法回避的角色。可惜的是，他的文集早已散佚，其文集失传的原因可能是他曾上疏反对道学，他大肆攻击道学："然在庭之臣，不能上体圣明，又复辄以私意取程颐之说，谓之伊川学，相率而从之。是以趋时竞利，饰诈沽名之徒，翕然胥效，但为大言，谓尧舜文武之道，传之仲尼，仲尼传之孟轲，轲传颐，颐死无传焉。狂言怪语，淫说鄙喻，曰：'此伊川之文也。'

幅巾大袖，高视阔步，曰：'此伊川之行也。'"① 而理学自南宋后期以来取得官方意识形态的地位，此后数百年地位无可撼动。像陈公辅这样恶毒攻击道学，必然为理学家所不能容忍，他的文集自然就会失传。

今据《新刊国朝二百家名贤文粹》辑得一篇陈公辅的佚文。《新刊国朝二百家名贤文粹》，是南宋人编的一部文章总集，卷首列"二百家名贤世次"，上起赵普，下至宋孝宗朝宰相赵雄，主要按登科年次排列，文章包含文体有论、策、书、碑、记、序、杂文等。该文集保存了许多文集已佚的宋人文章，具有相当高的文献辑佚价值。比较好的版本是庆元三年（1197）书隐斋刻本，今存国家图书馆。四川大学古籍所编纂的《宋集珍本丛刊》即依据该版本影印。《全宋文》编者使用《新刊国朝二百家名贤文粹》辑得多篇宋人试策，李清臣的《淇水集》早已失传，绍兴二十一年（1151）状元赵逵《栖云集》亦失传，绍兴二十四年（1154）状元张孝祥的《于湖集》则没有收其殿试对策文，《全宋文》编者据《新刊国朝二百家名贤文粹》辑得李清臣于宋英宗治平二年（1065）参加制科考试的《御试制策一道》，以及赵逵和张孝祥的殿试对策。但是，陈公辅的殿试对策文却没有收进《全宋文》，可能是因为《全宋文》卷帙浩繁，出自众手，百密一疏，故失收该文。

《新刊国朝二百家名贤文粹》卷五十三收录有《御试策一道》，署名定庵先生，按照《新刊国朝二百家名贤文粹》卷首的"二百家名贤世次"，定庵先生为陈公辅，他是政和三年（1113）上舍及第榜首，可是这篇廷对策却是针对绍兴二年（1132）张九成榜的殿试策问答题的，所以，这篇对策虽然是陈公辅的作品，但并不是陈公辅参加政和三年上舍及第的答卷，而是他看到绍兴二年殿试策问后的拟作。

绍兴二年殿试策问云：

> 朕承中否之运，获奉大统，六年于兹。顾九庙未还，两宫犹远，夙兴夕惕，靡敢康宁。闵国步之久艰，悼已事之失策，虚心求治，不惮改图。故详延子大夫于廷，咨以当世之务，冀闻长计，以兴大业。将核其言，收其用，非特循故事，设科举，塞人情而已。古先辟王，继中微之世，承思治之民，芟夷大乱，事半而功倍。少康一旅而复有

---

① 李心传辑：《道命录》卷 3，清知不足斋丛书本。标点为笔者所加。

夏，宣王兴衰以隆成周，光武三年而兴汉祚，肃宗再岁而复两京，皆蒙前人之绪业，拨乱反正，若此其易也。今赖四方黎献翊戴眇躬，列圣之泽未远也。朕焦心劳思，不敢爱身以勤民，然屈己以和戎，而戎狄内侵；招携以弭盗，而盗贼犹炽；以食为急，漕运不继，而廩乏羡储；以军为重，选练未精而军多冗籍；吏员猥并，而失职之士尚众；田莱多荒，而复业之农尚寡；严赃吏之诛，而不能革贪污之俗；优军功之赏，而无以消冒滥之风。方今非外攘夷狄则不足以靖民，取于民有制则不足以给车徒之众，为人父而摧其子，则又何以保民而王哉？朕弗明治道，仍暗事机，凡此数者，常交战于胸中，徒寝而不寐，当食而叹也。子大夫与国同患难久矣，宜考前世中兴之主，其施为次序有切于今者；祖宗传绪累世；其法有可举而行者；平时种学待问，奇谋硕画，本于自得，可以持危扶颠者。其悉意以陈，朕将亲览。①

陈公辅对策如下：

臣对：臣闻策士于廷，本朝故事，方国家承平三岁，一讲谓之循故事，设科举，塞人情，容或有之，乃若今日，夷虏侵陵，生民涂炭，东都破荡，车马南巡。方自绍兴，移跸临安，扰攘之时，曾未少休，而陛下于此详延布衣之士，亲降圣问者，盖欲咨当世急务，异闻长计，以兴大业，将覆其言，收其用，岂比平时循故事设科举塞人情而已哉。在廷之士，苟不能输忠毕虑，披肝胆而吐诚实，则亦何足以上副陛下求言之意乎？此臣所以不愧狂斐，愿竭区区之愚。若夫观望畏避阿谀顺旨，窃陛下一命之宠，则非臣之所感知也。

伏惟矜其愚忠，臣闻圣人之德，无加于孝弟，故孟子言："尧舜之道，孝弟而已矣。"陛下首言九庙未还两宫尚远，夙兴夕惕，靡敢荒宁。可谓笃于孝弟矣。臣愿陛下日夜以此痛疚于怀，思所以安祖宗之灵，雪父兄之雠，则尧舜可以及也。圣人不贵无过，而贵改过，故仲尼称成汤曰："改过不吝。"陛下次言悯国步之久艰，悼已事之失？胄′，虚心求治，不惮改图。可谓勇于改过矣。臣愿陛下至诚罪己，不事空言，思所以益敷圣心，力图后效，则成汤不能过也。

---

① 《宋会要辑稿》，第5409—5410页。

圣策曰：古先辟王，继中微之世，承思治之民，芟夷大乱，事半功倍，少康一旅，而复有夏；宣王兴衰，而隆成周；光武三年，而兴汉祚；肃宗再岁，而复两京。皆蒙前人之绪业，成中兴之功，拨乱反正，何其易也。陛下言此，盖谓四君成功之易，而今赖万方黎献，翊戴圣躬，列圣之泽未远，陛下焦心劳思，不敢爱身以勤民。然朝廷庶事，如圣策所询，皆未就绪，一何成功之难耶？此非独陛下疑之，天下之人亦疑之。臣试论其大略，夫国无常治，必有乱焉；身无常安，必有病焉。乱得人然后治，病得人然后安，请借身之病以论国之乱，方受病之初，尚在腠理，未及血脉；尚在肠胃，未至骨髓，而得良医，蚤从事焉。去其邪毒，存其正气，补养调治，不使之寖深，则虽重病可期于必安。苟惟不然，而付之庸医，不查证候，不明标本，汤剂误投，针砭妄攻，非惟不能已病，又从而害之。一庸医犹可，而至于再，至于三，则其病日加，后虽有良医，亦不能速安矣。方召乱之初，人心未离，国势未弱，疆土未蹙迫，财力未困竭，而得贤人，蚤图任焉。竭其谋谟，施其忠力，经营扞御，不使之寖坏，则虽大乱可期于比治。苟惟不然，而付之庸人，无经世之才，无胜敌之策，挟私害公，窃位固宠，非唯不能已乱，又从而伤之，一庸人犹可，至于再，至于三，则其乱日加，后虽有贤人，亦不能速治矣。由是观之，少康虽承帝相绝灭之后，而抚其官职，故能一旅而复有夏；宣王虽继厉王大坏之余，而任贤使能，故能兴衰而隆成周；光武遭乱，用邓禹、寇恂等，三年而兴汉祚；肃宗遭乱，用郭子仪、李光弼等，再岁而复两京。此病之一遇良医，初无辨害，其安也不亦易乎？

陛下自即大宝，慨然有为，三四年间，大臣数易，或奸邪误国，或畏懦无能，内陵不能消，外侮不能御，既遭淮甸之惊危，更值苗刘之狂逆，祸变存兴，事攻莫效。此犹病之屡遇庸医，既遭所伤，其安也不亦难乎？呜呼！今日之病甚矣，固非一朝夕所能疗，必得如卢扁者委而治之，尚可善其后，倘复有伤，诚为难救，臣愿陛下加意焉，戒其所难，为其所易，则他日成功，何患不若彼四君邪？

圣策曰：屈己以和戎，而戎狄内侵。臣闻夷狄为中国患，自古以然，帝王之世，怀之必有德，畏之必有威，未闻屈己与之和也。至汉唐，虽曰和亲，岂能免其不叛哉？唯本朝澶渊之师，既杀挞览，彼计穷力屈，哀鸣请和。真宗皇帝念南北皆吾生灵，不忍残害，故从而许之。自是虏人怀德畏威，不敢妄动。今金寇乘边境无备，长驱中原，禽兽之性，得利则骄，我虽屈己与和，彼方桀骜自若，故自靖康以来，屡讲和议，皆堕其奸计，每致狼狈，为今之策，绝不可和，必欲遽然修车马、备器械，张皇六师，为渡河讨贼之计，又残破疲弊之余，力未能举，然则当如何哉？亦曰：修其本而已矣。《车攻》之攘夷狄，必先修政事；《常武》之立武事，必先有常德。臣愿陛下躬秉圣德，施于有政，朝廷之上，进君子，退小人，开不讳之路，行至公之道，凡纲纪法度、号令赏罚，无不允协于先王，克当于人心。唯其如此，故群情悦附，士气奋发，以守则固，以攻则克，何畏乎夷狄哉？孟子曰："得道者多助，多助之至，天下顺之。"此之谓也。臣观太王之时，狄人方强，尝走马避之，至文王则混夷駾矣，维其喙矣。① 盖夷狄盛强，不能长久，金寇本以蕞尔之区，敢雠大邦，天稔其恶，灭亡可待。陛下诚能修其本以胜之，臣将见四方丕变，而两河五路之民，思祖宗德泽，闻天子仁圣，莫不云合相应为我助，以此克复疆土，迎还两宫，果何难哉？以吴之强，以越之弱，而越王苦身焦思，置胆而尝，折节下贤，与百姓同其甘劳，卒毙强吴。孰谓陛下以中国之大，行帝王之道，而不能取胜于夷狄乎？此在陛下勉之而已。若曰屈己以和戎，而欲其不侵，臣未见其可也。

圣策曰：招诱以弭盗，而盗贼犹炽。臣闻寇贼奸宄虽盛世不免，况今遭夷虏之难，州县伤残，元元失业，盗贼乘间而起，固不足怪，然比年以来，凡有盗贼，必议招降，且奸恶之民，本以贪暴为贼，今一切招降，或与之官，或贷而不诛，彼其心以谓负罪者，既未必死，又因而得官，何惮不为。故今日招小群，明日起大群，终莫能弭也。此纍从前容忍之过。请夷狄方为害，未暇及盗贼，故因循纵驰，不即剿除，遂使群盗猖狂，国威愈不振，且亡命之徒，揭竿持挺，蜂屯蚁聚，虽曰众多，皆吾民耳。吾犹无以制之，况能与夷狄争锋邪？此其失策之甚者也。《书》曰："歼厥渠魁，胁从罔治。"臣谓今日盗贼当先议讨荡，渠魁必诛，胁从必赦，盖诛渠魁足以夺奸雄之气，赦胁从

---

① 《诗经·大雅·绵》："混夷駾矣，维其喙矣。"

足以安反侧之心，如此亦可弭盗矣。虽然，王温叔治河内，好杀行威，其后二千石欲为治，尽效温舒，而吏民益轻犯法，盗贼滋起。龚遂治渤海，上问："何以息盗？"乃言："民困于饥寒而不恤，故赤子弄兵潢池，治乱民如治乱绳，不可急也，惟缓之，然后可治。"上从之，于是郡中翕然，盗贼皆罢。更择州县之吏，去其如温舒者，用其如遂者，使拊循之，尚何盗贼之有？若曰招携以弭盗，而欲其不炽，臣未见其可也。

圣策曰：以食为急，漕运不继，而廪无羡储。臣闻往年京师诸路岁漕不知几千百万，而用度稍多，亦或不足，况今日经寇难，西北半为贼区，江淮荆湖亦遭焚劫，凡所仰给，惟在东南，土地既迫，则赋入亦少，固其理也。虽今日行在用度不比京师往年，然军兵之给、百官有司之俸，亦不为不广。幸数年间，谷麦稍丰，犹可支持。若或一遇水旱凶荒，其何以堪？比朝廷所深忧。今运漕不继，廪乏羡储，如令漕臣督责州县，不过重困吾民，非所以固邦本也。以臣计之，唯节用而已。陛下当此艰难，奉养菲薄，宫廷横费，亦已杜绝，然官吏之多，犹未尽减，如近日发运司与坑冶，所入少处，罢之甚善。而州县不注，添差何益于事？宣和靖康以来，罪恶昭著，或弃城投拜，不忠不义之徒，削籍流窜，旋蒙恩霈，稍复旧官，例乞宫祠，非特坐费廪给，亦不足为奸谋之戒。前宰相侍从，今日可谓多矣。实有补于国家者几何人哉？并享宫祠厚禄，诚为滥恩。若择其尤者令致仕，或与裁减，亦省费之一端，其他内外官吏，慎无添差，有不急者，暂行并省，使州县稍稍优裕，则漕运可继，如其不然，将日给不暇，安有羡储哉？

圣策曰：以兵为重，选练未精，而军多冗籍。臣闻祖宗盛时，养兵有额，而训兵有法。自崇观宣和以来，阉官弄臣并掌枢府，而天下军政始坏，重以靖康至今，连岁军兴，精兵锐卒，销散无几，而诸将所领，类皆招降群盗不逞之徒，其间老弱，豁其死亡逃窜者，然兵不贵多而贵乎精，古之人能以少胜众者，皆以兵精故也。国家之兵，最患于不精，盖以夷虏数侵，车驾顺动，六军奔走，暴露于外，训看不时，卒多偷惰。今幸西北宁靖，东南盗贼略平，宜于此时，诏诸将日加训练，如祖宗之法，庶几皆为精兵而无冗籍之患也。

圣策曰：吏员猥并而失职之士尚多。臣闻国家全盛之时，在京百司执事之多，而幅员万里州府县镇星分棋布。今行在官属甚少，而河朔京东皆未收复，江淮荆湖多焚荡之余，人情例不愿去，则所谓员阙者极少矣。然入仕之门反多于前，前宰执侍从与文武官至正郎数倍于古，例得荫补子弟、军功捕盗、输财纳粟诸色杂流，不可胜数。则吏员安得不猥并而失职之士安得不多哉？今日之策，莫若严入仕之路，使其流稍清，其间已补授者，择才任使之余，则姑俟岁月，寇难稍平，疆土渐复，则员阙自多。然而为士人者，义当体国，方国家多事，自应朝夕痛愤，愧不能效死以平寇难，岂急于谋身以失职为恨哉？此不足烦圣虑也。

圣策曰：田莱多荒而归业之农尚寡。臣闻今日国家所急以食为先，若田莱多荒，将何以给？然田莱多荒者，以民未归业，民未归业者，以州县未得人也。盖自兵兴以来，今六七年，诸路屡遭残破，人民杀伤之余，奔散他处。若非多方宽恤拓诱，未易集也。今幸寇兵不来，盗贼亦稍衰息，凡经劫虏之地，慎择守令，宽其法制，许以便宜，专务招集流亡，裨其归业，则田莱多荒亦不足烦圣虑也。

圣策曰：严赃吏之诛而不能革贪污之俗。臣闻祖宗盛时，公卿大臣以清德率励，在位皆节俭正直，故天下化之，崇尚廉耻，当是时，士人有敢取受，虽半钱之微，一玷清议，则终身侮辱。自崇观宣和以来，大臣或贪鄙无厌，或骄淫侈靡，开包苴之门，丧清白之节，兹风一煽，上下靡然，故所在官吏，招进纳贿，恬不为怪，循讼至今，流弊莫革。往往乘时衰乱，廉节愈更不修，况又流离道路，久无差任，一旦苴官，皆急于营私，恣为不法。陛下虽曰严赃吏之诛，然不幸而败者，百无二三。奸滑之徒，能以巧佞，或用货利，转相请托，则上下蔽蒙，无由显露。臣愚望陛下任用监司必择刚明公正者，使察举州县，赃吏而诛斥之，苟得如范滂，一到州境，赃污自应望风解印而去矣，何待发摘哉？更当戒谕公卿大臣皆务清俭，以警庶僚，选精忠洁白之人进用于朝，以为激劝，则人不独畏法，且知畏义，而贪污之俗可以革矣。

圣策曰：优军功之赏而未能销冒滥之风。臣闻赏所以劝有功也，若行之不得其当，则虽曰优之，亦不足劝也。昔司马光有言："有功者与之一金，无功者不与，则有功者必悦；有功者与之千金，无功者亦与千金，则有功者必不悦。"由是以言，赏不必太优，唯其当而已。近者朝廷军功之赏，失之太优。或谓："方国家患难，欲得人人奋命立功，若非优其恩赏，何以劝之哉？"臣切以谓不然，爵赏者，人君所以驭天下，不可轻用。君以为贵，则人贵之；君以为贱，则人贱之。人贵之则得则皆以为荣，而可为有功之劝；人贱之则得则不以为恩，而徒滋滥冒之弊。臣所议者，今日正当使人贵其爵赏，以得为难，则各思自效，岂可轻哉？臣观宣和间，既平方腊，使童贯、谭稹奏功，请求嘱托，货赂公行，富者虽无功，滥就赏格；贫者虽有功，隐没不供。至今冒沾恩命无虑数百辈。况在今日，连年用兵，缘功赏推恩不无此弊。臣又观近日陷没王事，朝廷优恤其家，固甚厚也，然不问有无子孙，多与恩泽，遂至妄认亲戚，私相转卖，承务郎告身不过三五百千，滥冒甚矣。以此一事考之，其余可知，岂非恩赏太优而致然邪？臣愚欲望陛下自今以始吝其爵赏，不轻予人，当责诸将，奏功必考其实，无使复如前日之弊，则冒滥之风可以销矣。

圣策曰：方今非外攘夷狄则不足以靖民，取于民有制则不足以给车徒之众，为人父而榷其子，则又何以保民而王哉？臣闻夷狄者，固中国之害也，然空中国而以事夷狄，帝王所不为。陛下知夷狄害中国，思所以攘之，可谓忧民之深，而念取民有制，保民而王，可谓爱民之切。此深探其本实，帝王用心，非不明治道，仍暗事机也。臣尝读《唐鉴》，见德宗时，两京用兵，府库不支，乃括富商钱，令杜佑大索长安，商贾嚣然，如被寇盗，所得不多，又括僦质钱，蓄积粟帛，皆借四分之一，百姓怨怀。故范祖禹论之曰："人君用天下之力，取天下之财，征伐不庭，以一海内，所以保民也。而兵革既起，未尝不自虐其民。暴敛之害，甚于寇盗。寇盗害民之命，而暴敛失民之心。害民命者，君得而治之；君失民心，则不可得而复收也。"臣愿陛下鉴德宗之失，察祖禹之论，如臣前所言，修其本以胜之，使斯民知陛下忧之深而爱之切，莫不心悦诚服、欢欣感戴，可使智者献谋，勇者效死，富者输财，贫者尽力，又何患车徒之众不足以给之哉？以此攘夷狄，不失所谓保民而王者矣。

凡此数事，臣固已略陈于前，惟陛下详择而行之，古人有言：临渊羡鱼，不如退而结网。如其不行，则虽交战于胸中，寝而不寐，当食而叹，终无益也。

圣策又欲臣等考夫前世中兴之主，施为次序有切于今者，祖宗传序累世，法度可举而行者。臣谓前世中兴之主，如圣策所询者，少康以逃奔之余，有田一成，有众一旅，能布其德，能用其谋，以收夏众，遂灭有过，复禹之绩，不失旧物，亦可嘉矣。惜乎治迹书传不详，臣无得而言。若宣王见于诗雅，功烈昭然，固有可施于今，而其志衰善变，不纯乎文武之序，故箴规诲刺，相继而作，臣犹不敢以此望陛下。况若肃宗何足道哉？盖肃宗虽能收兵灵武，克复两京，而艳后嬖臣专制内外，无经远之谋，行姑息之政，唐之纪纲大坏，不可复振，实繇肃宗，其施为次序，岂足为今日献？臣考中兴之主，巍然成功，有始有卒，莫如光武，以仁厚之德，济英雄之志，举乌合之众，扫滔天之敌，使海内幡然变而为汉，至于首取卓茂以为太傅，戒冯异安集关中，及天下已定，乃偃武修文，崇德报功，勤政治，养黎元，兴礼义，宣教化，表德行，励风俗。臣愿陛下施为次序，专效光武，实天下幸甚。乃若祖宗法度，在今日皆可举而行，臣试为陛下言之。臣闻法莫大于便民，方治平、嘉祐以前，海内富庶，黎民安乐，礼义兴，风俗厚，岂非便于民邪？熙丰一切废罢，专用新法，将以便民，不无扰民，重以奸臣挟绍述之说，欺惑主听，推行过当，故卒致败乱。然自靖康至今，朝廷每欲追复祖宗而群臣犹持异同之论，牵制不决。臣愿陛下考祖宗所以太平，观今日所以衰乱，所行法令一以祖宗为本，其间稍有不便于今，斟酌损益，隋益革之，使斯民复见祖宗之治。顾其幸哉！

臣一介草茅，才识浅陋，蒙陛下隆宽广问，恨无良谋硕画可以扶危济颠，然有圣问所不及，臣尝过宪焉，不得不毕其说。臣闻太阿之柄不可授于人，人主之权不可移于下。陛下方将削平寇难，协济大功，固资将帅之力，然假借太过，则权移于下，若乃忠臣义士，专务以死报国，终不失恭顺之心；其间有志满意骄，或凭宠恃势者，不独非朝廷之福，亦非彼之福也。光武之兴，感会风云，奋起智勇者凡二十八人，皆能以功名始终，少具祸败者，以光武处之得其宜也。臣愿陛下为二三大臣深谋密议，预为驾驭之术，厚其恩礼，收其威权，使将帅忠力愈奋，朝廷体势愈尊，则他日事平之后，可终保无虞，中兴之功，夐古莫及矣。臣狂瞽之言，不识忌讳，上干天威，无任战栗，待罪之至，惟陛下裁之，臣谨昧死上对，臣谨对。

二、陈瓘的殿试对策

陈瓘（1057—1124），字莹中，号了斋，南剑州沙县人，元丰二年（1079）进士甲科第三名。陈瓘的进士科殿试对策存于《新刊国朝二百家名贤文粹》，《全宋文》的编者曾依据《新刊国朝二百家名贤文粹》收了相当多的作家佚文，却不知何故失收陈瓘的殿试对策。

元丰二年殿试策问：

> 上古人材之盛，莫如唐虞之际。以为司空则水土平，以为稷则百谷殖，以敷五典则从，以明五刑则服，至于器用利，动植和，礼乐成，出纳允，与夫内岳外牧，相为倡应，以成天功者，凡以材也，兹非其盛欤！其次莫若周，然有妇人焉，九人而已。则夏商之间，与夫文武之后，材之不足，为可知也。夫天下之事常有余，而人材每不足。以不足之材治有余之事，则彼圣贤之君，作而成功者，孰与济也？抑其材虽不及唐虞成周之全，而得其杰然者，足以兴之欤？将其君自为之，而无待乎材之富也。不然，其所就安得与之班乎？自赢秦至于五代，或君擅天下，或霸据一方，其所兴所为及乎所成之功，于传故可见也。子大夫其各以所闻言之。①

今依据《新刊国朝二百家名贤文粹》卷五十二全文照录陈瓘的殿试对策：

> 臣对：臣伏睹熙宁之初，更张之始，纲纪法度，焕然一新，圣意所及，必期于唐虞三代，所以忧勤夙夜，矻矻而不倦者，可谓至矣。然而法令之下，未遍于四方，而奉承之吏，鲜有识陛下有为之意者，至于矫揉之术，无所不尽，然后以材而御事者，乃始有可观者焉。以臣之所见，于今而考上世之得失，则人材之不足于用，果非治世之所

---

① 《宋会要辑稿》，第 5400 页。

患也。唐虞三代之治，后世无以过焉，而论其人材，则自唐虞成周而外，虽夏商之间，文武之后，固已不及，而况于后世之纷纷者乎？然而周之人材不逮于唐虞，而其治不愧于唐虞；夏商之人材不逮于成周，要其成功，皆号极治。然其致理必有其道，而人材之所以或盛，或不足者，必有其说，此宜圣问之所以有及于多士者也。如臣之愚，何足以知此？然考之《舜典》，以观唐虞之治，是虞常得成材而用也，至于后世，徒见成材之备于唐虞，而不求其所以致之之术，因以谓之人材之盛，不在于教养作成之所致，而在于博取兼用以待其自成而已。劳于求贤而贤者愈远，切于图治而治效愈疏，是以未知成周之所以治者，乃出于作成之效也。盖人君之所以赖为邦本之固者，以有四民而已矣，而四民之业，皆有教焉；处士于庠序而教之以道，处农于田亩而教之以耕，百工之在官府也，商贾之在市肆也，莫非有以教之也，而四民之所以各从其教者，有士导之而已。故四民之有士，犹衣裳之有冠冕也，犹木水之有本原也，善治其本而末从之矣。故曰："无君子莫治野人，无野人莫养君子。"然其德足以处君子之位者，非士而可乎？是农不可以无士也；一人之身，而百工之所为备，器之为用，法度寓焉，有其德而足以知法度之意，非士而可乎？是工不可以无士也；天之所生，地之所产，有其材者，皆以为利非商贾不能致之，非义不足以和之，然则有其德而足以知和义之利者，非士而可乎？是商不可以无士也。农与工商不可一日而废于天下，而三者之民又不可一日而无事焉。先王之所以尊贤士者，为此而已。济济多士，文王以宁，此周家之所以治世，是以水土之平、百谷之殖，则亦可考于司徒；动植之和、礼乐之成，则亦可考于宗伯；至于五典之所为以教，五刑之所以为威，虽异于唐虞之迹，而六职之所行，则亦无愧于九官之教。虽无禹稷，而土谷之利未尝不兴；虽无皋陶，而天下之恶未尝不去，亦何必待人之成材而用邪？如必待人之成材，而后可以为用，则世亦何待于圣人之在上者哉？是以唐虞三代之君，其所以自为于上者，莫不相期于心术之类。故人材众寡，虽或不同，而要其为治之效，则岂有不合者哉？夏商之间，所以班于唐虞成周之治者，如此而已矣。

若夫文武之后，则收功享治者不出于成康之时，后之可取者，宣王而已。成王有大诰之戒，而用其议者取决于十夫之论；宣王有中兴之功，而成其治者，惟有赖于山甫之力。当时之人，材可谓少矣，然成王之所以自为于上者，不以俔俔，则十夫之言，已足以为众；宣王之所以自为于上者，有任使之诚心，故仲山甫一人之力，而不可以为寡。然则成王之十夫，宣王之仲山甫，固所谓杰然者也，使二君之所以自为于上者，不得其道，则亦乌知其所以与杰然者而用之哉？上有自为之君，下有杰然之臣，固以不足之材，治有余之事，而亦足以济有为之功也。然则二帝三王之治，亦可以粗见于此矣。

若乃自嬴秦至于五代，其所与所为，及乎所成之功，则人材所系，固亦可考而知焉。盖周之诸侯并为六国，六国之亡合为秦，秦有天下而遂变周公之法，扫荡儒术而养成刘项之势，楚汉之雌雄决于垓下，而秦之社稷遂归于汉，汉之四百余年至于许昌之后而刘氏之天下乃为三国，司马炎建号为晋以并曹氏，孙皓之吴继蜀而亡，太康之初，天下遂一，而建始之末，则晋以至寝乱，而自元帝渡江而后，百有三年而为宋，宋六十年而为齐，齐二十四年而为梁，梁又二十四年而为江左之陈，江左之陈与中原之周皆归于隋，而天下又一，隋氏两传而唐取之，唐有天下几三百年，天宝以后，祸变相继，卒成五代之乱，我宋兴起而一新，万代之业，生民之受赐，自此而无穷矣。

若夫自五代而上，其君擅天下者，止于五人，而霸据一方者，不可胜数。其得失是非之迹，兴亡成败之势，未有不系于人材者也。是以六国纵横，政去周室，诈伪相欺，强弱相胜，当此之时，而天下一之于秦，秦失其鹿，天下逐之，关中既破，而盗贼不已。当此之时，天下一之于汉。汉室既微，曹氏擅命，三国鼎峙，分裂山河，当此之时，天下一之于晋。晋室之衰，中原云扰，七代相持，三百余载，当此之时，天下一之于隋，隋之天下，才四十年，遂为李氏之唐，然则自周衰而后，天下之势，或离或合，能于扰攘之际衰弱之余，取而一之，遂能操人君之权者，五人而已矣。秦之始皇，汉之高祖，晋之武帝，隋之文帝，唐之高祖，是五人者，皆全有天下，所谓尺地莫非其有也，一民莫非其臣也。所贵乎人君之位者，非以其如是故耶？

然其国祚之长短，治乱之始终，有所不同。如汉如唐，历世数十；如秦如隋，则不传三世而遂失之也。得之之易，莫如汉唐；失之之易，莫如秦隋。然则上无凋散之秦，则汉氏安得而有之？上无决裂之隋，则唐氏安得而有之？彼秦隋之乱，为汉唐君擅之资而已。晋武以强有天下，无异于始皇；惠帝之时，无异于秦隋之末。而当是之时，乘其弊者，无沛公之材，秦王之智，是以知天下之势，必待至隋而后一。

若夫秦初之诸侯，秦末之盗贼，与夫霸据一方之君，则纷纷纭纭，不可胜论，臣亦尝言其略矣。汉之衰也，权出于曹氏，而魏氏既立，则吴蜀共起，而争之三国之君。皆无定功之计，而徒以地形相控，权力相压，犹众虎之相遇，咆哮而俱斗，大者伤，小者死。然后司马氏袒裼而取之，得之既不以道，而守之又无其术，是以患难相绵，久之不已。生民之扰，未有其甚于晋也。

若夫五代之得失，则梁归于唐，唐归于晋，晋乱于匈奴，而汉亡于周，周五十余年，而其变若是，则其所成之功，又不待言而明矣。

盖汉之可取者，有二事焉；唐之可取者，亦有二事焉。为边鄙之备而能及于屯田，擅天下之利而能及于府兵，正官名之缪而能及于六典，此二事者　在唐而可取者也，自是而外　则有议之而不能行者，有行之而不能从者。汉之限田唐之封建，是议之而不能行者也；汉之肉刑，唐之义仓，是行之而不能久者也。

汉之得失如此，不可胜纪，而八者之是非，则亦有可论者焉。断其议者，或出于自为之君；献其说者，或出于杰然之臣。所与之是者，或终于有立；所为而当者，或终于有成。而所成之功，则或在所举，或在所制，臣请因八者而陈其得失以献焉。

盖屯田之议，起于汉宣之时，而成其利者充国之谋，十有二事以尽边鄙之得失，谋画之利有足言者。盖先零之豪有意于湟水之北，充国之计于未然而为备，不贪小利，欲以殄灭不为期，故以万人留屯，因田致谷，以军马一月之食支田士一岁之用，不损威武之重，而虏无乘间之势。大费既省而徭役豫息，此所谓必擒之具、不战而自破之策也。法行之后，民众实服，其为法岂可少哉？然则宣帝之于充国也，可谓得其所与矣。能取于屯田之利，则可谓得其所为矣。故所成之功有足言者。

　　若夫平准，则洪羊①议之而武帝行之，政足以擅天下之财，法足以合周公之意，商贾由是而不至于太盛，兼并由是而不至于太豪，其为法可谓善矣。而世之论者皆以论桑洪羊之所议、汉武帝之所行乃一时刻敛之术，非先王仁义之政，为此论者，是未知司市泉府之列于周官也。卜式之言，取于扬雄，则桑羊摧利，固有可罪之迹，以其力小而任重，而为之不能无过，是岂平准之法果有所不善乎哉？法虽良矣，而人不足以举之，乌可以人而议其法耶？以洪羊得罪于杨雄，而因以平准为不善之法，是论者之过也。然则武帝为平准之法，可谓得其所为矣。然以桑洪羊处之，则未得其所与也。故所成之功有未尽焉。然则为边鄙之备而及于屯田，擅天下之财而及于平准，汉之二事，臣既列之于前矣。

　　若夫府兵之制，则唐之所建，虽因苏绰之谋，而法制之善则实得周公之意，是以三等之兵各有定数；十道之府则六百三十有四，而关内之府则二百六十有一，自十人之火以至于三百人之团，自火之有正以至于团之校尉，符契既下，莫敢不行，弓矢横刀，以给宿卫，番给上下，虽在千里之外而不知其远也。变为骧骑而其制渐坏，又变为藩镇之兵，而府卫之兵于是乎不可见矣。当其渐坏之时，卫士匮处而宿卫不给，于是募士以充其选焉，是以分布牙爪环列左右，官府次舍具于王官以出入，以巡昼夜，虽不若官正之所治，而其法制之善不可废也。然则唐太宗之为府兵，可谓得其所为矣，而因得卫士以置左右，则可谓得其所与矣。故所成之功，有足取者。

　　若夫六典之为法则，自周官既废之后，虽其文籍犹在，而莫有稽而用之者，惟唐之太宗师其余意，建官分职，自成一代之法，二十四司共揽尚书之事，天下之务会于都堂之东西，缉熙皇极而以为侍中之职，统和天人而以为中书之任，六省既备而御史次之，自太常以至于太府而列为九寺，自国子以至于将作而列为五监，自左右卫以至于羽林而列为十六卫，职有其人，人举其职，以至于天子之师傅、东官之羽卫莫非皆有其职也。正观之治②为近古，以是而已，虽未能尽合于

---

　　① 洪羊，即桑弘羊，此处避宋太祖之父"弘殷"讳。
　　② 正观之治，即贞观之治，避宋仁宗赵祯讳。

周之六典，而法制之善不可废也。故其设官之数，次以七百余员，而待天下之材，所与所为，两得之矣。故所成之功有足取者，然则制寓之法而及于府兵，正官名之谬而及于六典，唐之二事，臣复列之于前矣。

若夫汉之限田、唐之封建，则是议之而不能行者，臣请论之，盖限田之不行，则井田之法何由兴乎？世之议者，以手画地，皆能为方井之形；屈指而计，皆能为什一之数。于是为之说曰："与民而不以井田，取民而不以什一之制，则未可以为富民之术也。"然则什一之制固出于井田，而井田之法岂易复哉？夫三代之为井田也，行于夏周而未详，至于周官而后备，为之至难，待之至久，而后无不平之势，若欲以千载难成之法遽就于一日之间，虽甚愚者知其难也。盖井田不可以不复，而复之不可以无渐，渐复井田之制，宜自限田而始也。仲舒言之于汉曰："井田之制，虽未可复，宜少近古，限民名田，以赡不足。"而武帝不能用也。其后师丹言："井田之利，虽未可详，宜略为限，名田之利，止于三十顷。奴婢之数，止于二百人。期尽三年，犯者籍没。"而丁傅用事，董贤隆贵，皆不便也。故仲舒则议而不行，师丹则议成而寝。然而师丹议欲以一人而兼三十夫之地，欲以三年而没犯者之田，臣则以谓三十夫之地失之于太广，三年之期失之于太近，收其所长，弃其所短，则限田之议可谓近古而善矣。然汉之君于两人之议则不能与也，于近古之良法而不能行也。则所与所行，两失之矣。

若夫封建之议，则请以三代之得而论唐之失。盖先王以海内之地，制为六服布其人民，分其疆土以立夹辅之诸侯，而天子所自治者，惟千里之王畿而已矣。五等之地无过于百里，分封之法不期于异姓，故诸侯有夹辅之实而王室有藩屏之赖。至于春秋之时，则司马九伐之，法已不复行于畿处，而异姓之诸侯与周之宗盟同会而争长，然而五霸之君各挟王命以栖诸侯，故昭王不复而相公问罪于楚，东迁之难而晋文有力于周，王室已衰之后，大国有问鼎之心，而同姓之诸侯犹能有助于王室。至于秦有天下，遂改封建之制，知封建之害，而不睹其利，是以任其私智改之而不疑。至于楚汉相持，雌雄未决，而韩信、彭越已受千里之封，故七国之乱萌于受封之日。盖秦以六国而妄议封建之失，是以至于孤立而无助；汉惩郡县之失而不知割地之太广，是以至于外重而内轻；唐之君臣相持两端以为议，或取于汉，或取于秦，而萧瑀之议终不足以夺郑公之言，是以议之而不能行也。欲为三代之治而人材不足，故其所议不足以为致治之术，则所与所为亦可谓两失之矣。然则汉之限田、唐之封建，所谓议之而不能行者，臣复论之于前矣。盖法之兴废系乎天下之治乱，故先王之法不见于天下，而后世始不治矣。肉刑之制，三代之所自由也，至于汉文则不思而改之，感一女子言而遂变先王之良法，岂不误哉！盖刑之大者莫甚于死，而大辟之轻重尚且不同，成王之五百，如此其重也；而穆王之二百，如此其轻也。故曰："惟齐非齐，有伦有要。"而刑罚之轻重，焉可以失其权哉？感一女子之言，遂变先王之法，此岂所以权轻重？而当世之所与所为亦可谓两失之矣。

若夫义仓之制，则唐之所建，因隋之旧法而已。开皇之时，天下优足，粟米之积，如坻如京，社则有仓，仓则有积，虽有水旱而贫民不至于流亡，故长孙平之议则戴胄举之，而文帝之法则太宗因之。然隋至于大业之间，唐至于中宗之后，迫于用度不足而有觊于里社之仓，故义仓之制于是乎坏。隋之得失固已不足论，而所可惜者唐氏之不能久也。盖其所与之人、所为之事，其始非不善也，而不足以久其所成之功者，其时然也。然则汉之肉刑、唐之义仓所谓行之而不能久者，臣复列之于前矣。盖自嬴秦而下，有天下者不过于五人，而秦与隋晋所为所与皆不足道，故其所成之功无可言者。臣所以独论汉唐之得失，而折之以先王之道也。然其可善之法则或有议之而不行，既行之善则或行之而不久，故要其治功则祇足以为汉唐而已矣。

若夫霸据之术，所谓一时之得足以善其一方，而论其大体则不足以施于天下。刘备、苻坚之所与，孔明、王猛之所为，若此类固各有所成之功，而岂足以施之于天下哉？臣所以详论天下之政而略于霸据之术也，伏惟陛下以天地之德覆载万类，先王之业异时而同功，所以作为法度制为纪纲以立政教以议刑赏，而圣政所务急于人材，小善寸长无所不取。为司农者责之以理财之政；为国子者必责之以教养之事；内而为寺监之吏；外而为郡县之吏，莫非因材而任之，至于矫揉之术则迪之道，无所不至矣。而圣策所访犹有取于唐虞三代所以致

治，而至于霸据一方之善亦欲闻所成之功，顾臣之浅陋不足以知其万
一，惟陛下赦之而已，臣谨对。

三、汪应辰《试林光朝馆职策问》

汪应辰（1118—1176），初名洋，字圣锡，信州玉山（今江西玉山）
人。绍兴五年（1135）状元，尝任翰林学士，翰林学士有馆职考试命题之
责，所以汪应辰具备拥有这道策问的著作权的条件。

四库存目丛书集部第15册《汪文定公集》有一篇《试林光朝馆职策
问》，该策问不见于《全宋文》，《全宋文》中的汪应辰文，是以影印文渊
阁四库全书本为底本，参校武英殿聚珍版本编辑而成，四库本是四库馆臣
据《永乐大典》辑补。四库存目丛书集部第15册《汪文定公集》，系程敏
政从内阁摘抄的本子，并非全本，但自有其文献价值。这道策问就是四库
本失收而保留在程敏政本里。

林光朝（1114—1178），字谦之，号艾轩，兴化军莆田（今福建莆田）
人。隆兴元年（1163）进士，乾道五年（1169）召试馆职，遂除秘书省正
字兼史职。林光朝试馆职考试的对策保存在他的《艾轩集》中，即《召试
馆职策》①，从对策文本来看，切合《试林光朝馆职策问》，所以这篇策问
应该补入《全宋文》。该策问全文如下：

　　问：帝王之功，莫大于用人。盖必知其人矣，然后可得而用也。
皋陶之谟，周公之立政，其知皆在于知人，此固万世不易之理也。为
天下国家者，岂不欲得如皋陶所谓九德，周公所谓三俊，而列于庶
位，以收用人之效哉？患在夫端窾真伪凌杂贸乱，莫知其孰为可用
也。然则知人必有道矣。皋陶周公之书，其反复曲折，殆亦详矣，独
不曰如之何其知人也，岂其不可言邪？抑亦有所未尽邪？世之欲取圣
人之言，以为致治之成法者，其将何以为准邪？则又即孔子所尝言
者，而参之夫言行，未必相应也。毁誉好恶未必皆可信也，人之难
忘，此其大概也。今也听其言则观其行，有所誉则有所试，众好之则
察焉，众恶之则察焉，若是者则亦足以知之乎！然观之察之，乃能有

---

① 《全宋文》，第210册，第79—82页。

所别，白而得其是非之实，又岂易哉？周公于有夏，则曰："迪知忱恂于九德之行。"汤则曰："克用三宅三俊。"文武则曰："克知三有宅心，灼见三有俊心。"以圣人而优为之，固其宜矣。而禹乃曰："知人之哲，惟帝其难之。"岂尧所有不能哉？道至于圣人而犹有二邪？此皆学士大夫所当讲究而推明也，其详言之。

参考文献

古代文献（以四部分类法为序）：

经部：

［清］阮元校刻：《十三经注疏》，北京：中华书局，1980 年。

史部：

［汉］班固撰，［唐］颜师古注：《汉书》，北京：中华书局，1962 年。

［南朝宋］范晔撰，［唐］李贤注：《后汉书》，北京：中华书局，1965 年。

［宋］李心传编撰，胡坤点校：《建炎以来系年要录》，北京：中华书局，2013 年。

［宋］李心传编撰，徐规点校：《建炎以来朝野杂记》，北京：中华书局，2000 年。

［宋］李焘：《续资治通鉴长编》，北京：中华书局，2004 年。

［宋］宋敏求编：《唐大诏令集》，上海：学林出版社，1992 年。

［宋］赵汝愚编：《宋朝诸臣奏议》，上海：上海古籍出版社，1999 年。

［宋］佚名撰，孔学辑校：《皇宋中兴两朝圣政辑校》，北京：中华书局，2019 年。

汪圣铎点校：《宋史全文》，北京：中华书局，2016 年。

［元］脱脱等：《宋史》，北京：中华书局 ，1977 年。

［明］陈邦瞻编：《宋史纪事本末》，北京：中华书局，1977 年。

［清］徐松辑，刘琳、刁忠民、舒大刚、尹波等校点：《宋会要辑稿》，上海：上海古籍出版社，2014 年。

［清］陆心源：《宋史翼》，北京：中华书局，1991 年。

［清］永瑢等撰：《四库全书总目》，北京：中华书局，1965 年。

子部：

［宋］沈作喆：《寓简》，知不足斋丛书本。

［宋］魏泰撰，李裕民点校：《东轩笔录》，北京：中华书局，2013 年。

［宋］王明清：《挥麈录》，北京：中华书局，1961 年。

［宋］赵与时：《宾退录》，上海：上海古籍出版社，1983 年。

［宋］曾慥：《高斋漫录》，北京：中华书局，1985 年。

［宋］陆游：《老学庵笔记》，北京：中华书局，1979 年。

［宋］叶绍翁：《四朝闻见录》，北京：中华书局，1989 年。

［宋］周密撰，吴企明点校： 《癸辛杂识》，北京：中华书局，1988 年。

［宋］周密：《齐东野语》，北京：中华书局，1983 年。

［宋］吴子良：《林下偶谈》，北京：中华书局，1985 年。

［元］刘埙：《隐居通议》，北京：中华书局，1985 年。

［宋］王楙：《野客丛书》，北京：中华书局，1987 年。

［宋］邵伯温：《邵氏闻见录》，北京：中华书局，1983 年。

集部：

［梁］萧统编，［唐］李善注：《文选》，上海：上海古籍出版社，1986 年。

［唐］白居易撰，顾学颉校点：《白居易集》，北京：中华书局，1979 年。

［宋］欧阳修著，洪本健校笺：《欧阳修诗文集校笺》，上海：上海古籍出版社，2009 年。

［宋］司马光：《温国文正司马公文集》，四部丛刊本。

曾枣庄、刘琳主编：《全宋文》，上海：上海辞书出版社，2006 年。

张志烈、马德富、周裕锴主编：《苏轼全集校注》，石家庄：河北人民出版社，2010 年。

刘克庄著，辛更儒笺校：《刘克庄集笺校》，北京：中华书局，2011 年。

四川大学古籍所编：《新刊国朝二百家名贤文粹》，《宋集珍本丛刊》第 94 册，北京：线装书局，2004 年。

［宋］陆佃：《陶山集》，丛书集成初编本。

［宋］黄裳：《演山集》，文渊阁四库全书本。

［宋］赵鼎臣：《竹隐畸士集》，文渊阁四库全书本。

［宋］胡铨：《澹庵文集》，文渊阁四库全书本。

［宋］张九成：《横浦集》，宋刻本。

［宋］王十朋：《梅溪集》，四部丛刊本。

［宋］蔡戡：《定斋集》，文渊阁四库全书本。

［宋］汪应辰：《汪文定公集》，《四库全书存目丛书》集部第 15 册，济南：齐鲁书社，1997 年。

［宋］朱熹撰，朱杰人、严佐之、刘永翔主编：《朱子全书》，上海：上海古籍出版社，2002 年。

［宋］黄震撰，张伟、何忠礼主编：《黄震全集》，杭州：浙江大学出版社，2013 年。

［宋］叶适：《习学记言序目》，北京：中华书局，1977 年。

［宋］周南：《山房集》，民国涵芬楼秘笈本。

［宋］陈傅良：《止斋先生文集》，四部丛刊本。

［宋］蔡幼学：《育德堂奏议》，宋刻本。

［宋］陆九渊：《陆九渊集》，北京：中华书局，1980 年。

［宋］姚勉：《雪坡舍人集》，民国豫章丛书本。

［宋］魏了翁：《鹤山全集》，四部丛刊本。

［宋］王迈：《臞轩集》，文渊阁四库全书本。

［宋］徐元杰：《梅野集》，文渊阁四库全书本。

［宋］文天祥：《文山集》，四部丛刊本。

［清］孙琮选：《山晓阁选古文全集》，礼庵定本。

［清］姚鼐：《惜抱轩笔记》，清同治五年省心阁刻惜抱轩全集本。

［清］沈寿民：《闲道录》，《四库全书存目丛书》子部第 15 册，济南：齐鲁书社，1995 年。

［清］严可均编：《全上古三代秦汉三国六朝文》，北京：中华书局，1958 年。

专著（以出版时间为序）：

夏丏尊、叶绍钧：《文章讲话》，上海：开明书店，1938 年。

沈兼士：《中国考试制度史》，台北：商务印书馆，1969 年。

聂崇岐：《宋史丛考》，北京：中华书局，1980 年。

潘富恩、徐余庆：《吕祖谦思想初探》，杭州：浙江人民出版社，1984 年。

侯外庐：《宋明理学史》，北京：人民出版社，1987 年。

金铮：《科举制度与中国文化》，上海：上海人民出版社，1990 年。

刘复生：《北宋中期儒学复兴运动》，台北：文津出版社，1991 年。

陈植锷：《北宋文化史述论》，北京：中国社会科学出版社，1992 年。

［日］寺地遵：《南宋初期政治史研究》，刘静贞、李今芸，译，台北：稻禾出版社，1995 年。

沈松勤：《北宋文人与党争》，北京：人民出版社，1998 年。

王水照：《王水照自选集》，上海：上海教育出版社，2000 年。

莫砺锋：《朱熹文学研究》，南京：南京大学出版社，2000 年。

程杰：《北宋诗文革新研究》，呼和浩特：内蒙古教育出版社，2000 年。

葛兆光：《中国思想史》，上海：复旦大学出版社，2001 年。

孔凡礼：《苏辙年谱》，北京：学苑出版社，2001 年。

卢国龙：《宋儒微言：多元政治哲学的批判与重建》，北京：华夏出版社，2001 年。

朱维铮：《中国经学史十讲》，上海：复旦大学出版社，2002 年。

陈飞：《唐代试策考述》，北京：中华书局，2002 年。

李一飞：《杨亿年谱》，上海：上海古籍出版社，2002 年。

漆侠：《宋学的发展和演变》，石家庄：河北人民出版社，2002 年。

朱迎平：《宋文论稿》，上海：上海财经大学出版社，2003 年。

田浩：《宋代思想史论》，杨立华、吴艳红，等译，北京：社会科学文献出版社，2003 年。

皮锡瑞：《经学历史》，北京：中华书局，2004 年。

沈松勤：《南宋文人与党争》，北京：人民出版社，2005 年。

陈元锋：《北宋馆阁翰苑与诗坛研究》，北京：中华书局，2005 年。

张毅：《宋代文学思想史》，北京：中华书局，2006 年。

邓小南：《祖宗之法——北宋前期政治述略》，北京：生活·读书·新知三联书店，2006 年。

刘海峰主编：《科举制的终结与科举学的兴起》，武汉：华中师范大学出版社，2006 年。

林岩：《北宋科举考试与文学》，上海：上海古籍出版社，2006 年。

成明明：《北宋馆阁与文学研究》，北京：中国社会科学出版社，2007 年。

杜海军：《吕祖谦年谱》，北京：中华书局，2007 年。

杨新勋：《宋代疑经研究》，北京：中华书局，2007 年。

王宇：《永嘉学派与温州区域文化》，北京：社会科学文献出版社，2007 年。

祝尚书：《宋代科举与文学》，北京：中华书局，2008 年。

李建军：《宋代〈春秋〉学与宋型文化》，北京：中国社会科学出版社，2008 年。

何忠礼：《南宋政治史》，北京：人民出版社，2008 年。

杨世文：《走出汉学——宋代经典辨疑思潮研究》，成都：四川大学出版社，2008 年。

张文利：《魏了翁文学研究》，北京：中华书局，2008 年。

马茂军：《宋代散文史论》，北京：中华书局，2008 年。

孙先英：《真德秀学术思想研究》，上海：上海人民出版社，2008 年。

傅璇琮：《宋登科记考》，南京：江苏教育出版社，2009 年。

何忠礼：《南宋科举制度史》，北京：人民出版社，2009 年。

田浩：《朱熹的思维世界》，南京：江苏人民出版社，2009 年。

孙立尧：《宋代史论研究》，北京：中华书局，2009 年。

吴建辉：《宋代试论与文学》，长沙：岳麓书社，2009 年。

吴国武：《经术与性理：北宋儒学转型考论》，北京：学苑出版社，2009 年。

巩本栋：《宋集传播考论》，北京：中华书局，2009 年。

沈松勤：《宋代政治与文学研究》，北京：商务印书馆，2010 年。

江枰：《明代苏文研究史》，南昌：江西人民出版社，2010 年。

王水照、朱刚主编：《中国古代文章学的成立与展开》，上海：复旦大学出版社，2011 年。

杨庆存：《宋代散文研究》，北京：人民文学出版社，2011 年。

唐春生：《翰林学士与宋代士人文化》，北京：中国社会科学出版社，2011 年。

肖瑞峰、方坚铭、彭万隆：《晚唐政治与文学》，北京：中国社会科学出版社，2011 年。

高明扬：《文体学视野下的科举八股文研究》，昆明：云南人民出版社，2012 年。

刘子健：《中国转向内在：两宋之际的文化内向》，赵冬梅，译，南京：江苏人民出版社，2012 年。

田浩：《功利主义儒家——陈亮对朱熹的挑战》，姜长苏，译，南京：江苏人民出版社，2012 年。

祝尚书：《宋元文章学》，北京：中华书局，2013 年。

吴承学：《中国古代文体形态研究》，北京：北京大学出版社，2013 年。

王兆鹏：《宋代文学传播探原》，武汉：武汉大学出版社，2013 年。

何俊：《南宋儒学建构》，上海：上海人民出版社，2013 年。

陈苏镇：《两汉魏晋南北朝史探幽》，北京：北京大学出版社，2013 年。

葛兆光：《中国思想史》（三卷本），上海：复旦大学出版社，2013 年。

朱刚：《唐宋"古文运动"与士大夫文学》，上海：复旦大学出版社，2013 年。

侯体健：《刘克庄的文学世界》，上海：复旦大学出版社，2013 年。

姜鹏：《北宋经筵与宋学的兴起》，上海：上海古籍出版社，2013 年。

郭庆财：《南宋浙东学派文学思想研究》，北京：中华书局，2013 年。

［日］高津孝：《科举与诗艺：宋代文学与士人社会》，潘世圣，等译，上海：上海古籍出版社，2013 年。

王水照、侯体健主编：《中国古代文章学的衍化与异形》，上海：复旦大学出版社，2014 年。

龚延明、祖慧编：《宋代登科总录》，桂林：广西师范大学出版社，2014 年。

闵泽平：《南宋"浙学"与传统散文的因革流变》，杭州：浙江大学出版社，2014 年。

金滢坤：《唐五代科举的世界》，上海：复旦大学出版社，2014 年。

孙英刚：《神文时代：谶纬、术数与中古政治研究》，上海：上海古籍出版社，2014 年。

余全介：《百家致治与儒术独尊》，杭州：浙江大学出版社，2014 年。

王水照：《苏轼研究》，北京：中华书局，2015 年。

张希清、毛佩琦、李世愉主编：《中国科举制度通史》，上海：上海人民出版社，2015 年。

陈飞：《文学与制度：唐代试策及其他考述》，北京：商务印书馆，2015 年。

［比利时］魏希德：《南宋科举规范之折冲》，胡永光，译，杭州：浙江大学出版社，2015 年。

肖瑞峰、刘跃进主编：《跨界交流与学科对话：宋代文史青年学者论坛》，杭州：浙江大学出版社，2015 年。

许瑶丽：《宋代进士考试与文学考论》，上海：上海古籍出版社，2015 年。

［美］包弼德：《斯文：唐宋思想的转型》，刘宁，译，南京：江苏人民出版社，2017 年。

方笑一：《经学、科举与宋代古文》，杭州：浙江大学出版社，2017 年。

单篇论文（以发表时间为序）：

王水照：《苏轼散文艺术美的三个特征》，《社会科学战线》，1985 年第 3 期。

张希清：《论宋代科举取士之多与冗官问题》，《北京大学学报》（哲学社会科学版），1987 年第 5 期。

郭预衡：《南宋诗文的时代特点——〈南宋文范〉校点本序言》，《北京师范大学学报》，1990 年第 3 期。

秦子卿：《秦淮海"策论"初探》，《扬州师院学报》（社会科学版），1992 年第 2 期。

吴蓓：《论秦观策论》，《浙江学刊》，1997 年第 5 期。

吴承学：《策问与对策——对一种考试文体的文学与文化研究》，《新国学》，1999 年第 1 卷。

王荣科：《王安石提出"三不足"之说质疑》，《复旦学报》（社会科学版），2000 年第 1 期。

张开焱：《召唤与应答——文艺与政治关系新论》，《文艺争鸣》，2000 年第 2 期。

洪本健：《庆历新政人士和北宋散文的发展》，《江海学刊》，2001年第6期。

崔铭：《〈黄庭坚年谱新编〉献疑》，《中国学研究》第四辑，2001年。

张海鸥：《宋文研究的世纪回顾与展望》，《文学评论》，2002年第3期。

宁慧如：《宋代贡举殿试策与政局》，《宋史研究集》第32辑，台北：兰台出版社，2002年。

陈元锋：《王安石屡辞馆职考论——兼论宋代馆职、词臣之荣显与迁除》，《文史哲》，2002年第4期。

吴承学：《现存评点第一书——论〈古文关键〉的编选、评点及其影响》，《文学遗产》，2003年第4期。

杨世文：《北宋贡举改革与经学变古》，《四川大学学报》（哲学社会科学版），2004年第1期。

孙小淳：《北宋政治变革中的"天文灾异"论说》，《自然科学史研究》，2004年第3期。

张海鸥、孙耀斌：《〈论学绳尺〉与南宋论体文及南宋论学》，《文学遗产》，2006年第1期。

王兆鹏：《中国古代文学传播方式研究的思考》，《文学遗产》，2006年第2期。

陈飞：《唐代试策的形式体制——以制举策文为中心》，《文学遗产》，2006年第6期。

俞兆鹏：《文天祥〈御试策〉评介》，《安徽师范大学学报》（人文社会科学版），2007年第1期。

祝尚书：《略论文章学研究的资源开发》，《文学遗产》，2007年第2期。

王水照：《作品、产品与商品——古代文学作品商品化的一点考察》，《文学遗产》，2007年第3期。

刘成国：《宋代学记研究》，《文学遗产》，2007年第4期。

吴国武：《论庆历之际的经学与政治》，《北京大学中国古文献研究中心集刊》第六辑，2007年。

陈飞：《唐代试策的表达体式——策问部分考察》，《文学遗产》，2008

年第 1 期。

辛更儒：《有关〈永嘉先生八面锋〉的几个问题》，《中国典籍与文化》，2008 年第 1 期。

成明明：《北宋馆阁召试除职论略》，《求索》，2008 年第 3 期。

马东瑶：《吕祖谦的文学教育》，《河南教育学院学报》（哲学社会科学版），2008 年第 6 期。

吴国武：《从经传文本的选择看北宋时期的经学新变》，《宋代文化研究》第 15 辑，2008 年。

吴承学：《宋代文章总集的文体学意义》，《中国社会科学》，2009 年第 2 期。

刘海峰：《"策学"与科举学》，《教育学报》，2009 年第 6 期。

吴国武：《"策问宜用经义"——科举试策与北宋真、仁之际的经学新变》，第五届"科举制与科举学"国际学术研讨会论文集，2009 年。

［日］熊本崇：《宋绍兴对策两种》，第五届"科举制与科举学"国际学术研讨会论文集，2009 年。

宁慧如：《南宋状元策试析》，《宋学研究辑刊》第二辑，2010 年。

刘宁：《"论"体文与中国思想的阐述形式》，《北京大学学报》（哲学社会科学版），2010 年第 1 期。

聂安福：《宋人"文法〈檀弓〉"说解读》，《文学遗产》，2010 年第 2 期。

彭国忠：《赵鼎臣生平事迹新考》，《文学遗产》，2010 年第 2 期。

吕肖奂、张剑：《两宋科举与文学教育》，《阅江学刊》，2010 年第 4 期。

陈飞：《唐代进士试策形式体制》，《清华大学学报》（哲学社会科学版），2010 年第 5 期。

金滢坤：《中晚唐制举试策与士大夫的社会意识——以"子大夫"的社会意识为中心》，《学术月刊》，2010 年第 12 期。

［韩］裴淑姬：《南宋高宗时期的策试研究》，韩国中国学会《国际中国学研究》第 14 辑，2011 年。

李建军：《宋代浙东文派的散文史价值与文章学贡献》，《浙江学刊》，2012 年第 3 期。

钱建状：《糊名誊录制度下的宋代进士行卷》，《文学遗产》，2012 年第 3 期。

钱建状：《宋代的科名崇拜、科名歧视与文学传播》，《厦门大学学报》（哲学社会科学版），2012 年第 6 期。

许外芳：《从〈历代文话〉看"策"的文体特点》，《华南理工大学学报》（社会科学版），2012 年第 6 期。

韦春喜：《汉代对策文刍议》，《文学遗产》，2012 年第 6 期。

金滢坤：《中晚唐制举对策与政局变化——以藩镇问题为中心》，《学术月刊》，2012 年第 7 期。

余祖坤：《论古典文章学中的"反言见意"》，2012 年中国古代散文研究国际研讨会论文集。

龚延明：《新发现唐朝最早"策学"之作考证》，《浙江大学学报》（人文社会科学版），2013 年第 1 期。

曹辛华：《新时期文章学研究的历程、特点及展望》，《南京师范大学文学院学报》，2013 年第 3 期。

周剑之：《论宋代骈体王言的政治功能与文学选择》，《文学评论》，2013 年第 3 期。

陈元锋：《熙、丰文化生态与"西汉文风"之流衍——以翰林学士制诰诏令的承变为考察中心》，《文学遗产》，2013 年第 3 期。

吕肖奂：《论宋代内外制的礼仪功能与审美性能》，《江海学刊》，2013 年第 4 期。

周裕锴：《从工艺的文章到自然的文章——关于宋代两则谚语的另类解读》，《文学遗产》，2014 年第 1 期。

刘宁：《骈文与说理——以中古议论文为中心的考察》，《长江学术》，2014 年第 1 期。

韩冠群：《宜用经义，参之时务：宋代科举试策析论》，《云南社会科学》，2014 年第 1 期。

何忠礼：《从王十朋夺魁看宋代科举》，《中国史研究》，2014 年第 3 期。

周兴涛、彭小云：《宋代武举散文创作蠡测》，《教育与考试》，2014 年第 3 期。

夏令伟：《刘筠"以策论升降天下士"发覆》，《广东第二师范学院学报》，2014 年第 4 期。

方笑一：《皇帝之问：宋代殿试策问及其模式化焦虑》，《华东师范大学学报》（哲学社会科学版），2014 年第 5 期。

张兴武：《北宋"四六"研究的三重思考》，《文学遗产》，2015 年第 3 期。

陆胤：《清末西洋修辞学的引进与近代文章学的翻新》，《文学遗产》，2015 年第 3 期。

朱刚：《从修辞到体制：扇对与八股文》，《南京大学学报》（哲学·人文科学·社会科学版），2015 年第 5 期。

李光生：《宋代书院的科举文学教育》，《兰州学刊》，2015 年第 5 期。

方笑一：《宋代科举策问形态研究》，《宋史研究论丛》第十七辑，2015 年。

诸葛忆兵：《宋代应策时文概论》，《复旦学报》（社会科学版），2016 年第 4 期。

方笑一：《宋代科举策文的话语分析》，《兰州学刊》，2016 年第 6 期。

方笑一：《论宋代殿试策文的文本形式》，《文学遗产》，2017 年第 4 期。

朱刚：《关于婺刻〈三苏先生文粹〉所载策论》，《文学遗产》，2018 年第 5 期。

程苏东：《〈洪范五行传〉灾异思想析论——以战国秦汉五行及时月令文献为背景》，《苏州大学学报》（哲学社会科学版），2018 年第 6 期。

学位论文：

孙耀斌：《宋代科举考试文体研究》，广州：中山大学博士学位论文，2009 年。

韩冠群：《宋朝科举试策研究》，北京：北京师范大学硕士学位论文，2012 年。

蒋林杰：《北宋进士科殿试策问研究——以神宗朝为中心》，上海：上海师范大学硕士学位论文，2013 年。

后　记

本书由我的博士学位论文修改而成。

十多年前，我在湖北师范大学图书馆里偶遇王水照先生的《苏轼传——智者在苦难中的超越》，这本书脊散开又被修补好的传记，让我成为苏轼的粉丝，也立下了终身研究苏轼的决心。只是，进入硕士研究生阶段，才明白苏轼研究之艰难，遂在程杰老师的指导下，以南宋文人陈傅良为研究对象撰写了硕士学位论文。到了博士生阶段，在吕肖奂老师的指导下，我以宋代试策为博士学位论文题目，在搜集资料的过程中，才对苏轼在科场上的巨大影响有了初步印象，反复阅读苏轼的制科对策，算是了却十年前心愿，在笔记本扉页上欣然题写："十年后，与苏轼再次相遇。"

捧着宋代文人的考试对策阅读时，遥想一千年前他们端坐考场奋笔疾书，金殿传胪时的意气风发，我心中不禁惶恐：以我浅薄之学殖，愚钝之天资，拙劣之文笔，如何对这份文化遗产做接近事实真相的解读，方能不愧于当年蟾宫折桂之先贤？正如复旦大学侯体健老师在其博士论文学位后记里所述："研究一个人，应尽力地读他读过的书，虽不可能与他处在同一水平来对话，但让自己与研究对象之间差距不要太大，或许是避免犯错的重要准备。"宋代众多进士乃至状元的学养，我难以望其项背，唯有尽力熟悉他们的童子功——儒家经典和史书，才能勉强读懂他们的试策。

论文的写作过程相当漫长，幸赖吕老师督促，方能完成。老师见我做事拖拉，论文进展缓慢，曾建议我按照一天一千字的进度写作，这对于随性的我而言，是非常好的建议。只是，我因才力不足，性格疏懒，一再拖延，深感愧对老师的教导。老师对我要求严格，多次督促我抓紧时间写作论文；老师又如同慈母，一再宽容我的错误，在此，对老师的督促和宽容表示深深的感激和歉意。

由于习惯了文学史的论文写作模式，在撰写博士学位论文的过程中，依然深受这种模式的影响。吕老师对我的论文初稿的目录框架做了大幅度的调整，使得全文面貌焕然一新，更为重要的是，吕老师促使我更新论文写作观念。吕老师还逐字逐句地审阅了我的论文，不但大幅度提高了论文的学理性，一些细小的文字错误也都仔细挑了出来，在此感谢老师的辛勤劳动。

开题报告会上，吕老师、周裕锴老师、伍晓蔓老师针对论文的写作大纲提供了很多具有操作性的建议。伍老师提出：论文可以有三种进路，即历史进路、文本进路、制度进路，建议放弃历史进路和制度进路，文本进路大有可为，从文体的角度观照试策，切忌做现象的堆积罗列。吕老师指出：目前的文章学研究流于表面，深入研究的空间很大；以现代文艺理论的"文学性"来观照试策是不可取的，应该以答策者不同的身份来比较各类试策的异同。周老师指出：文章学研究，不在于内容而在于表达，表达法在中国文学中地位重要，同样一件事，使用骈文或古文表达，是两个概念。老师们的意见我都仔细记录下来，在写作论文的过程中，思路不畅时，时时重看，总能激发写作灵感。历经波折完稿之后，我对老师们提出的这些意见的重要性就有了更深的体会。感谢各位老师目光如炬，提出宝贵的意见，这对于我写作论文是至关重要的。在预答辩阶段，吕老师、周老师、张勇老师既指出论文结构上存在的需要完善之处，又在诸多细节上给予提醒，让我明确了进一步修改的方向。

感谢教育部平台的匿名评审专家，他们都非常熟悉我的论文题目，认真审阅了我的论文，指出论文的缺点，给予我进一步修改的指导性意见。

正式答辩阶段，我有幸接受周老师、徐希平老师、孙尚勇老师、丁淑梅老师、黄勇老师的悉心批评指正，受益极多，感谢各位老师的辛苦劳动。

在四川大学这所著名学府，我有幸学习项老师的敦煌文献课程、周老师的中国古代文学阐释学课程、何老师的宗教文学课程，等等。这些课程帮助我开拓了学术视野，提高了思辨水平，在此，我对各位老师表示深深的感激。

读博时，我硕士期间的导师程杰老师经常关心我的毕业和就业情况。关于论文的写作，他强调一点：论文的观点和论述过程，首先要说服自己，才能让评审专家满意。他还经常说，无论做什么事情，都要拿出120％的努力。起初，我不太明白这个120％是什么意思，经过读博的艰辛历程，方才领悟。曹辛华老师以他一以贯之的对学生的真诚，为我提供各种帮助和建议，思之便觉心暖。在此，对程老师、曹老师表示感谢。

四川大学的同学戴路、黄丹丹、孙培、毛欣然、徐立昕、杨战朋、靳雅婷、黄楚蓉、王莉、黄城烟、计晓云、解爽、肖田田、李刚为我的论文修改和毕业事宜提供了各方面的帮助。同时，我与四川大学东一宿舍的同学王义、石振峰、李铭宇、惠翔宇、程通、蒋嵩韬等人来往频繁，不同专业之间互相切磋学问，是人生一大乐事。硕士期间的同学徐波、付梅、金燕，本科时期的同学曾羽霞，九江学院的老师蔡树才、赵伟，为我的论文修改和就业提供了很多帮助，师兄任群在北京帮助我查阅了相关文献，在此一并表示感谢。

父母已经年过六旬，依然为我操心，为我付出，我从他们身上深感中国式父母的艰辛不易，希望以后能继承他们勤勉刻苦的精神品格和认真负责的人生态度，以读博期间对自己完成的精神改造为起点，在工作岗位上，勤勉劳动，踏实上进，珍惜光阴，奋发有为。

进入九江学院工作后，在岗前培训会上遇到吴雯雯博士，她后来成为我的妻子。感谢我的妻子吴雯雯，她对我的论文写作多有支持，提出了很多建设性意见，鼓励我在文学研究的道路上坚定地走下去。岳父岳母对我们的生活诸多照顾，我铭感于心。

在吕老师、四川大学俗文化研究所和四川大学出版社的大力支持下，书稿得以正式出版，在此特别鸣谢。